KB107815

하루의
사랑작업

오늘의 나를 사랑하는
가장 단순하고 솔직한 방법

하루의
사랑작업

김설아 지음

정신세계사

하루의 사랑작업

김설아 지은 것을 정신세계사 김우종이 2023년 6월 15일 처음 펴내다.
이현율과 배민경이 다듬고, 변영옥이 꾸미고, 한서지업사에서 종이를,
영신사에서 인쇄와 제본을, 하지혜가 책의 관리를 맡다. 정신세계사의
등록일자는 1978년 4월 25일(제2021-000333호), 주소는 03965 서울시
마포구 성산로4길 6 2층, 전화는 02-733-3134, 팩스는 02-733-3144이다.

2024년 2월 13일 펴낸 책(초판 제3쇄)

ISBN   978-89-357-0463-7 03190

홈페이지 mindbook.co.kr | 인터넷 카페 cafe.naver.com/mindbooky
유튜브 youtube.com/innerworld | 인스타그램 instagram.com/inner_world_publisher

차 례

마음에 대해 쉼 없이 공부하고
보이지 않는 세계의 비밀을 알고 싶어 애썼던 것은
있는 그대로의 나를 받아들이기가 무서웠기 때문입니다.
그걸 몰라서 오랫동안 반대의 길을 걸었습니다.

괜찮은 직장에서 능력을 인정받고
좋은 사람과 결혼해서 가정을 꾸리면
사는 게 좋아질 줄 알았던 것은 오해였습니다.

내 마음을 이용해서 꿈들을 거의 이루었다고 생각할 즈음
인생은 생각지 못한 곳에서부터 균열을 일으켜
그동안의 노력을 허무하게 무너뜨리고
탄탄하게 쌓아 올린 마음에 대한 지식 중
어느 하나 쓸 것이 없게 만들어버렸습니다.

탐구를 멈추고 책들을 버리고
삶을 더 낫게 만들려는 노력들을 포기하고부터
그동안 반대의 길로 가고 있었다는 걸 알았습니다.

이제 어디로 가야 할까?

이쪽으로도 저쪽으로도 갈 수 없는 혼란 속에서
끝없이 이어지는 물음표를 견디며 지내던 때가 떠오릅니다.

돌아보면 그때는 분명 그래야 했습니다.
그 시간이 반드시 필요했습니다.
하지만 할 수 있다면 이 책을 그때 내 옆에 놓아주고 싶습니다.

네 덕분에 알게 된 것들이야.
네가 혼란을 피하지 않고 거기 있어준 덕분에
사는 내내 찾아 헤매던 진실을 발견할 수 있었어.
포기하지 않고 버텨줘서 고마워.

당신이 그때의 저와 같은 혼란 속에 있다면
당신의 옆에 이 책을 놓아주며 말하고 싶습니다.

조금 더 거기에 같이 있자고.
밝은 세상으로 달아나지 말고
조금만 더 이 어둠을 껴안고 있어보자고.
그 혼란 속에는 새롭게 피어나길 기다리는
온전한 삶이 있다고 말입니다.

이 책이 당신에게 자신의 내면으로 더 깊이 들어갈
용기를 줄 수 있길 바랍니다.

1부

원하는 삶이
꿈처럼 펼쳐졌지만

"내 앞의 물 한 잔만 맑게 지키면 된다."

이걸 깨닫고 무척 기뻤던 때가 있었습니다. 스물여덟 살, 마음공부를 시작한 지 4년쯤 되었을 때였어요. 고시 공부를 하듯이 마음공부를 했으니까 그때쯤 뭔가 통찰이 올 만도 해요.

처음 마음공부를 할 때 제일 어려웠던 건 영성의 가르침이 크게 두 부류로 나뉘어서 서로 같은 듯 상반된 얘기를 한다는 것이었어요.

한쪽에서는 '상상하기'를 강조했어요. 원하는 것은 뭐든지 상상해서 창조하라고요. 우리의 현실은 우리가 내보내는 마음의 파동에 상응하는 일들을 끌어당겨 만들어진다는 '끌어당김의 법칙'이나 '시크릿'을 얘기하는 쪽이었죠.

다른 한쪽에서는 이미 있는 그대로의 지금이 완전하니, 이 완전함을 왜곡되게 바라보는 에고ego의 시선에서 벗어나서 지금 이 순간을 살라고 했어요. '지금을 살라'는 가르침들은 가짜 자아인 에고가 소멸되어야 우리가 고통에서 벗어나, 있는 그대로의 현실을 평화롭게 살아갈 수 있다고 얘기했어요. 심지어 이 둘을 막 섞어놓은 것 같은 이론도 많았어요. 지금 이대로를 받아들이는 동시에 원하는 것을 상상해서 창조하라고요.

이게 한 문장 안에 들어갈 수 있는 말인가? 너무 헷갈려서 각 분야 대표자가 한 명씩 나와서 서로 합의한 다음에 제대로 된 결론을 알려주면 좋겠다고 생각하기도 했어요.

그러던 어느 날, 문득 이 둘이 같은 말인 걸 알게 되었어요. 영성의 모든 가르침은 '지금 이대로 완전하다'는 진실을 토대로 하고 있었어요. 지금 이 순간은 이미 완전한데 그걸 바라보는 내 눈의 필터가 현실을 왜곡되게 인식한다는 것이었죠.

'상상하기'를 강조하는 쪽에서는 이 왜곡된 인식을 버리고 이미 현실이 내가 바라는 대로 완벽하다면 지금 어떤 시선으로 세상을 바라보고 있을지 상상하라고 하는 거였어요. 내가 문제라고 여기는 것들이 다 해결된 완벽한 마음 상태에서 지금 현실을 바라보면 이미 완전한 현실을 만날 수 있다는 것이었죠.

'지금을 살라'고 가르치는 쪽에서는 내 인식 틀을 교정할 것도 없이 이 인식 틀 자체가 가짜이니 그 가짜 마음(에고)을 완전히 버리라고 하는 거였어요. 문제를 바라보는 자아를 버리면 이미 완전한 현실을 만날 수 있다는 것이었죠.

'지금 이대로 완전하구나. 현실을 바라보는 내 눈만 바로잡으면 되는 거구나. 그러면 나는 이미 완전하다는 파동에 조율되고 끌어당김의 법칙에 따라 계속해서 이 완전함을 창조할 수 있게 되겠구나.'

이것은 마치 완전한 현실과 나 사이에 물 한 잔이 놓여 있는 것과 같은 모습이었습니다. 이 물잔에 맑은 물이 담기면 현실의 완전함을 만나게 되고, 흙탕물이 담기면 현실을 진흙탕 같은 것으로 인식하게 되어 그런 파동의 현실을 끌어온다는 것이었죠.

그렇다면 내가 할 일은 오직 하나, 내 앞의 물 한 잔만 책임지면 되는 거였어요. 내 앞에 있는 물잔에 맑은 물을 담거나 이 물잔을 치워버리거나. 둘 중 뭘 하든 이 물잔이라는 인식 필터를 완전함에 조율하기만 하면, 나는 '이미 완전한 현실'을 만날 수 있는 거죠.

저는 물잔에 맑은 물을 담는 게 물잔을 치우는 것보다 쉽다고 생각했어요. 솔직히 말하면 있는 그대로의 현실이 너무 마음에 들지 않았기 때문에 내 현실이 진흙탕이라는 생각을 물잔 치우듯이 치워버리는 건 불가능했어요. 그래서 '상상하기'와 '긍정적인 생각하기'로 항상 물잔을 맑은 물로 채우는 데 집중했습니다.

'내가 바라는 것들이 이뤄진다면 이 현실이 어떻게 보일까? 내가 느끼는 문제들이 모두 사라진다면 지금 나는 이 현실을 어떻게 느끼면서 살고 있을까?'를 상상하고, 그 마음으로 현재를 살려고 노력했어요. 늘 긍정적으로 생각하고, 나 자신에 대한 높은 관념을 가지고 지금 이미 완전한 현실을 바라보려고 애썼죠. 항상 마음을 내가 원하는 상태로 만들고, 결핍에서 초점을 거두어 완전한 지금을 살아간다는 건 재밌는 일이었어요. 내 결핍들을 하나씩 지워나가고 설레는 일들을 상상하며 이미 그런 듯이 느끼기만 하면 된다니, 어릴 적 꿈꾸던 세계를 만난 것 같았죠.

처음엔 이 작업이 꽤 잘 되었어요. 현실에 어떤 문제가 생겼을 땐, 그 문제가 사라진 상태의 내 마음을 상상하고 그 마음을 유지하며 살았어요. 뭔가 부정적인 감정이 들면 얼른 그것을 긍정적인 감정으로 바꾸었죠.

그때부터 좋은 일들이 마치 꽃비처럼 쏟아졌어요. 《시크릿》에 실릴 만한 일들이 자주 일어났는데, 그중 가장 기억에 남는 건 원하던 직장에 들어갔던 일이에요.

당시 저는 고등학교에서 기간제 국어교사로 일하고 있었어요. 처음 이 일을 시작했을 땐 누구를 가르치는 일이 싫었는데, 마음을 다르게 먹으니 점점 교사라는 직업이 좋아졌어요. 잠깐 있다가 떠날 수 있는 기간제 교사였을 뿐인데 동료 선생님들이 꼭 정교사가 되라고 응원해주시고 많이 도와주셔서 인간적으로도 많이 사랑받고 있다고 느꼈어요. 덕분에 저는 이 직업이 참 멋지다고 생각하게 됐고, 정교사가 되고 싶어졌어요.

이전에는 마냥 즐겁게 하던 일이었는데, 되고 싶은 게 생기니 욕심으로 마음이 괴로워졌어요. 게다가 하루하루 수업을 준비하기에도 바빴기 때문에 정교사 시험을 준비할 여력도 없었죠. 그래서 내 앞의 물 한 잔만 책임진다는 원칙대로, 이미 정교사가 된 기분으로 수업을 하고 그날그날 가장 하고 싶은 수업을 연구하면서 학교를 다니고 있었어요.

불안한 마음이 들면 마음속으로 교장 선생님과 악수하는 상상을 했어요. 교장 선생님이 저와 악수를 하며 "축하합니다"라고 말씀하시는 장면을요. 기간제 교사로 일하면서 교장 선생님께 축하를 받으며 악수할 일은 특별히 없기 때문에 그 장면은 제가 정교사 시험에 합격했다는 결과를 상징하는 장면이었어요. 그렇게 상상을 하며 마음을 달래고 나면 미래에 대한 불안감 없이 그날그날의 즐거움 속에서 살 수 있었어요.

그러다 막상 이 학교의 정교사 시험을 볼 때가 되니 떨어질까 봐 겁이 났어요. 그래서 경험 삼아 다른 학교에 시험을 보기로 했죠. 제가 지원한 학교는 이미 그곳에서 일하던 다른 분이 내정되어 있다고 소문이 나 있었기에 저는 불안해하지도, 크게 기대하지도 않고 시험에 응했어요. 어쨌든 소문이 사실이라면 저는 뽑히지 않을 자리에 지원한 거니까요. 그런데 심사위원 자리에 와 계시던 옆 학교 교장 선생님이 예정에도 없던 자리를 만들어 자기 학교의 국어교사로 저를 채용했어요. 신기한 일이었죠. 더 신기했던 건 제가 일하던 학교에서 짐을 싸서 나오던 날, 교문 앞에서 우연히 마주친 교장 선생님과 악수를 하게 된 일이었어요. 교장 선생님이 손을 내밀며 "소식 들었어요, 선생님. 정말 축하합니다"라고, 제가 상상 속에서 무한 반복하던 얘기를 저에게 하셨거든요.

이런 신기한 일들이 다양하게 일어났어요. 원하던 직장, 원하던 집, 원하던 재정 상태, 원하던 인간관계가 세팅되었어요. 이전의 저로서는 상상할 수 없었던 것들, 저를 둘러싸고 있던 환경이 다른 층으로 옮겨간 것 같았어요.

하지만 인생이란 그렇게 단순한 게 아니었어요. 내 앞의 물 한 잔을 맑게 지켜내는 것은 굉장히 고단한 일이었습니다. 말이 물 한 잔이지, 태평양 바다를 전부 정화하는 것과 맞먹는 느낌이었어요. 맑은 물을 끝없이 들이부어도 흙탕물이 되는 속도가 그 이상이라면? 상상과 긍정적인 생각으로 물을 정화하는 데 너무 많은 에너지가 들어서 탈진할 지경이 된다면? 물잔이 흙탕물이 되는 건 순식간이었어요. 상상할 틈도 없이, 긍정적인 생각을 찾아서 교체할 여유도 없이 속을 뒤집어놓는 일들이 꾸준히 일어났습니다.

삶에서 맞이하는 큼직한 이벤트들 앞에서 원하는 일을 상상하고 바라는 일이 일어나게 하는 것은 오히려 쉬운 일이었다는 생각이 들어요. 원하는 직장에 들어가고, 원하는 차를 갖게 되고, 원하는 집에서 살게 되고, 원하던 사람을 만나게 되고…. 그렇게 삶의 조건들이 변해봤자 거기서 행복이 오진 않았어요.

이후에도 또 한 번 꿈꾸던 직장에 들어갔지만 걷잡을 수없이 힘든 일들을 겪었어요. 그곳은 한때 제가 이상적인 직장이라고 생각하던 곳이었어요. 하지만 당시에는 국내에 없던 곳이었죠. 저는 그곳에서 일하는 내 모습을 상상하며 일기장에 여러 번 적으면서도 진짜 거기에 가는 건 실현 불가능하다고 믿었어요. 그런데 거짓말처럼 우리나라에 그 직장이 생겼고, 우연에 우연을 거듭해서 그곳에서 일하게 된 거예요!

하지만 그렇게 꿈에 그리던 직장에서 보낸 3년은 저에게 이 지상에 지옥이 있을 수 있다는 걸 알려줬어요. 싫어하는 사람이 생기고 갈등이 일어나고 피할 수 없이 미움을 받는 일이 매일매일 일어났거든요. 억울하고 부당한 일들이 생기면 분노가 일어났고, 사람들을 사랑하기는커녕 이해할 수조차 없었고, 피곤했고, 세상에 염증을 느꼈어요. 사람들은 너무 못됐고 너무 비상식적이었고 비인간적이었어요!

원하는 집에 살게 돼도 좋은 순간은 잠시였어요. 그 집에서 언성을 높이며 남편과 싸운 뒤 썩은 오이를 싱크대에 내동댕이치면서 내 인생이 이 오이보다 나은 것이 뭐가 있나 한탄했어요. 부자가 된 것 같아 기분이 좋아도 내가 타고 나간 외제차를 보는 지인들의 얼굴에서 지울 수 없는 낭패감을 발견하게 되는 일은 내 버킷리스트에는 없던 일이었어요.

꿈을 이루었다는 경험담들은 쇼핑몰 후기 같은 거였어요. "이 화장품을 썼더니 피부가 완전 좋아졌어요! 평생 이 제품만 쓸 거예요." 이렇게 충성을 다짐해도 살다 보면 또 피부는 안 좋아져요. 그리고 또 다른 제품을 찾게 되고요. 시험에 합격했다, 원하던 승진을 했다, 복권에 당첨되고 병이 나았다….
내 인생이 이렇게 달라졌다는 흥분 속에는 '이제 나는 영원히
행복할 거예요'라는 기대감이 섞여 있지만 인생은 그런 식으
로 행복에 고정되어 나에게 충성해주지 않아요.

돌아보면 그 일들 모두가 완벽하게 필요한 순간에 일어났다
는 걸 이제는 알 수 있지만, 그 당시 저는 더 이상 뭘 어떻게
해야 하는지도 모른 채 바닥으로 내려앉고 있었어요. 좋은 생
각으로 스스로를 달래는 일이 지겨워지고 지금 이 순간이 완
벽하다는 걸 어떤 식으로 받아들일 수 있는지 알 수 없었어요.
백 마디의 아름다운 진리를 가져다줘도 저에게 가장 위로가
되는 말은 '씨발', 이 두 글자였어요.

그럼에도 불구하고 물잔을 맑게 하는 연습을 통해 경험한
것들은 제게 큰 가르침을 주었어요. 내 마음 상태가 어떠냐에
따라서 현실이 달라질 수 있다는 걸 체험했으니까요. 마음과
현실 사이에는 떼려야 뗄 수 없는 긴밀한 연관성이 있었어요.
삶은 아무렇게나 제멋대로 일어나는 것이 아니라, 나의 내면
과 깊이 관계를 맺은 상태로 움직이고 있다는 것은 부정할 수
없는 사실이었습니다.

하지만 더 중요한 배움은 따로 있었어요. 꿈꾸던 일들이 이
뤄지는 것은 신기한 일이지만 행복과는 무관하다는 거예요.
신기한 일이 100번 일어나도 내 삶은 행복해지지 않을 수 있

다는 것. 전 이것을 가장 크게 배웠어요.

가끔 일어나는 위기나 문제 상황을 해결하고 극복하는 것은 쉬운 일처럼 느껴졌어요. 오히려 나 자신이 얼마나 초라한 사람인지를 보여주는 사소한 일상의 일들에서 많은 좌절을 느꼈답니다. 내 질문에 답이 없는 단톡방을 보고 상처받지 않는 것이 더 힘든 일이었다고 할까요. 일상 속에서 사람들과 갈등하며 원하는 대로 일이 풀리지 않고 의도치 않게 미움을 받고 오해를 받을 때, 내 눈앞에 있는 한 사람을 도저히 받아들일 수 없는 순간이 올 때마다 저는 지쳐갔어요. 작은 일에도 상처를 받고 그 사람을 미워했어요.

사람 사이에서 일어나는 소외감이나 상처받는 마음은 1년에 한 번, 분기별로 한 번 있는 것이 아니고 매일 매시간 일어나는 일이라 잘 감당이 되지 않았어요. 내 마음을 원하는 상태로 만드는 것도 하루 이틀이지 내 마음인데도 내 마음대로 되지 않는 경우가 다반사였죠.

점점 원하는 미래를 상상하고 그 마음을 현재로 가져와 지금을 산다는 원칙이 흔들리기 시작했어요. 늘 긍정적인 생각으로 밝은 기분을 유지하려 했던 노력이 지겨워지고, 항상 내 마음을 원하는 상태로 조율하는 것에 지쳐갔어요. 느껴지는 대로 두지 못하고 애써서 마음을 바꿔야 하는 것에 넌더리가 날 즈음 다시 인생은 새로운 장으로 저를 데려가고 있었어요.

삶이라는 건, 어떤 일이 일어나서 행복해지는 게 아니었어요. 일상에서 내가 만나는 사람들을 사랑할 수 없으면 나는 행복해질 수 없다는 걸 알았습니다. 아니, 사랑까지는 바라지도 않았어요. '나쁘지 않아' 정도만 느낄 수 있어도 좋을 것 같았죠.

"왜 저런 계략을 쓰는 거야?"

"아니 이 위선자 새끼가."

저는 사람들을 판단하는 것을 멈출 수가 없었어요. 판단은 너무나 자동적으로, 순식간에 일어났으니까요. 판단의 대상은 동료만이 아니었어요. 판단의 잣대는 제가 아끼는 사람들에게도 거침이 없었습니다.

그래서 저는 바이런 케이티Byron Katie의 '네 가지 질문'♥을 연습하면서 사람들에 대한 내 시선을 바꿔보려고 애썼고, 사랑을 선택하라는 내용의 온갖 명언들로 마음을 다잡아보려고 했어요. 하지만 그 노력이 무색하게 누군가를 싫어하는 일은 끝없이 이어졌고, 그 미움 때문에 마음은 늘 괴로웠습니다.

♥ 바이런 케이티, 《네 가지 질문》, 침묵의향기, 2003.

이런 내 마음을 들여다보는 중에, 내가 괴로운 이유가 타인을 미워해서가 아니라는 게 느껴졌어요. 괴로움의 자리엔 바탕색처럼 깔려 있는, 자신에 대한 미움과 원망이 있었어요. 저는 사람들을 허용하지 못하는 딱 그만큼 자신을 거부하고 있었어요. 스스로에게 허용하지 못하는 것이 아주 많았고, 그 혐오의 느낌은 일상에서 늘 배어 나오고 있었습니다. 세상은 내가 나에 대해 갖고 있는 관념을 그대로 보여주는 거울이다. 수많은 책에서 본 이 말의 의미를 이제야 알 것 같았어요.

전 만신창이가 된 채로 직장을 그만두었고, 그때부터 본격적으로 그동안 알지 못했던 제 어두운 부분들을 낱낱이 들여다보기 시작했어요. 늘 느끼고 있었으면서도 똑바로 바라본 적 없는 내 어두운 부분들, 어디서부터 시작되었고 왜 시작되었는지 도무지 알 수 없는 어떤 수치심, 죄책감, 절망감 같은 것들을요. 그런 것들은 평소에 사람들을 대하는 제 태도에 무의식적으로 묻어나다가 특정한 순간엔 분노와 비난이 되어 튀어나오곤 했습니다. 이건 저에게 없던 부분이 새롭게 생겨난 게 아니라, 아주 오래전부터 내 안에 있었지만 똑바로 보지 않았던 부분들을 발견한 것이었어요.

무의식. 제가 그때까지 간과하고 있었던 건 이 무의식이었어요. 키보드에 어떤 얼룩이 배어 있는데, 계속 찝찝해하면서도 그걸 없는 척하며 제대로 바라보지 않을 때가 있잖아요. 이렇게 무의식은 완전히 캄캄한 무지 속에 있는 것이 아니라, 내가 늘 느끼고 있으면서도 똑바로 바라보지 않는 의식의 소외된 영역을 말합니다. 사람들을 대할 때, 어딘지 모르게 긴장되고 불편한 느낌이 있었는데도 그걸 얼룩으로 취급하며 무시하고 없는 척 살아온 겁니다. 어떤 면에서는 내가 나를 너무 몰랐던 거죠. 아무리 내 존재 상태를 원하는 상태로 바꿔보려고 해도 이 무의식이 계속 방해를 했던 거예요.

이 진실과 맞닥뜨리고 나니 뭔가를 좋게 만들려는, 아름답게 보려는 모든 노력이 지겨웠어요. 이제는 솔직해지고 싶다. 이 마음만 있을 뿐이었어요. 그래서 아무 지침도 없이, 나를 불편하게 했던 순간들로 돌아가 내 솔직한 감정과 만나는 시간을 가지기 시작했습니다.

하지만 자신에게 솔직해질수록 나에게서 실망스러운 점들을 점점 더 많이 발견하게 됐어요. 예를 들면 저는 제 소망이 이런 건 줄 알았거든요.

"나는 사람들을 행복하게 해주는 글을 쓰고 싶어. 뭔가 이 세상을 지금보다 더 아름답게 만들 만한 일을 하고 싶어."

저는 자신을 굉장히 고상한 인간으로 포장하고 있었어요. 용기를 내서 그 포장지를 벗기기 시작했어요. 더더 솔직한 말들이 나오기를 바라면서요.

진짜 네가 원하는 게 뭔지 말해봐. 조금도 거짓말 보태지 말고 진짜를 말해, 진짜를.

그렇게 자신에게 한참을 물어보고 나서 나온 결론은 이거였어요.

"다 필요 없고 그냥 졸라 예뻤으면 좋겠다. 남자들이 전부 나를 좋아했으면 좋겠어. 그게 끝이야."

아… 이루 말할 수 없이 창피했어요. 이미 결혼도 했는데, 나이도 서른 중반인데 고작 이런 게 꿈이라니. 그래도 이왕 시작했으니 더 적나라하게 보고 싶었어요. 더 구체적으로 말해달라고 했더니 이런 대답이 돌아왔어요.

"내가 원하는 건 엄청 예뻐지는 거야. 근데 꾸미고 고쳐서 예쁜 거 말고, 애초에 태어날 때부터 예뻐야 해. 노력해서 예뻐지는 건 소용없어. 그래서 태어날 때부터 세상 남자들 사랑을 다 받는 게 내 꿈이야. 그런데 애초에 난 엄청 예쁘지가 않지. 그러니까 공부 열심히 하고 작가가 되어서 유명해지면 그나마 사랑받을 수 있지 않을까? 하, 그냥 예쁘게 태어났으면 끝나는 건데 아쉽지만 그 길이 최선이야."

그동안 꿈이라고 말했던 고상한 것들이 전부 다 예뻐져서 남자들의 사랑을 독차지하고 싶은 마음을 대체하려고 만들어 낸 거였다니. 너무 수치스러워서 이 사실을 혼자 간직하고 있질 못했어요. 심하게 창피할 때는 오히려 친구들에게 말해서 비웃음이라도 사야 마음이 편한 법이거든요. 저는 믿을 만한 친구한테 처음으로 솔직하게 이 이야기를 했어요.

"나 말야… 내가 진짜 원하는 게 뭔지 알았어. 그게 뭐냐면, 엄청나게 예뻐지는 거야…. 근데 고치고 꾸며서 예쁜 거 말고 애초에 태어날 때부터 예쁜 거 말이야…. 그래서 세상 남자들 사랑 다 받는 게 내 꿈이었더라…. 그동안 꿈이라고 말했던, 세상을 더 좋은 곳으로 만들고 싶다는 그 고상한 것들이 다 이걸 대체하려고 만들어낸 거였어…."

이 말을 하기가 참 어렵더라고요. 하지만 한번 말해보니 또 다른 친구들에게도 자꾸 말하게 되더라고요. "괜찮아, 나도 그래" 이렇게 말해주는 사람이 없나 싶어서요. 너무너무 부끄러웠지만 한편 시원했고, 엄청나게 실망스러웠지만 그래도 스스로를 속이고 사는 것보다는 이쪽이 나은 것 같았어요. 그땐 몰랐지만 이렇게 솔직해졌던 것이 제가 진정으로 변하기 시작한 시점이었던 것 같아요.

하지만 전 또 하나의 새로운 상황과 맞닥뜨려야 했어요. 내 안의 열등감과 외로움, 그리고 사랑받고 싶은 마음을 직면하긴 했는데 이렇게 발견한 느낌들을 어떤 식으로 대해야 하는지, 새롭게 알게 된 내 바람들을 어떻게 해야 하는지 전혀 알 수가 없었거든요. 마치 미로를 헤매는 것처럼 답답해서 마음은 점점 더 힘들어졌어요. 저는 그 바람 이면의 진짜 속마음을 아직 볼 수 없었어요. 실망은 그냥 실망이었고 제 솔직한 바람이 수치스러울 뿐이었어요.

돌아보니 저는 어떤 불편한 감정이 들 때마다 "좋은 생각"
으로, 책에 나오는 "진실"들로 그 불편한 감정들을 피하고 있
었어요. 사람이 미울 때는 "모든 사람은 신이 내게 보내주신
천사야"라는 말로 그 미움을 덮었고, 외로울 때는 "우리는 모
두 하나다. 우리는 사랑이다"라는 말로 외로움을 덮었어요.

하지만 그런 아름다운 말들로 도저히 덮을 수 없도록 너무
나 극심하게 미운 사람들이 무더기로 나타났어요. 처음엔 하
던 대로 생각과 감정을 통제해서 긍정적인 것으로 바꾸려고
했지만 좋은 말들을 떠올리는 것 자체가 역겨워질 정도로 지
쳐버렸어요.

뭐가 뭔지 모르겠지만 또다시 마음을 조작하며 살고 싶지는
않았어요. 하지만 마음을 있는 그대로 들여다보기가 두려웠어
요. 마음을 들여다보면 그 안에 살고 있는 고약한 존재를 보게
될까 봐 항상 두려웠다는 게 느껴졌어요. 그래서 생각했죠.

'내가 애초에 그렇게 고약한 존재라면 그 존재로 사는 것이
맞지 않을까? 난 항상 이상적인 인간의 모습을 만들어놓고 나
를 거기에 맞추며 사느라 지독하게 힘들었잖아. 그리고 결과
적으로 완전히 실패했어. 신이 나를 악마로 만들었다면 그게

내 잘못은 아닐 거야. 내 안을 들여다봤는데 내가 악마 같은 존재라면 악마로 사는 것이 맞아.'

이렇게 호기롭게 다짐했지만 막상 안으로 들어가서 보니 악마보다 더 견디기 힘든 것이 있었어요. 너무 수치스럽고 비겁하고 나약한 마음들이 끝도 없이 올라왔거든요. 차라리 악마라면 좋았을 텐데. 악마보다 무서운 건 초라함이었어요.

내 안의 열등감을 직면하고 외로움을 대면하고, 사랑받고 싶어 구걸하는 마음을 만나고. 점점 속에 숨어 있던 것들이 더 많이 나왔어요. 제가 믿고 있던, 그럴듯한 정체성은 모두 가짜였어요. 화목하고 아무 문제 없는 가족. 서로 집착하지 않으면서 편하고 좋은 친구들. 실제로는 다 제가 만들어낸 보기 좋은 포장지였어요.

솔직한 심정은, 나는 자신이 너무나 싫고 이 세상도 싫다는 것이었어요. 나는 너무 비겁하고 위선적이고 왠지는 모르겠지만 더럽고 못났다는 느낌이 있었어요. 그런데 어떤 감정에서 시작해 들어가도 마지막엔 항상 같은 감정이 올라왔어요. '나는 버림받은 존재다, 나는 애초에 잘못된 존재다'라는 느낌이었죠.

저는 제 솔직함의 끝이 예뻐져서 남자들에게 사랑받는 게 꿈인 나를 발견한 거라고 생각했어요. 하지만 그 뿌리에도 나는 사랑받지 못할 존재, 애초에 뭔가 잘못돼서 버림받은 존재라는 느낌이 있었어요. 내면을 관찰한 결과 제가 얻은 것은 이것이었습니다.

"신은 나를 버렸어. 그 이유를 나는 알 수 없어. 하지만 그건 분명 내 존재에 어떤 문제가 있기 때문일 거야. 나는 그 문제를 바로잡아야 하는데, 그건 내 존재에 관한 거라서(타고난 거라서) 나에겐 그걸 고칠 능력이 없어. 그렇다면 난 타고나길 신의 사랑을 받는 사람인 것처럼 나 자신을 가장하는 수밖에 없어. 나는 본래 사랑스러운 사람(선택받은 사람)인 것처럼 행동할 거야. 그렇게 하면 다시 신의 선택을 받을 수 있을지도 몰라."

굉장히 추상적이고 종교적인 느낌을 주지만, 이것이 내 어둠의 뿌리였습니다. 내면에서 나는 왜 그 사랑이 나에게서 사라졌는지 알 수 없어서 울고 있는 어린아이였던 것입니다. 그 아이는 분명 자기에게 어떤 문제가 있다고 믿고 있었어요. 하지만 그 문제는 내 존재의 본질적인 부분이라서 결코 고칠 수 없을 거라는 절망감에 빠져 있었어요. 그래서 선택받은 사람들, 사랑스러운 사람들을 따라 하면서 나를 변화시키려고 매일 애를 쓰며 살아온 거죠. 내 존재가 애초에 잘못되었다는 깊은 상처는 일상에서 만나는 모든 자잘한 불편함, 괴로움들과 이어져 있었습니다.

나는 신에게 버림받았고 버림받은 이유는 나로선 알 수 없다는 사실은 삶의 장면마다 혼란을 일으키고 있었고 지난날 잘 살아보려는 모든 노력이 그 알 수 없는 잘못을 메꾸거나 없는 것처럼 가장해보려는 시도였다는 것이 보였습니다.

내가 바라는 것은 어쩌면 생의 이전에 가졌던 어떤 친밀함, 아무 조건 없이 나를 향해 내리쬐던 사랑의 따스함, 그게 전부였습니다. 그래서 저는 다른 무엇보다 사람들에게서 이 따스함을 느끼지 못하는 것을 불행으로 여겼던 것 같아요.

어떤 면에서 저는 스스로가 가장 원하는 것이 뭔지 알게 되어서 기뻤습니다. 하지만 그것을 어떻게 얻을 수 있는지 더욱 알 수 없게 되어 혼란스러웠죠. 어쨌든 이 솔직한 내면을 발견한 이상, 더는 나를 가장하려는 미봉책에 따라 살아갈 수 없었습니다.

분명히 답은 자기를 사랑하는 데 있는 것 같았어요. 이런 어둠을 포함해서 나 자신을 있는 그대로 사랑할 수 있다면…. 얼마나 쉬운 답이에요. 자기를 사랑하면 되는 건데, 오직 내 손에 달린 건데. 하지만 그걸 어떻게 하는 건지 도무지 모르겠다는 생각이 들었어요.

한창 혼란스럽던 무렵에 데이비드 호킨스David R. Hawkins의 《놓아버림》이라는 책을 읽게 됐습니다. 이 책은 지금까지 봐온 책들과는 다른 방향을 제시하고 있었어요. 보통은 내가 겪기 싫은 어떤 것에서 의식을 거두라고 하잖아요. 원하지 않는 것에는 아예 의식을 주지 말라고. 그런데 이 책은 부정적인 감정들을 똑바로 보고, 그걸 있는 그대로 다 경험하라고 했어요. 무력함이나, 분노, 슬픔처럼 우리가 피하려는 감정들을 있는 그대로 느끼고 놓아버리라는 내용이었죠. 찾아보니 이런 비슷한 내용의 책들이 꽤 많았어요!

저는 조금 자신감을 찾았어요. 아, 내가 이 모든 어둠을 솔직하게 바라보게 된 건 굉장히 좋은 거구나. 더더 이걸 피하려 하지 말고 똑바로 바라봐야겠다. 그렇게 안심하고 저는 좀더 제 어둠 속으로 맘 놓고 들어가볼 수 있게 되었어요.

그렇게 저는 본격적으로 내면의 어둠을 탐사하기 시작했어요. 뭐랄까, 그건 매번 이중적인 감정을 갖게 했는데, 오래 묵은 상처를 발견할 때마다 그걸 발견했다는 기쁨과 함께 그 상처가 주는 괴로움을 느껴야 했어요. 하지만 어떤 면에서는 비로소 스스로에게 솔직해졌다는 홀가분함이 있었습니다.

지금 생각해보면 솔직해질 수 있었던 그때의 용기가 내 삶에 얼마나 큰 변화를 가져왔는지가 보여요. 저는 그때 매일 더 깊은 우울 속으로 빠져들고 있다고, 일이 크게 잘못되고 있다고 생각했지만 지금의 제가 그때의 저에게 응원을 보낼 수 있다면 이렇게 말하고 싶어요.

"잘 하고 있어! 더 파고 들어가도 돼. 조금 더, 조금 더 깊이 우울해져도 괜찮아!"

나를 에워싸고 있던 포장지를 벗어던지고 절대 보기 싫었던 솔직한 마음을 보기로 마음먹었던 것. 그 솔직한 마음을 알아내고 표현해보기 시작했던 것. 이미 그때 삶은 전환점을 돌고 있었지만 겉보기엔 전혀 그렇지 않았죠. 저는 그때로부터 5년이나 더 우울감 속에 빠져 있었으니까요.

마음과는 다르게 저는 우울한 얼굴을 하고 다니진 않았어요. 집 밖으로 나가면 자동으로 미소가 장착된 '정상인 얼굴' 가면을 썼죠. 누구를 위해서 그렇게 열심히 연기를 했는지는 모르겠지만요.

가장 마음이 힘들던 그때, 친구들과 서로 고민을 털어놓는 자리에서 "네가 무슨 걱정이 있겠니? 넌 진짜 고민할 것도 없겠다"라는 얘기를 들었을 때는 조금 놀랐어요. 얼마나 두꺼운 가면을 쓰고 살았길래 이런 평가를 받을 수 있지? 괜찮은 척이 연기를 넘어서 이제는 벗고 싶어도 벗을 수 없는 피부가 되어버린 것 같았어요.

그즈음엔 앞서 얘기한 데이비드 호킨스의 책을 포함해 감정을 있는 그대로 느끼면 더 높은 에너지의 감정으로 변환된다고 알려주는 책들을 읽었어요. 이제 마음을 꾸미지 않고 솔직해지겠다고 결심했던 저에겐 마침 고마운 얘기였어요. 있는 그대로의 감정에 머물면 지금 이대로 완전함을 알 수 있다는 책들을 접하며 저는 제가 가기로 한 이 길을 포기하지 않겠다고 결심했어요.

하지만 이 연습을 시작하고 나서 저는 점점 더 지독한 우울감에 빠져들었어요. 열등감 아래 더 심한 열등감, 수치심 아래 더 심한 수치심, 이런 식으로 제 안의 부정적인 감정들이 화수분처럼 끝없이 올라왔어요. 책에서는 있는 그대로 감정을 느껴주면 분명 더 높은 에너지로 변환된다고 했는데 왜 저는 반대로 땅굴까지 파고 들어가게 되는지 알 수 없었어요.

처음 이 부정적인 감정들을 봤을 때는 저마다 특정한 이유가 있었어요. 이런 점은 못났어, 이런 면은 수치스러울 만하지, 이런 건 내 잘못이지… 하면서요. 그런데 들여다보면 볼수록 열등감과 수치심, 죄책감에는 특정한 원인이 없었어요. 제 존재 자체가 잘못되었고, 존재 자체가 수치스럽고, 그냥 나는 애초부터 있어서는 안 되는 존재라는 느낌이었죠.

있는 그대로를 느껴보라고 하니까 그냥 그걸 보고는 있는데, 이 느낌들은 날이 갈수록 더 강해질 뿐이어서 마음을 바라보는 일은 우울하고 외롭기만 했어요. 창밖에 버려진 빈 화분을 몇 시간씩 바라보면서 울었어요. '난 아무 쓸모가 없는 인간이야. 여기에 있어야 할 이유가 없는데 자리만 차지하고 앉아서 못난 자기를 들여다보며 괴로워하고 있는 열등한 인간일 뿐이라고' 하면서요.

이 열등감과 수치심과 외로움을 견디기 어려울 땐 주로 사랑에 대해서 명상을 했어요. 신의 사랑, 아무 조건 없는 사랑… 그렇게 눈을 감고 있다 보면 가슴 가득 빛이 차오르고 황홀한 느낌도 들었죠. 그러다가 몇 번씩 신기한 체험을 하기도 했어요.

어느 날, 조건 없는 사랑에 대해 명상하고 있을 때 갑자기 의식이 한없이 확장되는 느낌이 들었어요. 명상을 마치고 현실을 사는데도 그 확장된 의식 상태는 며칠 동안 계속되었어요. 평소에 머물던 침체된 느낌에서 벗어나 한없이 고양된 상태로 시간을 보낼 수 있었죠.

하지만 그런 상태는 오래가지 않았어요. 일상에서 사람들과 만나며 익숙한 감정들을 느끼는 과정에서 서서히 의식은 다시 좁아졌어요. 그러다 보면 다시 이 성냥갑같이 작은 나에 감금되는 느낌이 들었어요. 마치 엘리베이터 안으로 들어가지 않으려 애쓰다 문에 끼어 있는 기분이었죠. 다시 작은 나로 돌아가고 싶지 않아 발버둥을 쳤는데 그 발버둥은 오히려 저를 좁은 상자 안으로 더욱 빠르게 빨아들이는 역효과를 냈어요.

그러면 다시 필사의 노력을 다해 의식이 확장된 상태로 돌아가려 애썼어요. 하지만 그런 의식 상태로 가는 입구는 일회용 사다리로 만들어졌는지, 이전과 같은 방법으로 아무리 노력해도 다시 돌아갈 수 없었어요. 경험할 땐 너무 좋지만, 다시 일상의 작은 나로 돌아왔을 때의 허탈감과 구속감은 이전보다 훨씬 커져서 우울감은 배가 되었어요. '아, 이게 마약이구나. 높이 올라갈수록 더 깊이 추락하는구나.' 몇 번의 경험 후 저는 이것도 답이 아닌 걸 알고 고양된 의식 상태에 대한 집착을 버렸어요. 그 당시 저에게 의식을 확장하는 명상은 예전에 했던 '상상하기'처럼 현실에서 달아나는 도피 수단일 뿐이었습니다.

침체된 마음의 바닥을 밀고 다닌 지 5년쯤 되었을 때 차츰 신박한 생각이 들었어요.

'이유가 없어서 더 튼튼하고 단단한 이 열등감도 혹시 신이 꼭 필요해서 여기에 둔 건 아닐까? 이걸 내가 만든 것 같지는 않은데 신이 존재해서 이 모든 걸 만들었다면, 이 열등감도 내

가 모르는 어떤 정당한 이유에 의해서 여기 이렇게 존재하는
건 아닐까?'

그렇게 서서히 이 무거운 감정들에 대한 태도가 바뀌어갔어
요. 열등감, 너도 존재할 이유가 있는 거겠지. 너도 여기에 있
어야만 하니까 있는 거겠지. 수치심도 죄책감도, 너희들 모두
여기에 꼭 있어야 할 이유가 있는 거겠지.

마음만 열면 쪼그리고 앉아 있는 열등감과 수치심이, 죄책
감이 꼭 저 같았어요. 어딘가 잘못 만들어져서 이 세상 한구석
에 처박혀버린 것이 꼭 나와 같아 보여서, 그 감정들도 거기
있어야 할 이유가 있는 거라면 좋겠다는 생각을 했어요. 그러
고 나니 조금은 그 감정들과 친구가 된 기분으로 복닥복닥 나
란히 앉아 있을 여유가 생겼습니다.

외로움에 대해서도 조금은 존재의 이유를 인정해주게 되었
어요. 그때 가장 많이 떠올리던 시 구절이 있어요.

외로움이란 한 생을 이해하는 데 걸리는 사랑이다♥

외로울 때마다 이 문장을 외웠어요.

'외로움은 한 생을 이해하는 데 걸리는 사랑…. 내가 지금

♥ 김경주, 〈우주로 날아가는 방 1〉, 《나는 이 세상에 없는 계절이다》, 문학과지성사,
2012.

외로운 건 내 생을 이해하기 위해 애쓰고 있기 때문이야. 내 생을 이해하고 싶은 사랑이 외로움이 된 것뿐이야.'

그렇게 생각하다 보면 외로움이 사랑이라고 여겨져서 조금은 견딜 만했어요.

일상은 반복되고 하루하루 비슷하게 이어지지만 가끔은 특별한 일이 일어납니다. 예상치 못했던 순간에 누군가 계획한 것처럼 정확하게 인생의 마디를 긋는 일이 일어나죠. 우울하고 괴로웠던 나날들 속에서 그 전과 후를 완전히 갈라놓을 순간이 저에게도 찾아왔습니다.

매우 특별한 날이라 이후에 이날의 기록을 따로 남겨두었어요. 그 기록을 그대로 실어봅니다.

♥♥♥

그날의 나는 어떤 눈을 하고 있었을까. 생이 끝나는 순간에 지난날들이 파노라마처럼 지나간다면 나는 그날의 내 모습을 타인이 되어서 바라보고 싶다.

아침에 일어난 나는 그날 역시 먼지처럼 잊힐 수많은 날 중 하나일 거라고 예상했을 것이다. 달아나려 해도 모래 웅덩이처럼 계속 빠져드는 우울감과 원인을 알 수 없는 수치심, 오래된 열등감. 그리고 지긋지긋한 외로움에 빠져 있던 시절이었다. 분명 눈을 뜨자마자 '또 시작됐어'라고 생각했겠지만 아이에게는 절대로 그런 티를 내고 싶지 않아서 나는 평상심을 가장한 얼굴로 일어났을 것이다.

어쨌든, 그날은 일요일 아침이었고 나는 가족들과 먹을 팬케이크를 굽고 있었다. 팬케이크가 익기를 기다리며 창밖을 바라보았다. 흐린 날이었다. 텅 빈 놀이터, 아무도 출근하지 않아 한적한 거리, 밤의 흔적을 지우고 차분하게 네온사인을 끈 낡은 상가건물들이 보였다. 그리 우울한 풍경도 아니었는데 갑작스럽게 우울감이 찾아왔다.

물론 자주 있는 일이었다. 아무 사건도 없는데 우울감을 느끼는 건. 지구의 중력이 나에게서 아직 수거해갈 에너지가 남았다며 불시에 들이닥쳐 수금을 해가는 것 같은 느낌으로 에너지가 쭉 빨려 내려가는 느낌. 그건 아주 익숙한 느낌이었다.

하지만 그날은 뭔가 달랐다. 내 내면에서 어떤 일이 일어나고 있는지를 더욱 자세하게, 슬로 모션으로 인식할 수 있었다는 점에서.

익숙한 우울감이 밀려오는 것을 느낀 순간 동시에 그 우울감에 맞서는, 우울감을 절대로 가만히 뒤서는 안 된다는 강력한 저항이 솟아나는 것을 보았다. 우울감이 밀려드는 파도라면 이 파도로부터 내 마음을 지키기 위해 창과 방패로 무장한 전사들이 성 밖으로 몰려나오는 느낌이었다.

"우울이 오고 있어. 이걸 절대로 그냥 뒤서는 안 돼!"

우선은 이렇게 번역할 만한 약간의 불안감과 조급함이 우울함에 맞서서 올라왔다. 그러자 내 마음의 일부는 마음의 도서관을 바쁘게 움직이며 이 우울을 잠재울 빛나는 구절들을 찾기 시작했다.

"이 세상은 사랑으로 가득하다. 우리는 우리가 받은 것에 감사해야 한다…. 아냐 아냐, 이런 구절들로는 부족해. 이걸 어떻게 하지? 어떻게든 우울을 잠재워야 해!"

또 다른 일부는 어린애처럼 주저앉아서 "싫어, 너무 싫어. 또 우울이라니 뭘 했다고 우울해? 네가 우울할 자격이 있어?" 하며 불평을 늘어놓았다.

이런 동시다발적인 저항의 움직임이 한순간에 포착된 것은 처음이었다. 그렇게 몇 초가 흘렀는지 모르겠다. 찰나의 순간이 아주 느리게 펼쳐지며 내면에서 일어나는 싸움을 낱낱이 드러내주었다.

'항상 이랬던 거구나. 항상 이렇게, 우울할 때마다 우울과 싸우고 있었던 거야…!'

내가 우울했던 순간마다 이런 식으로 마음의 자동반응이 일어나고 있었음을 알 수 있었다. 그동안은 단지 그걸 알아차리지 못했을 뿐이었다.

'우울이 뭐라고 이렇게 분주하게 막으려 하는 걸까? 그냥 한 번, 우울하도록 잠시 내버려두면 안 되는 걸까?'

이 생각이 드는 순간 우울에 맞서려고 바쁘던 마음들이 일시에 침묵했고 방어막이 사라지자 우울감의 파도가 마음속으로 물밀듯이 밀려들었다.

나와 우울. 이렇게 단독으로 우울을 만난 것은 처음이었다. 팬케이크를 접시에 담아 식탁에 올리고, 가족들에게 포크와 접시를 주고, 같이 일상적인 대화를 나누며 아침 식사를 하는 동안, 나는 조심스럽게 내게 찾아온 우울을 느껴보았다.

이전에는 전혀 몰랐던 특별한 느낌이었다. 이전까지 내가 알던 우울감은 오리지널의 우울이 아니었다. 나는 늘 우울과 싸웠고, 그래서 내가 느낀 건 우울에 대한 저항감이었지 우울감 그 자체는 아니었던 것이다.

나는 낯선 손님을 맞이하는 조심스러움으로 가만히 우울을 마주했다. 팬케이크 한 조각을 천천히 맛보듯이, 그 느낌을 받아들이고 있었다. 그것은 내가 알던 불쾌한 느낌이 아니었고 아주 차분하고 고요한, 자기의 뚜렷한 음계를 가진 독특한 느낌이었다.

'아, 이게 우울이구나. 우울함이 나쁜 게 아니구나. 나는 우울함과 같이 있을 수 있구나. 이렇게 편안하게, 이렇게 고요하게 우울감을 만날 수 있는 거구나….'

그때 내가 느낀 평화로움을 어떻게 말로 설명할 수 있을까. 우울함을 있는 그대로 맞아들였을 뿐인데, 나는 이상하게도 내 모습 그대로 이 삶에 완전히 받아들여지는 것 같은 포근함을 함께 느끼고 있었다. 내가 우울함을 껴안는 동시에 삶이 커다란 손으로 나를 끌어안는 것을 느꼈다. 그때의 나는 이 놀라운 평화의 비밀은 알지 못했다. 다만, 그 포옹의 느낌이 너무 좋아서 그 느낌을 잊지 않으려고 그걸 정확히 표현할 단어를 고르고 있었다.

지금 이 순간을 향한 100퍼센트의 예스
이 순간과 나 사이 1밀리미터의 간격도 없는 포옹

'이거야, 이거면 나는 이제 살 수 있어. 전쟁은 끝났어. 이대로 충분히 좋을 수 있어…!'

함께 있던 가족들은 나에게 어떤 변화가 일어나고 있는지 몰랐지만, 나는 내 인생을 완전히 바꿔놓을 체험 속에서 감격하고 있었다. 우울함은 빛이 났다. 그 우울 안에는 환희가 있었다.

지긋지긋할 정도로 길었던 우울함의 늪에서 언제까지 길어질지 모를 혼자만의 싸움을 하던 시절. 흔적 없이 사라질 방법이 있다면 기꺼이 그렇게 하고 싶던 시절. 그렇게 끝없이 이어질 것 같은 모래 같은 날들 속에 갑자기 빛이 내렸을 때, 차분하려고 애쓰며 혼자 마음을 가다듬던 내 얼굴을 가까이서 보고 싶다. 정말 그렇게 그때의 내 곁에 설 날이 온다면, 그 애의 감격이 깨지지 않도록 가만히 어깨에 손을 올리고 말해주고 싶다.

네가 어떤 시간을 지나왔는지 알고 있어.
네가 버려졌다고 느꼈던 시간들은 이제부터 빛이 될 거야.

♥ ♥ ♥

정말 그랬습니다. 헛된 날들은 없었어요. 헤매며 아파했던 순간들은 모두 빛으로 살아났습니다. 이 짧은 순간의 경험은 제가 내면에서 간절히 바라던 사랑이 무엇이었는지를 알려주었어요. 지금 나에게 찾아온 느낌과 싸우지 않고 그걸 끌어안는 것. 저는 직감적으로 이것이 내가 찾고 구해온 사랑임을 알수 있었습니다.

저는 그날부터 그 순간의 배움을 매 순간 삶에 적용하고 실천하기 시작했어요. 지금 이 순간과 포옹하는 연습, 이 순간의 나에게서 1밀리미터도 멀어지지 않는 연습을요. 그간 머리로 배웠던 것들을 모두 내려놓은 채 이 단순하고 솔직한 작업에 몰입했고, 이 작업을 '사랑작업'이라고 부르기로 했습니다.

사랑작업을 하며 제게 찾아온 것들을 거부하지 않고 받아안을 때마다 삶은 어김없이 더 큰 품으로 저를 품어주었습니다. 처음엔 이게 무슨 일인가 했지만, 시간이 지나면서 아주 천천히 저는 이 일이 담고 있는 가치를 알게 되었어요. 15년 가까이 고군분투하며 마음공부를 하면서도 풀지 못했던 영성의 가르침 속 비밀들도 하나씩 베일을 벗고 드러나기 시작했습니다.

지금 나에게 찾아온 느낌을 밀어내지 않고 있는 그대로 수용하는 '사랑작업'을 반복하면서 저는 이제야 비로소 스스로를 사랑하게 되었다는 안도감이 들었습니다. 그저 느낌을 받아주었을 뿐인데 사랑받는 느낌이 든다는 것이 신기했어요. 자기사랑이 삶의 모든 문제에 대한 답인 것 같았지만 그 방법을 알지 못해서 괴로웠으니까요.

그전까지 자신을 사랑하기 위해 안 해본 것이 없었어요. 자신의 장점이나 칭찬할 점을 매일 세 가지씩 적으라, 자신에 대한 긍정적인 확언을 매일 자주 반복하라, 자신에게 사랑의 말을 들려주라, 매일 감사할 점을 찾아 적어보라 등등 자기사랑에 대한 많은 실천법이 있잖아요. 하지만 저는 그 방법을 따르면 따를수록 더욱 힘차게 저 자신을 미워하게 되었어요.

'나는 잘 웃는 사람이다. 나는 사람들을 배려한다. 나는 수업을 잘한다…'라고 자신에게 말해줘도 조금도 기분이 나아지지 않았어요. 더 이상 적을 것이 없고 이미 적은 것도 마음에 들지 않았어요. '나는 사랑받을 만한 가치가 있는 사람이다. 나는 존재 자체만으로 소중한 사람이다. 나는 우주만큼 귀한 존재다'라는 말을 반복할수록 더욱 비참함을 느꼈어요. 정말 사랑받을 만한 사람은 이런 문장을 읊고 있지 않을 것 같았거든요.

감사할 일을 찾아서 적는 것은 더욱 쓸쓸한 느낌을 주었어요. '피곤했는데 전철에 앉아서 갈 수 있어서 감사합니다.', '지갑을 잃어버렸지만 지갑에 돈이 없었던 것에 감사합니다.' 이렇게 읊을 때 제 속마음은 거지 같은 인생을 저주하고 있어요.

하지만 이번에는 달랐어요. 저에게 찾아온 느낌을 있는 그대로 수용하는 것은 정반대의 길이었어요. 인생이 거지 같다고 열렬히 나를 미워하는 느낌이 들면, 그 미움과 싸우지 않았어요. 그 미움이 나쁜 거라고 판단하며 거짓된 감사나 긍정의 말로 미움을 밀어내지 않았어요. 그저 가만히, 그렇게 미울 수 있는 거라고 허용하고 미칠 듯이 미움을 퍼붓는 마음과 함께 있었어요. 우울을 맞이했을 때처럼, 그렇게 귀한 손님을 맞이하듯이 현재 찾아온 마음에 자리를 내어주었죠. 미움을 다른 것으로 바꾸려 하지 않고, 그 미움과 함께 있는 것을 제 인생의 가장 중요한 일로 여기는 거예요.

"내가 너무 밉고 싫어. 내가 내가 아니길 바라. 나로 사는 게 고통이야."

이런 마음이 들면 저는 그 마음을 온몸으로 느끼면서 그저 고개를 끄덕였어요. 그렇게 느낄 수밖에 없는 지금 이 순간의 나를 받아들였어요. 그러면 칼같이 날카롭던 미움이 서러운 아이가 되어 울기 시작했고, 저는 다시 그 서러움과 슬픔에 공감하며 거기에 그대로 있었어요. 가야 할 다른 곳이 없음을 아는 채로요. 삶이 이 순간과 달라야 한다는 믿음을 내려놓고서 이대로의 슬픔과 함께 있었어요.

그러는 동안 미움은 계속해서 다른 모습으로 변해갔어요. 나 자신을 미워하며 사는 것이 너무 아프다고, 하지만 이대로 살면 사랑받지 못할 것 같아서 무서웠다고, 그래서 지금의 나를 미워하게 되었다고. 더 깊숙이 있던 솔직한 얘기가 계속 올라왔어요.

미움은 미움이 아니었어요. 사랑받지 못한 아픔, 사랑을 주지 못한 아픔이 계속 거부당하고 무시당하면서 점점 더 포악한 얼굴이 되어 나에게 자기를 알아달라고 떼를 썼던 것이죠. 미움은 그렇게 나쁘다고 거부당해야 할 마음이 아니었어요.

그렇게 마음 깊은 곳에 있던 것들이 의식의 수면 위로 올라오고 그 마음들을 받아들이고 나면, 나를 진심으로 사랑해주는 존재의 품에서 한껏 위로받고 사랑받는 느낌이 들었어요. 여기 존재하면 안 될 것 같았던 나라는 사람이 비로소 삶의 품에 받아들여졌다는 느낌. 내가 여기 이렇게 있어도 된다는 걸, 부족한 내 모습 그대로 충분히 좋다는 걸 느꼈어요.

이전에는 혼자 두 팔로 나를 끌어안고 아무리 토닥여봐도 전혀 사랑받거나 위로받는 기분을 느끼지 못했어요. 그래서 내가 나를 사랑하는 건 무슨 수를 써도 불가능하다고, 반드시 나를 사랑해줄 누군가가 있어야 한다고 생각했는데 그렇지 않았어요.

현재의 나에 대해, 내가 지금 느끼고 있는 것들에 대해 좋다 나쁘다 판단하지 않고 있는 그대로 받아들여주면 그토록 타인에게 받기를 원했던 사랑을 받을 수 있음을 알게 되었습니다. 그건 세상 누구도 대신해줄 수 없는, 오직 내가 나에게 해줄 수 있는 것이었어요. 그 누구도 내 마음을 나보다 더 잘 알 수는 없으니까요.

사랑작업을 하면서 저는 의식이 빛이라는 걸 알게 되었어요. 내 안에는 자신을 돌봐주길 기다리는 많은 어둠이 있었습니다. 그것을 피하려 하거나 없애려는 마음 없이 단지 바라봐주기만 해도 그 시선은 빛이 되어 어둠을 밝혀주었어요. 그 바라봄이 내가 오래도록 찾고 기다리던 따스함이었고, 그토록 찾아 헤매던 사랑이었어요.

저는 사랑에 대해 다시 배웠어요. 사랑은 어느 날은 있고 어느 날은 없는 설레는 감정 같은 게 아니었어요. 사랑은 현재의 나를 바꾸려 하지 않아요. 그렇다고 현재의 나를 방치하는 건 아니에요. 현재의 나에게 깊은 관심을 가지며 귀를 기울이고 아무 조건 없이 내가 느끼는 그대로를 인정해줘요. 그리고 그것과 함께하는 것을 가장 중요한 것으로 여겨주죠.

내가 미움에 휩쓸리고 있을 때도, 짜증을 낼 때도, 지쳐서 아무것도 할 수 없을 때도, 내가 나를 싫어하고 있을 때도 사랑은 나를 바꾸려 하지 않고 내 마음과 함께해요. 지금의 내가 이럴 수밖에 없음을 알아봐주는 눈이 지금 내가 느끼는 아픔을 나쁘다고 하지 않고 그저 받아들여주는 거예요. 그러면 놀랍게도 감춰져 있던 내 진심이 서서히 의식 위로 모습을 드러내고, 결국 나타난 것은 오직 조건 없는 사랑만을 알고 있는 순수한 어린아이의 모습이었어요. 세상을 혐오하는 마음에서 시작해도 결국 마지막에는 세상에 사랑을 주고 싶은 아이를 만났어요. 그 과정에서 제가 자신에 대해 오해하고 있었던 것들이 풀렸고, 나쁜 것도 아닌데 나쁘다고 억눌렀던 감정들은 의식 위로 올라와 편안해졌어요.

가장 중요한 깨달음은 모든 것을 품고도 남을 조건 없는 사랑, 조건 없는 수용이 내 안에 있다는 걸 알게 된 것이었어요. 슬픔을 품을 때, 나는 슬픔이 되는 것이 아니라 슬픔을 품는 존재가 되었어요. 미움을 품을 때나 무능함을 품을 때나 무시당한 아픔을 품을 때도 나는 그 감정이 되는 것이 아니라 그것을 품는 존재가 된다는 것을 경험했어요. 이전까지는 어떤 감정을 있는 그대로 받아들이면 내가 그 감정 자체가 될까 봐, 두려움을 품으면 정말 두려워질까 봐 더욱 그 감정과 싸우면서 그것을 증폭시키고 그 에너지에 동화되었다는 것을 이제야 알 수 있었어요. "저항하는 것은 지속된다"는 유명한 말의 의미는, 바로 이것이었어요. 감정에서 벗어나는 것은 오직 전적인 수용을 통해서만 가능하다는 게 어떤 뜻인지 저는 몸으로 겪으면서 알게 되었습니다.

나 자신이 조건 없는 사랑에 동화되는 체험을 반복하면서 내 안에 신성의 사랑이 이미 있었다는 앎이 찾아왔어요. 이 사랑을 알아보기 전까지는 내가 어떤 존재인지를 모르고 오해하면서, 내게 일어나는 마음들과 하나가 될까 봐 두려워하며 저항한 결과로 내가 진정한 나에게서 멀어지게 되었다는 것을 알았습니다.

모두 책에서 읽었던 내용이었고, 옳다고 고개를 끄덕였던 내용이었지만 자기 체험을 통해서 비로소 그 내용들이 어떤 의미인지를 올올이 깨우치게 되었습니다. 그 말들은 단순해 보였지만 나날의 일상 속에서 나 자신을 받아들이는 구체적인 체험 없이는 결코 알 수 없는 것이었습니다.

"지금 기분이 어때?"라고 스스로에게 물어보며 그 느낌 그대로 함께 있어주는 일은 단순한 것입니다. 저는 이렇게 어린 아이를 대하듯이 자주 스스로 물어보고 아무 예상도 하지 않은 채 답을 기다립니다. 그리고 마음이 들려주는 대답과 함께 지금에 머뭅니다. 아무것도 아닌 것처럼 보이는 이 일은 이상한 행복감을 주었어요.

이제야 정말 사는 것 같다는 느낌이 들었어요. 문득 죽고 싶다는 느낌이 들면 아무 문제 삼지 않고 그냥 죽고 싶은 느낌과 같이 있었어요. 다른 걸 느껴야 한다는 강요 없이 내가 있어야 할 유일한 곳이 그곳인 듯 그 느낌을 맛보았어요.

"너무 살고 싶어서 죽고 싶어."

마음은 헛소리 같은 얘기를 했지만 저는 이 마음을 바꾸려 하지 않고 거기에 그냥 있었습니다. 그러다 보면 어떤 마음과도 있을 수 있었어요.

"사람들이 너무 혐오스러워. 진절머리 나게 싫어."

"나 좀 좋아해주세요. 나 좀 사랑해주세요."

정반대의 마음들이 뒤죽박죽으로 오르내려도 그냥 그 흐름 속에 같이 있으면서 그 무엇도 잘못된 거라고 하지 않았어요.

'내가 악마라면 악마로 살겠다. 누구든지 여기에 살아라' 하며 어떤 마음에도 절대적으로 공감하며 지냈습니다. 그렇게 지금을 살기 시작한 첫 2년 동안 많은 변화가 일어났습니다. 변화를 기대한 게 아니었는데도요.

우선 어깨가 가벼워졌습니다. 자신에게 지금 이대로에 머무는 것 말고는 어떤 짐도 부여하지 않았으니까요. 이전에는 어떤 행위를 통해 그 문제를 해결하려는 것이 목표였기에 머릿속이 분주하고 항상 책임감에 짓눌렸죠. 아침에 눈을 뜨면 정신을 차리기도 전에 그날 해결해야 할 문제가 내 옆에 와서 앉아 있었어요. 매일 문제를 받는 기분으로 일어나 하루 종일 그 문제를 푸는 데에 열중하는 삶은 별일이 없어도 항상 불안했어요.

어떨 땐 정말 아무 문제가 없는 것 같은데도, 그래서 좀 푹 쉬어도 될 것 같은데도 가만히 앉아 있으면 불안감이 엄습해왔어요. 누군가 보이지 않는 목줄을 내게 걸어두고 좀 쉴라치면 탁탁 잡아당기는 느낌이었죠. 그렇게 뭔가를 해결해야 할 것 같은 불안이 찾아오면 그게 어떤 느낌인지, 나를 가장 불안하게 하는 생각이 뭔지 가만히 느껴주었습니다. 그러다 보니 내 괴로움은 문제 상황에서 오는 것이 아니라는 걸 분명히 알게 되었어요. 괴로움은 항상 그 상황에서 일어나는 나 자신의 반응을 스스로 감당하지 못해서 오는 것이었어요.

저는 더 이상 상황과 싸우는 선택을 하지 않았어요. 그 상황과 싸우려는, 상황을 바꾸려는 제 반응을 있는 그대로 받아들이고 감정적인 반응들을 스스로 책임지기 시작했어요. 상황을 바꿔서 내 감정에서 벗어나려는 노력도 일절 하지 않았어요.

그렇게 하다 보니 감정을 빼고 객관적인 상황을 바라볼 수 있게 되었어요. 상대가 나를 무시할 때, 나도 상대를 무시해야겠다는 식의 무의식적 반응을 하지 않으니 상황을 바라보는 게 훨씬 쉬워졌어요. 실제로 별로 해결해야 할 것이 없이 물 흐르듯 일이 풀리는 경우가 많았고, 반드시 선택을 해야 하는 경우에는 감정이 아닌 내면의 끌림에 따라 결정했습니다. 그건 그렇게 어렵지 않았어요. 내가 상황을 전부 통제하고 싶을 때 선택이 어려운 거거든요. 저는 상황을, 미래를 내 뜻대로 조종하고 싶은 마음이 없었어요. 어떤 미래에 도착하든 그곳에서 솔직한 내 마음을 받아들이며 그 순간을 살면 된다는 마음이라서 이전만큼 머리를 굴려야 할 일도 없어졌습니다.

대신 내면의 안내에 따라 결정하는 법을 배워나갔어요. 즉각적으로 감정적인 반응을 하지 않게 되니 내면이 고요해지며 어떤 선택을 하고 싶은지에 대한 내적 의도가 명확해졌어요. 여러 선택지들을 가만히 마음으로 느껴보면 어떤 걸 선택해야 할지도 선명해졌고요.

그러면서 내면에서 항상 나를 안내해주는 지혜, 영감이 있다는 걸 알게 됐어요. 논리와 이성으로는 이해할 수 없는 이끌림이 항상 가야 할 길을 명확하게 알려주었어요. 풀잎에 이슬방울이 톡톡 떨어지듯 작은 목소리로 알려주는 영감이란 게 점점 잘 느껴졌어요. 그 느낌을 따라가면 문제라 여겼던 것들이 신기한 방식으로 해소되곤 했어요.

하지만 저에게 가장 중요한 변화는 이런 현실의 변화가 아니었습니다. 그것은 본 상품에 따라온 사은품 같은 것이었어요. '나에 대한 나의 태도'가 달라진 것, 이것이 가장 큰 변화였습니다. 항상 공기 속에 배어 있던 수치심과 못났다는 느낌이 서서히 옅어졌어요. 스스로 창피하다고 여겼던 내 모습이 사실은 내 안에서 가장 빛나고 예쁜 마음인 걸 알았기 때문이에요. 수치심을 따라 들어가 보면, 매번 사랑스러운 아이의 마음이 있었습니다. 친구에게 은근히 따돌림을 당한 경험을 직면했을 때 스스로 가장 수치스러워한 것이 '이렇게 버림받고도 여전히 그 친구랑 놀고 싶어하는 나'였고, 남편에게 무시당한 마음을 직면했을 때 가장 창피했던 마음은 그렇게 무시를 당하고도 그런 상대를 인정하고 있는, 그래서 인정받고 싶어하는 내 마음이었습니다.

모든 경우가 다 그랬습니다. 가장 꼴 보기 싫어했던 모습은 매번 버림받고도 여전히 사랑받고 사랑을 주길 원하는 나였습니다. 그걸 보는 게 죽기보다 싫었지만, 그래서 다시 저항의 풀코스를 돌며 분노하고 불안해하고 잘못을 찾으며 맴돌았지만, 결국은 버림받은 아픔으로 돌아와 '그럼에도 불구하고 사랑하길 원하는 나'를 만나야 했던 것입니다.

흔히 말하는 "자존심 없는 사람"이 내 안에 있었고, 저는 그 자존심 없는 나를 좋아하게 되었습니다. 버림받더라도 사랑하고 싶은 마음은, 아픈 것이지만 꽤 근사한 것이었습니다. '이러저러한 이유로 버림받을 수밖에 없는 나'라는 이미지가 사라지고 '버림받았음에도 불구하고 사랑하길 원하는 나'라는 새로운 정체성을 보게 된 것이 기뻤습니다.

또 다른 변화는 감정에 대한 분별이 점차 사라지면서 자기혐오가 사라진 것입니다. 저는 착한 아이 콤플렉스가 있어서, 자연스럽게 드는 감정들을 잘 수용하지 못했어요. 물론 제가 그런 사람인지조차 인식하지 못했었죠. 누구를 미워한다거나, 해야 할 일이 하기 싫거나, 밑도 끝도 없이 짜증이 올라오는 순간에 저는 그런 부정적인 감정들을 어찌 대할지 모르고 자기에게 실망하며 스스로 비난하기 일쑤였습니다. 좋다고 판단한 감정을 제외한 대부분의 감정에는 자기비난의 태도가 붙어 있었어요. '아, 저 사람 싫어'라고 느끼는 순간, '그렇게 느끼는 내가 더 싫어'라고 나를 비난하며 감정을 받아주지 않는 것이죠. '아, 너무 힘들고 다 하기 싫다'라고 느끼는 순간 '넌 맨날 힘들고 싫대'라고 무의식적인 비난이 따라왔어요.

부정적인 감정을 느꼈다는 것만으로 저는 늘 스스로에게 비난받고 있었습니다. 자연스럽게 올라온 감정을 억지로 고치거나 없애려 하면서 그 감정들을 더욱 강화해 무의식에 정체시키고 있었다는 걸 모르고 산 것이죠.

하지만 모든 감정을 동등하게 차별 없이 수용하기 시작하면서 겉보기에 부정적으로 보이던 감정들이 사실은 내면에 가시처럼 박혀 있는, 진실이 아닌 생각들이 보내는 구조신호임을 알아가기 시작했습니다. 불편한 감정들은 모두 나를 거짓 관념으로부터 자유롭게 해주려고 내면에서 보내는 신호였던 것이죠.

올라오는 마음들을 조건 없이 수용하니 나를 비난하는 마음은 서서히 사라졌습니다. 때로는 스스로를 비난하는 마음마저 칭얼대는 아기의 마음으로 바라보며 받아주었죠. 놀랍게도 거대한 괴물처럼 보이던 마음들은 수용되기 시작하면서 전부 아기의 모습으로 돌아갔습니다. 그 마음들은 모두 자기 얘기를 들어주길 바라는 아기였을 뿐이었어요.

이 과정에서 저는 마음의 세계가 어떻게 생겼는지를 보게 되었습니다. 슬픔, 절망, 미움, 복수심, 무능함, 상실감, 결핍감, 추함과 같이 내 삶에 들이기 싫어 애쓰던 많은 감정이 사실은 이 세계를 살아가는 데 있어 절대 피할 수 없는 필수요소임을 알게 되었습니다. 이런 마음들을 제거하고 오직 밝고 아름다운 것들만 체험하려는 에고의 계획은, 마음의 세계가 어떻게 생겼는지를 뿌리부터 오해한 데서 나온 헛된 바람이었습니다.

마음의 이원성을 인정하고 넘어서면서 부정적이라고 판단했던 체험들에 대한 저항이 점차 사라졌습니다. 결과적으로 한 쌍의 마음 전부를 저항 없이 받아들이게 되자 버림받음의 아픔이 생생해지는 만큼 사랑을 주고받는 순간의 기쁨도 생생해졌습니다. 모든 감정은 팔레트를 가득 채운 물감처럼, 선명한 자기만의 빛깔로 제 안에서 살아 숨쉬기 시작했어요. 감정을 수용하면 거기서 벗어나게 되고, 수용된 감정은 물감처럼 삶의 매 순간을 표현할 수 있는 도구가 되어준다는 걸 배웠습니다.

매 순간을 받아들이는 사랑작업은 성장이고 변화였습니다. 많은 사람이 받아들임을 수동적인 체념으로 오해하지만, 받아들임은 제가 살면서 시도했던 어떤 적극적인 행위보다 빠르게 제 삶을 바꾸었습니다. 제 안에 뿌리내린 거짓들이 제거되고, 계속해서 더욱 온전한 저를 보게 만든 것이 받아들임이었으니까요.

지금도 저는 삶의 매 순간 느낌을 살피고 불편한 느낌이 들면 외부를 바꾸려 시도하기 전에 그 느낌을 일으키는 내면을 바라봅니다. 아픔을 바라보는 것이 쉬운 일은 아니지만, 아픈 만큼 반드시 성장이 따라오는 이 과정을 즐길 수 있다면, 온전한 자기를 만나는 기쁨이 무엇보다 우선이 된다면, 사랑작업을 하며 사는 삶은 매일매일이 더없이 소중한 기회가 된다는 것을 얘기하고 싶습니다.

2부

마음의 지도를 그려드립니다:
사랑작업 이론

　사랑작업은 지금 이 순간 나에게 올라오는 느낌을 있는 그
대로 수용하는 내면작업입니다. 그런데 왜 모든 느낌을 허용
해야 하고, 내면의 아이를 껴안아야 하는지 알지 못하면 사랑
작업을 실천할 때 여러 의문이 생기실 거예요. 그래서 2부에
서는 사랑작업을 하는 데 꼭 필요한 개념들을 알려드리려 합
니다.

　먼저 크게 내면작업의 지도를 그려보겠습니다. 내면작업을
어떻게 하는지를 안내하는 정보는 이미 세상에 무수히 많이
나와 있어요. 그런데 책마다, 사람마다 조금씩 용어가 다르고
포인트를 다르게 짚어주다 보니 정보의 홍수 속에서 길을 잃
기 쉽습니다. 오랜 기간 길을 헤매어본 장본인으로서, 여러분
이 조금은 덜 헤맬 수 있게 정리된 지도를 제공하려고 해요.
이 지도를 보시고 나면 복잡한 생각들은 내려놓고 이 순간의
느낌을 전적으로 수용하는 사랑작업에 집중하실 수 있을 거
예요.

　그럼, 시작해보겠습니다.

"현실은 내면의 반영"이라는 말 많이 들어보셨죠? 그런데 이 말이 도대체 무슨 뜻인지 와닿지 않는 분들이 있을 거예요. 글로만 쓰면 더 헷갈릴 수 있으니 먼저 그림 한 장을 보여드릴게요.

내면의 존재상태
(인식틀)

나와 지금(현실) 사이에 물잔 하나가 있습니다. 나는 이 물잔을 통해 외부세계(현실)를 바라봅니다. 그 물잔에 결핍의 생각이 담기면 바라보는 현실이 결핍되어 보입니다. 결핍의 생각이 사라지면 맑은 물잔을 통해 세상도 온전한 모습으로 보입니다. 이 물잔은 바로 우리 내면의 존재 상태를 말합니다. 내가 어떤 존재 상태에 있느냐(의식이 어떤 수준인지, 에너지의 진동 수준이 어떤지)에 따라 같은 현실도 다르게 인식하게 되는 것이죠. 내면의 존재 상태는 그 사람의 현실에 그대로 반영되며, 시크릿은 내 내면의 존재 상태에 따라 외부현실이 그에 맞춰 달라진다는 얘기를 하는 것입니다. 이것이 바로 끌어당김의 법칙이죠. 그래서 모든 내면작업의 초점은 내면의 존재 상태를 결핍 없이 충족된 상태로 만드는 것에 맞춰집니다.

여기서 가장 중요한 것은 바로 '지금 이 순간은 이미 완전하다'는 것입니다. 있는 그대로의 현실은 지금 이대로 이미 완전합니다. 그래서 우리는 그 완전함을 볼 수 있도록, 그 완전함에 공명하는 의식 상태가 되도록 우리의 내면의 상태만 책임지면 되는 것이죠. 모든 영성에 관한 책들, 마음공부에 관한 이야기들은 전부 이 진실을 바탕으로 합니다.

그렇다면 이제 우리에겐 내 앞의 물 한 잔을 책임지고 깨끗하게 하는 일만 남습니다. 내면의 존재 상태를 이미 완전한 지금 이 순간에 맞게 조율하는 것, 다시 말해 지금 이 순간의 완전함을 있는 그대로 보고 느낄 수 있도록 만드는 것이 우리가 할 내면작업의 핵심입니다.

물잔을 책임지는 두 가지 방법

그럼 어떤 방법으로 지금 이 순간을 있는 그대로 받아들이는 상태가 될 수 있을까요? 여기엔 두 가지 길이 있습니다.

하나는 물잔을 맑게 만드는 겁니다. 대표적인 것이 '원하는 것을 상상하기', 바로 시크릿이죠. 원하는 현실이 이뤄졌을 때 어떤 느낌일까를 상상해서 그 '존재 상태'를 현재로 가져오는 것이 핵심입니다. '미래에 일어날 어떤 일이 아닌, 바로 지금 그게 현실이라면 지금 나는 어떻게 세상을 바라보고 있을까?'라고 스스로 질문하면서 그 상태로 지금의 현실을 만나는 겁니다. 상상의 목표는 항상 '지금 이미 그런 것처럼 느끼기' 위한 것입니다. 심상화, 긍정적 생각하기, 확언하기 등도 모두 '지금 느끼기'를 놓치면 아무 의미가 없답니다.

두 번째, 물잔 비우기입니다. 이 방법은 아예 물잔의 물을 비워버리는 방식으로, 어떤 면에서는 더 근본적인 해결을 추구한다고 볼 수 있어요. 아무리 맑은 물을 담아도 왜곡이 일어날 수 있으니 아예 비워버리면 작은 왜곡조차 일어나지 않겠죠? 물잔 비우기는 다시 말하면, 지금 있는 그대로를 받아들이는 방식입니다. 현실을 완전히 수용하는 거예요. 내 생각을 제외하고 이 현실엔 아무 문제가 없으므로(이미 완전하므로) 모두 내려놓고 지금 이 현실과 만나는 것이죠. 에크하르트 톨레의 '지금 이 순간을 살아라', 바이런 케이티의 '네 가지 질문' 같은 가르침들이 모두 이 물잔 비우기를 말하는 거예요. 모든 것이 제로로 돌아가도록 정화하라는 '호오포노포노'도 물잔을 비우는 것이죠. 생각 버리기 연습이나 명상을 통해 마음을 비우는 것도 모두 여기에 속합니다.

물잔 비우기에서는 정화가 핵심입니다. 생각을 바꾼다기보다 버리는 쪽이고, 생각에서 놓여남을 목표로 합니다. 이렇게 할 수 있는 이유 역시 지금 이 순간은 이미 완전하기 때문이에요. 오직 내 내면의 존재 상태를 이 완전한 현실에 조율하기 위해 비우고 또 비우는 것이죠.

있는 그대로 허용하기(물잔 비우기)를 자기 자신에게 그대로 적용하면 나 자신을 있는 그대로 받아들인다는 뜻이 됩니다. 자신의 어느 부분도 바꾸려 하지 말고 지금 그대로 수용하는 것이죠. 바로 이것이 자기사랑이고, 조건 없는 사랑의 기초가 되는 것이죠. 그래서 물잔 비우기 방법의 핵심은 결국에는 자기사랑으로 귀결됩니다.

무의식을 간과하다

원하는 존재 상태를 상상해서 현실로 가져오는 '상상하기'와 있는 그대로의 자신을 수용하는 '지금을 살기'. 이 두 가지 방법은 결국 같은 것을 목표로 합니다. 물잔을 맑게 해서 내 인식을 완전한 지금에 조율하는 거죠. 이 발견은 저에겐 너무나 놀라운 것이었어요. 그간의 모든 혼란을 정리해주었으니까요.

제 마음 탐구의 시작은 시크릿이었기 때문에 이 발견 이후 저는 상상하기, 즉 맑은 물잔 만들기에 초점을 맞추었고, 제가 원했던 현실을 창조해가면서 어느 정도는 맑은 물잔 만들기의 달인이 되었던 것 같아요.

하지만 그 당시 간과했던 것이 있었어요. 바로 무의식입니다. 무의식의 정화, 무의식의 의식화는 물잔 비우기 방식이라고 할 수 있어요. 상상하기가 비교적 쉬웠던 저는 주로 그 방식으로 물잔을 맑게 하는 데 집중했었습니다. 상상을 통해서 원하는 느낌을 가져오고, 그 상태로 일상을 살면 대체로 제가 원하는 일들은 기적처럼 현실이 되었어요.

그런데, 도저히 뭘 상상하고 어떤 기분을 느끼려 해도 안 되는 분야가 있더라는 것입니다. 내 마음이 내 마음대로 안 되는 영역이 있었어요! 원하던 일들이 다 이뤄졌는데도 어쩐지 무기력했고 싫은 사람은 계속 싫었어요. 일상에서 꾸준히 모습을 드러내는 침체된 기분을 도저히 어떻게 할 방법이 없었죠. 소원 목록에 있던 일을 전부 다 이루어도 내면은 그렇게 행복하지 않았던 거예요. 또, 원하고 있는 어떤 기분을 느껴보려 해도 느껴지지 않는 것들이 있었어요. 그때의 저는 내 느낌을 통해 무의식을 솔직하게 바라보는 것이 얼마나 중요한 일인지를 잘 모르고 있었어요.

무의식은 물잔에 가득 담겨 있는 물과 같습니다. 그런데 내가 그걸 의식하지 못하면 물잔을 맑게 할 수도, 비울 수도 없어요. 무의식 안에 있는 결핍의 생각들은 과거의 강력한 감정들과 엮여 있어서 쉽게 사라지지 않아요. 그래서 비교적 무의식의 숨겨진 감정이나 생각에 엮여 있지 않은 영역의 일들은 상상하기만으로도 쉽게 현실화가 되는 거였어요. 원하는 기분을 저항 없이 느끼기가 쉬운 거죠. 그런데, 숨겨진 결핍의 생각과 감정이 많은 영역의 일들은 상상하기나 긍정적인 생각으로는 해결이 되지 않습니다.

내 내면의 존재 상태를 내가 원하는 상태로 바꾸기만 하면 나는 이미 완전한 현실과 만날 수 있는데…. 내가 내 내면을 내 마음대로 바꿀 수 없다는 것, 그것이 가장 큰 걸림돌이었고 저는 이 문제를 해결하기 위해 오랜 시간을 분투했던 것 같아요. 여기에는 아주 단순한 답이 있었지만, 그 단순함에 비해 미묘한 함정들이 많이 있어서 저는 곧잘 그 함정에 빠지곤 했어요. 무의식을 보지 않고 물잔을 맑게 한다는 건 검은 바다에 스포이트로 맑은 물을 떨어뜨리는 정도의 일이었어요. 마치 밑 빠진 독에 물을 붓는 것처럼 불가능한 일이었던 거예요.

무의식은 현실에 반영된다

저는 무의식에 관한 얘기를 굉장히 따분하게 생각했었고, 그다지 중요하게 여기지 않았어요. 아마 저와 비슷한 분들이 많을 거예요. '난 당장 해결해야 할 일이 있는데, 그냥 상상하기로 단번에 해치우고 싶고, 긍정적인 생각을 강력하게 해서 기분 나쁜 느낌들을 몰아내버리고 싶어!' 이렇게 생각하기 쉽잖아요. 그리고 보통은 '무의식이란 게 뭔지 모르지만 일단 별로 관심도 없고 살 만해지면 그때 한번 들여다봐야지' 이렇게 생각하게 되는 것 같아요. 사실 무의식을 본다는 건 전혀 매력적으로 다가오지 않아요. 두려움을 본다는 생각만으로도 두려우니까요. 그냥 모르는 채 덮어두고만 싶어지죠.

하지만 이 말씀은 꼭 드리고 싶어요. 물잔에 가득한 무의식의 어둠을 비워내기 전까지는 결코 완전한 이 순간과 만날 수 없을 거예요.

이 얘기가 섬뜩하게 들릴 수 있지만 좋은 소식이 있습니다. 무의식에 버린 마음을 직면하는 게 보통 생각하는 것만큼 그렇게 복잡한 일은 아니라는 거예요. 그리고 이 과정이 어렵더라도 이만큼 기쁨을 주는 일은 세상에 없을 거라고 저는 단언합니다. 이 책을 쓴 이유는 그저 우리가 할 일은 무의식을 보지 않으려는 두려움을 놓아주는 일밖에 없고, 그러면 나머지는 모두 저절로 이루어질 거라는 이야기를 하고 싶어서입니다.

'그럼 상상하기, 즉 맑은 물잔 만들기가 소용없다는 말이야?'라고 생각할 수 있는데요. 전혀 그렇지 않습니다. 저는 무의식의 두려움들을 놓아주는 게 필수적이라는 말을 하고 싶은 거예요. 왜 그런지 먼저 설명해볼게요.

나와 완벽한 지금 사이에 있는 물잔 이야기로 돌아가볼게요. 이 물잔을 맑은 물잔으로 만들거나 물잔을 비우면 우리는 지금 이대로 완전한 현실과 만날 수 있어요. 우리는 평화롭고 더 이상 바라는 게 없이 현재에 머물며 순간을 살아갈 수 있게 돼요. 완전한 현실이라는 것에는 우리의 본 모습이 온전하다는 진실이 포함되어 있습니다. 사실 현재를 불완전하게 느끼는 것은 내 존재가 불완전하다고 느끼는 데 원인이 있으니까요. 물잔을 맑게 하거나 비우면 우리는 온전한 자기를 볼 수 있게 됩니다. 모든 사람은 이 온전함을 만나고 싶어서 내 앞의 물 한 잔을 책임지고 맑게 만들려는 거죠.

그런데 우리 내면의 존재 상태(의식의 상태)는 우리에게 전부 인식되고 있는 것이 아니에요. 의식되는 부분이 있고 그렇지 않은 부분이 있어요. 의식이 빛이라고 한다면 빛을 받은 부분은 표면의식, 어둠 속에 잠겨 있는 부분은 무의식이에요. 보통 무의식이 의식의 영역 대부분을 차지하고 우리가 의식하는 영역은 그에 비해 훨씬 적습니다. 여기서 문제가 생겨납니다. 우리 내면의 상태가 우리의 현실에 반영된다는 진리에 따라, 무의식을 포함한 우리의 의식 안에 있는 모든 것은 우리의 현실에 반영됩니다. 따라서 무의식을 바라보지 않고 주의를 두지 않는다고 해서, 두려움 때문에 무의식 안에 넣어둔 상처와 결핍의 신념들이 현실에 반영되지 않는 것은 아닙니다. 내가 의식하지 못할 뿐, 무의식은 계속해서 현실에 반영되는 것이죠.

여기서 우리는 이 의문의 답을 찾을 수 있어요. 왜 어떤 생각들은 맑은 물을 담는 것(상상하기)만으로 충분히 투명해지는데, 어떤 생각들은 도저히 무슨 수를 써도 변하지도 않고 좋은 기분이 들지 않을까? 그건 바로 무의식이 그 생각들을 무겁게 붙잡고 있기 때문이에요.

표면의식에는 우리가 쉽게 인식할 수 있는 생각들이 있어요. 그 생각들이 마음에 들지 않아서 우리는 그것을 바꾸려고 하죠. 두려워서 무의식에 밀어 넣은 감정들과 크게 연관성이 없는 생각들은 비교적 쉽게 충족의 생각으로 바꿀 수 있습니다. 하지만 왠지 어떤 상상을 해도 실감 나지 않고 오히려 찝찝하다거나 분노가 일어난다거나 무기력해지는 등 내 맘인데도 내 맘대로 바뀌지 않는 결핍의 생각들이 있어요. 이런 생각들은 두려워서 무의식에 밀어 넣어버린 생각과 감정들과 엮여서 내가 의식하지 못하는 상태로 무겁게 나를 붙들고 있는 것입니다.

어떻게 무의식을 의식화할 것인가

자, 이렇게 우리는 왜 어떤 결핍의 생각들은 쉽게 충족의 생각으로 교체되고 어떤 결핍의 생각들은 내가 아무리 바꿔보려 해도 안 바뀌는지, 왜 어떤 상상은 한 번에 실현이 되고 어떤 상상은 10년이 걸려도 실현은커녕 더 결핍된 현실로 나타나는지 알 수 있습니다.

우리가 해야 할 일은 이 무의식의 영역 안에 있는 것들을 의식의 영역으로 가져오는 겁니다. 쉽게 말해서, 의식의 빛을 무의식의 영역에 비추어야 한다는 것이에요. 바로 이걸 심리학에서는 '무의식의 의식화 작업'이라고 합니다. 무의식을 의식화한다는 것은 물잔 비우기를 한다는 것입니다.

그렇다면 이제 남은 의문은 하나입니다. '어떻게' 의식화를 할 것인가.

답은 '직면하라'는 것입니다. 두려워서 무의식에 억압한 감정들을 있는 그대로 솔직하게 마주하는 것. 보고 싶지 않던 부분을 바라보는 것. 그저 의식하라는 게 전부입니다. 의식하기만 하면 어둠이었던 것이 빛이 되고 그걸로 두려움에 갇혀 있던 것들은 풀려나게 됩니다.

무의식 직면하기는 내 몸이 바로바로 아는 변화를 가져다줘요. 그냥 하는 순간에 내가 바로 알아요. '아, 나 조금 편안해졌어. 조금 마음이 가벼워졌어.' 그러면서 평소 하던 생각들이 조금씩 다른 생각으로 저절로 바뀌고, 내 태도와 행동들이 달라지고, 일상의 공기가 달라짐을 느껴요. 내 두려움을 그냥 바라보고 의식했을 뿐인데도요. 그렇게 매일매일 평화를 얻을 수 있어요.

많은 사람이 무의식의 중요성을 알고 있지만 어떻게 무의식과 만나야 하는지에서 혼란을 겪습니다. 여기에는 아주 많은 오해가 있고, 실제로 스스로 해보면서 알아가야 하는 부분도 있습니다. 저는 최대한 그 오해들을 풀고 이 직면하기에 있어 가장 핵심적인 부분을 전하려고 합니다.

무의식에 관한 오해

예전에 저는 무의식을 바라보라는 글을 읽어도 '어떻게 바라봐?'라는 생각이 들었고, '있는 그대로 바라보라'는 글을 읽으면 '아, 좋은 말이다. 나도 있는 그대로를 봐야지' 하고 결심했지만 실제로 기분 나쁜 일들이 눈앞에서 펼쳐지면 뭘 어떻게 하는 게 있는 그대로 바라보는 건지 몰라 혼란스러웠어요. '무의식이란 게 있다면 어쨌든 내가 필요할 때 내 앞에 모습을 드러내겠지. 그때마다 내 물잔을 맑게 하면 돼'라고 생각했지요. 이 마지막 생각은 틀리지 않았습니다. 무의식은 어떻게든 정확히 내게 필요한 순간에 자신의 존재를 드러냈으니까요. 하지만 중요한 건 그게 내 무의식이 모습을 드러낸 것인지를 제가 알아보지 못했다는 겁니다. 물론 어떤 방법으로 만나야 하는지도 몰랐고요.

무의식은 항상, 매 순간 우리에게 자신의 존재를 알리고 있습니다. '무의식이란 건 캄캄한 어둠 속에 있는 것이라 내가 절대 알아챌 수 없는 것'이라는 제 생각은 오해였어요. 단지 우리가 그걸 보지 않으려 하기 때문에 인식하지 못하는 거죠. 정리하면, 무의식은 '항상 우리에게 존재를 알리고 있지만 우리가 보려 하지 않는 영역'을 말합니다.

그럼 여기서 중요한 이야기를 할게요. 무의식은 어떻게 우리에게 자신의 존재를 알리고 있을까요?

느낌. 무의식은 느낌을 통해서 말을 겁니다. 하지만 우리는 여러 이유를 들어 그 느낌을 무시하거나 억누르거나 왜곡합니다. 자신이 그러고 있는 줄도 모르는 상태로요. 이 부분이 우리를 힘들게 하는 부분입니다. 무의식이 우리를 힘들게 하는 게 아니라, 이걸 보지 않으려는 우리의 태도가 일을 어렵게 만드는 것입니다. 다시 강조할게요. 무의식이 우리를 힘들게 하는 게 아니라 무의식 안에 억압된 감정을 경험하는 것에 대한 저항, 두려움이 일을 어렵게 만듭니다.

사실 우리는 평생을 이 느낌의 언어를 피하기 위해 단련되었다고 해도 과언이 아닐 거예요. 우리의 성격, 우리의 소망, 우리가 행복해지기 위해 매달리는 일들, 그중 대부분이 무의식이 끊임없이 전하는 이 느낌으로부터 도망치기 위한 전략으로서 만들어졌습니다. 저는 저 자신을 들여다보면서 이게 과장이 아니란 걸 알았습니다.

아무리 상상해도 잘 이뤄지지 않는 소망이 있나요? 그럼 그 소망을 한번 들여다보세요. 그게 이뤄지지 않으면 어떨 것 같나요? 예를 들어 지금 공무원 시험을 준비 중이라고 합시다. 공부를 열심히 하면서도 순간순간 불안함이 올라옵니다. '시험에 떨어져서 공무원이 안 되면 난 어떻게 될까? 가난해지겠지. 친구들 사이에서도 존재감이 없을 거야. 결혼도 못 할 거니까 제대로 된 가정도 못 꾸리겠지.' 이런 생각들이 들 때 올라오는 느낌이 있습니다. 외톨이가 될 거라는 두려움, 인정받지 못할 것에 대한 두려움, 생존할 수 없을 거라는 두려움 등등. 지금 나는 공무원 시험을 준비하고 있는 게 아닙니다. 나는 끝없이 두려움과 싸우면서 이 두려움을 일으킬 요소들을 없애기 위해 투쟁하고 있는 것이죠.

두려운 마음을 의식하면 그 두려운 일이 현실화되지 않을까?

두려움을 그대로 수용해서 두려움 아래에 있는 감정을 느껴본다는 건 굉장한 용기가 필요한 일입니다. 또, 마음공부를 하다 보면 걸리는 걸림돌이 한 가지 더 있는데요. 그건 '두려운 것을 의식하면 그 두려운 일이 현실화되지 않을까?' 하는 생각이 든다는 것이죠. 하지만 그렇지 않아요. 그 두려움은 우리가 없는 척 안 보고 있을 뿐이지 명백히 우리의 내면에 있고, 우리의 현실에 반영되고 있으니까요. 집에 먼지가 쌓여 있는데 단순하게 보지 않는다고 먼지가 사라지나요? 엄연히 존재하는 것을 그냥 없는 척하는 건 아무 의미가 없습니다.

아무도 없는 방에 앉아 10분만 눈 감고 가만히 있어 보려고 해도 불현듯 이유 모를 불안과 두려움이 올라옵니다. 그러면 어쩔 줄 모르는 상태가 되고, 그동안 배운 가장 사랑스러운 말들을 떠올려보려고 애씁니다. '세상은 이미 완전해. 난 이미 사랑스럽고 모든 일은 완벽하게 일어나고 있어.' 조금 기분이 나아지는 것 같으면 소망이 이뤄진 상태를 상상해봅니다. 그런 식으로 두려움들을 다시 억누릅니다. 뭔가 찝찝함이 남지만 그게 최선인 거죠. 하지만 시간이 지나면 다시 그 두려움은 올라옵니다.

티비를 보고, 게임을 하고, 여행을 가고, 맛있는 걸 먹고, 요가를 하고, 명상을 하고, 좋은 책을 읽고, 자기계발을 하고, 운동도 해보고 새로운 일에 도전하고. 끊임없이 할 수 있는 일들이 많습니다. 우리는 내 안에서 올라오는 두려운 느낌들을 피하기 위해 온갖 일들을 합니다. 하지만 아무리 피해 다녀도 어느 순간에 삶은 우리가 두려워서 피해 다니던 것들을 우리 면전에 가져다 놓습니다. 이 세상은 그렇게 작동하도록 만들어져 있기 때문입니다. "외부세계는 내면의 반영이다", "저항하는 것은 지속된다"는 말은 이 원리를 설명해주는 말이랍니다.

그렇다면 어떻게 해야 할까요? 방법은 단순합니다. 최선을 다해 우리가 현재 느끼는 느낌에 주의를 기울이는 거예요. 삶의 우선순위를 자신의 느낌을 바라보는 데 두어야 합니다. 피하고 싶은 느낌이 올라오면 그것이 내 무의식에 억압된 마음이 보내는 구조신호임을 알아차려야 합니다. 그리고 그 느낌을 온몸으로 온 가슴으로 경험하는 거예요. 충분히 수용하고 경험하면 그 느낌은 놓여납니다. 이것이 직면하기의 단순한 과정입니다.

우리가 두려워하는 느낌들은 단지 수용받지 못해서 무의식 안에 정체되어 있습니다. 무의식의 저장고에는 경험되지 못하고 억압된 감정의 기억들이 차곡차곡 쌓여 있어요. 그 감정들의 목적은 우리에게 경험되는 것입니다. 조건 없이 수용되는 것, 판단 없이 경험되는 것, 그게 전부입니다. 삶의 우선순위를 자기 느낌을 알아차리는 일에 두고 어떤 느낌이 느껴지든 그대로 경험하고 놓아주는 건 사실 너무나 단순한 작업이에요. 하지만 쉽다는 뜻은 아닙니다. 우리는 평생을 여기서 도망치는 것에 바쳐왔으니까요.

이 과정을 계속하다 보면 '아, 이것이 내가 세상에서 그토록 찾아다니던 사랑이구나. 내가 바라던 사랑을 스스로에게 준다는 게 이런 거구나'라는 생각이 드실 거예요.

저는 자기사랑이 중요한 건 알았지만 도대체 어떻게 하는 것인지 몰라서 괴로웠어요. 하지만 이제는 알아요. 나를 사랑하는 것은 내 느낌을 1번으로 여기고 항상 돌보는 데서 시작한다는 것을요. 상처 입은 느낌을 그대로 받아주고 충분히 경

험하게 해주고, 어디 더 아픈 곳은 없는지 살펴보고, 다 괜찮

으니까 뭐든지 얘기하라고 귀 기울여주는 것.

직면하기의 다른 말은, 바로 '자기사랑'이었습니다.

무의식에는 어떤 마음들이 억압되어 있을까요? 왜 우리는 있는 그대로를 의식해서 체험하지 못하고 무의식이라는 어두운 영역에 내 마음들을 가두게 되었을까요?

사랑작업을 하는 과정에서 헤매지 않으려면 우리가 왜 있는 그대로에 저항하며 무의식의 영역에 마음을 버리게 되었는지를 잘 알고 있는 것이 중요합니다.

마음의 세계

우리는 마음의 세계에 살고 있습니다. 우리가 부자가 되고 싶어하는 건 사실 풍요로운 마음을 경험하고 싶은 것입니다. 우리가 사랑하는 연인을 만나고 싶은 건 사실은 사랑을 주고받는 마음을 경험하고 싶은 것입니다. 어떤 경험, 어떤 물질적인 결과물을 얻고 싶어하는 것처럼 생각하지만, 사실 우리가 원하는 건 항상 어떤 마음의 상태인 거예요.

그런데 시크릿은 말합니다. 내가 원하는 마음의 상태를 내면에서 성취하면 현실에서도 그와 같은 일이 일어난다고요. 우리는 환호하며 "이제 나는 내 마음만 책임지면 되겠구나. 내 마음만 내가 원하는 상태로 만들면 되겠구나!" 합니다.

그런데 문제는, 내 마음이 내 마음대로 되지 않는다는 것입니다. 항상 사랑을 받고 사랑 주는 상태에 있고 싶은데 불쑥 미운 마음, 심지어 공격하고 없애버리고 싶은 마음까지 올라오니까요. 풍요의 마음도 마찬가지입니다. 나는 이미 풍요롭다는 마음을 유지하기만 하면 되는데 재정적으로 작은 어려움만 만나도 결핍감이 마음을 꽉 채우게 되죠.

시크릿, 긍정 확언 등을 열심히 해보신 분들은 아무리 노력해도 내가 원하지 않는 감정들이 계속해서 올라온다는 길 경험으로 알고 있을 거예요. 결코 내가 원하는 감정만을 유지할 수 없다는 것을요. 그러면 그런 자기 자신을 미워하고, 더 나아가 혐오까지 하게 되는 악순환이 시작됩니다.

어디가 문제였는지 보이시나요? 우리는 되지 않을 일을 하고 있었던 거예요. 우리는 절대로 마음을 긍정적이고 기쁜 감정에만 멈춰 있도록 만들 수 없습니다. 감정이라는 건 오르고 내리면서 경험되는 것입니다. 애초에 하나의 상태에 고정시킬 수 있는 대상이 아닌 거죠. 항상 사랑의 감정에만 고정되어 있는 건 로보트나 할 수 있는 일이에요. 왜냐하면 우리가 살고 있는 이 마음의 세계는 상대적인 것들이 쌍으로 이루어진 세계니까요. 마치 끝없이 이어지는 파도처럼요. 마음의 세계는 끝없이 파도치고 있다는 것을 기억하셔야 합니다.

앞에서 마음의 세계는 상대적인 것들이 한 쌍으로 이루어져 있다고 말씀드렸죠? 이 원리에 대해 더 자세히 설명해볼게요.

우리의 마음은 두 가지 근원의 감정을 바탕으로 이뤄집니다. 사랑이 충족된 감정과 사랑이 결핍된 감정이 그것인데요. 이해하기 쉽게 이 둘을 사랑의 감정과 버림받음의 감정이라 하겠습니다. 더 자세히 말하자면 사랑은 '연결감'이고 버림받음은 '분리감'이라 할 수 있습니다.

마음의 세계를 이루는 상대적인 것들은 모두 이 두 감정을 만나서 다양한 감정들을 만들어냅니다. 유능함/무능함, 강함/약함, 아름다움/추함, 풍족함/결핍감 등 모든 상대적인 것들이 사랑의 충족감/사랑의 결핍감을 만나서 감정을 만들어내는 것이죠. 유능해서 사랑받는 감정, 무능해서 버림받은 감정, 강해서 사랑받는 감정, 약해서 버림받는 감정, 아름다워서 사랑받는 감정, 추해서 버림받은 감정 등등.

인간은 세계를 이루는 상대적인 것들을 마치 분리될 수 있는 것처럼 이원적으로 인식합니다. 유능함은 무능함과 외따로 분리해서 단독으로 경험할 수 있는 것으로 착각하죠. 그래서 유능함은 좋은 것이니 사랑하고, 무능함은 나쁜 것이라 여기며 버립니다. 유능함과 무능함은 인생에서 파도처럼 교차하며 경험되는 것인데도 우리는 유능한 순간엔 유능해서 사랑과 인정을 받는다고 느끼고, 무능한 순간엔 무능해서 버림받는다고 아파합니다.

근원의 두 감정인 '사랑이 충족된 감정'과 '사랑이 결핍된 감정' 또한 파도의 한 쌍이며 단독으로 경험할 수 없는 것임에도 인간은 사랑이 충족된 감정만을 느끼려고 애쓰면서 사랑이 결핍된, 버림받는 느낌은 절대 느끼지 않으려고 저항합니다.

이런 모든 집착, 즉 한 쌍의 마음에서 한 면만 가지려는 집착은 마치 높은 파도에 내달려 물결의 흐름을 거스르는 모습이라 할 수 있습니다. 사랑만을 경험한다, 풍요만을 경험한다, 기쁨만을 경험한다는 것은 불가능한 일입니다. 만약 이 둘 중 어느 하나를 부정하고 거부한다면, 그 짝인 반대의 마음도 경험할 수 없게 됩니다. 사랑받지 못하는 감정을 없애버리고 절대 경험하지 않으려고 거부하면 사랑의 마음도 경험할 수 없게 됩니다. 마찬가지로 부자의 마음만 남기고 가난의 마음을 버리려 하면 부자의 마음조차 느낄 수 없게 되는 것이죠.

우리가 찾는 모든 것은 내면에 있다

그렇다면 우리가 찾아 헤매는 진정한 사랑은 어디 있는 것일까요? 버림받은 감정과 짝을 이루며 파도치고 있는 사랑의 감정이 아닌, 진정한 사랑은 어디에서 찾아야 할까요?

이 답을 찾기 위해 먼저 바다와 파도 이야기를 해보겠습니다. 예로부터 현자들은 일원성과 이원성에 대해 가르칠 때 바다와 파도의 비유를 들어 설명했습니다.

깊은 바다를 한번 떠올려볼까요? 바다가 바닷물로 가득하듯이 우리의 근원인 깊은 바다는 근원의 에너지인 빛으로 충만합니다. 우리가 이끌리는 사랑, 풍요, 생명력이 이 에너지의 속성이며 깊은 바다는 충만한 사랑과 풍요, 생명 그 자체입니다. 사실, 사랑을 포함하여 우리가 찾아 헤매고 있는 모든 것은 이 근원의 바다가 지닌 속성입니다.

이 바다의 표면에는 에너지의 파도가 넘실대고 있습니다. 이 파도가 일어나는 표면이 바로 마음의 영역입니다. 파도와 바다가 모두 같은 물로 이뤄져 있듯, 마음의 파도 역시 바다를 이루는 근원의 빛 에너지로 만들어집니다. 높은 파도든 낮은 파도든 모두 같은 바닷물로 이뤄져 있듯이 마음의 파도 역시 모두 사랑, 풍요, 생명력과 기쁨의 에너지로 이뤄져 있는 것입니다.

깊은 바다는 동요가 없습니다. 하지만 표면의 파도는 언제나 요동칩니다. 바다가 변함없는 절대성의 영역이라면 파도는 높고 낮음이 있는 상대성의 영역입니다. 이 넓은 바다에서 작은 물방울 하나가 튀어 오른 것, 이것이 우리의 개체성입니다. 우리는 하나의 개체 의식으로 독립되어 나오면서 마음의 파도를 경험하게 됩니다. 전체 바다에 속해 있던 의식의 작은 물방울이 독립된 개체로 자기 자신을 체험하려고 할 때, 이 작은 물방울이 '나'라는 자의식을 지니고 마음의 파도를 경험하기 시작할 때 어떤 오해가 시작됩니다.

작은 물방울인 '나'는 끝없이 파도치는 이 마음의 세계에서 파도가 높아지면 그것을 사랑이 충만한 것, 풍요로운 것, 기쁘고 생명력이 넘치는 것으로 경험하고 파도가 낮아지면 그것을 사랑과 풍요가 결핍된 것, 슬프고 무기력한 것으로 경험하게 되었습니다. 이것은 언뜻 보면 자연스러운 흐름으로 보입니다. 바닷물이 높이 솟아오르면 에너지가 충만한 것으로 보일 수 있고, 바닷물이 추락하면 에너지가 소멸하는 것으로 보일 수 있으니까요.

하지만 중요한 점은 높은 파도도 낮은 파도도 여전히 같은 바닷물이라는 것입니다. 높은 마음, 낮은 마음, 그 모두가 같은 에너지를 지닌 것이며 그것의 형태만 끝없이 변하고 있는 것이죠. 우리의 참된 본성, 만물을 이루는 근원의 에너지는 변함없이 파도치고 있고, 절대로 사라지지 않습니다.

반면 이 에너지의 높낮이와 형태의 변화가 끝없이 일어나는 파도의 영역은 놀이의 영역이고 환상의 영역입니다. 예를 들어, 우리는 에너지가 높을 때는 마치 사랑으로 충만한 듯한 환상을, 에너지가 낮을 때는 사랑을 잃어버리는 듯한 환상을 체험합니다. 하지만 그것을 체험하는 작은 자아의 의식 그 자체도 여전히 근원의 에너지인 사랑 그 자체입니다. 아무것도 잃어버리지 않습니다. 단지 자기 자신인 사랑으로 충만해졌다가 다시 사랑을 잃어버리는 듯한 파도의 놀이를 체험하고 있을 뿐입니다.

그런데 이 물방울이, 자신이 바다 자체임을 잊고 놀이에 함몰되었을 때는 이 환상을 실제라고 오해하게 됩니다. 높은 파도를 경험할 때는 '아, 내가 이런 높은 존재구나. 나는 사랑받을 만한 존재야. 나는 풍요로운 존재야'라고 생각합니다. 반대로 낮은 파도를 경험할 때는 '나는 버림받은 존재야. 나는 아무것도 받을 자격이 없는 부족한 존재야'라고 생각하는 거죠. 모든 것이 일시적인 경험이고 느낌인 것을 잊어버리는 것입니다. 그래서 낮은 파도를 경험하는 것을 두려워하며 어떻게든 높은 파도에 매달리려고 집착하거나 낮은 파도의 물결에 저항하려고 애를 쓰기 시작합니다.

파도의 높고 낮음은 동전의 양면처럼 붙어 있는 하나의 짝이고 상대적인 것일 뿐입니다. 그런데 우리는 그 높고 낮음의 한 면에는 집착하고 다른 면은 두려워하면서 이 상대적인 것을 둘로 나누어진 것, 이원적인 것으로 인식하게 되었습니다.

이원성의 세계는 환상이다

이렇게 마음의 세상은 상대적인 곳이고, 인간은 이 상대적인 것들을 이원적으로 인식합니다. 이원성으로 만들어진 마음의 세상에서 자기 자신을 홀로 분리되었다고 믿고 있는 존재가 바로 우리입니다. 그리고 이 분리의 환상을 믿고 있는 작은 자아를 우리는 '에고'라고 부릅니다. 그렇기 때문에 에고 역시도 하나의 환상인 것이죠. 홀로 분리된 존재, 이 몸을 경계로 하여 세상과 구분되는 독립된 존재가 나라고 믿는 이상 우리는 에고와 나 자신을 동일시하고 있는 것입니다.

우리가 이 사실을 이해하면 에고는 없어져야 할 것이 아니라 분명한 필요에 의해 만들어진 존재임을 알 수 있습니다. 이 분리가 없으면 우리는 하나임을 체험할 수 없으니까요. 혼자 분리되는 것이 뭔지를 느낄 수 있어야 하나됨도 느낄 수 있습니다. 버림받음을 느낄 수 있어야 사랑의 감정도 느낄 수 있고, 가난의 느낌을 느낄 수 있어야 풍요의 느낌도 체험할 수 있어요.

자, 그런데 여기서 문제가 생깁니다. 에고와 자신을 동일시하고 있는 우리는 바로 이 부분을 몰라서 진정한 창조를 하지 못하고 계속해서 두려움에 의한 창조를 하고 고통받게 됩니다. 가장 큰 실수는 이 마음의 세상에서는 사랑 또한 하나의 감정이라는 사실을 모르는 것입니다.

다시 얘기할게요. 이원성으로 이뤄진 이 마음의 세계 자체가 환상, 허상입니다. 이 마음의 세계 속에서 창조된 분리감만 허상인 게 아닙니다. 이 마음의 세계 속에 창조된 사랑 또한 허상입니다. 다시 말해, 우리가 알고 있는 사랑의 마음, 버림받음의 마음은 결코 붙잡거나 소유할 수 없는 하나의 감정, 하나의 파도일 뿐이라는 것입니다. 상대의 개념을 가지고 있는, 이원성 속에 있는 이 모든 것들이 다 허상이라는 것이죠.

그런데 에고는 이것을 착각합니다. 사랑의 감정을 '진정한 사랑'이라고 착각하고, 부자가 된 감정을 '진정한 풍요'라고 착각합니다. 이것들은 상대개념과 딱 붙어 있는 짝으로서, 어느 날에는 있고 또 어느 날에는 사라지는 하나의 감정일 뿐입니다. 사랑의 감정은 결코 붙잡아서 소유할 수 있는 것이 아니에요. 오른 만큼 내려가는 파도처럼, 사랑의 감정은 그걸 느낀만큼 반드시 버림받는 분리감을 느끼게 합니다.

에고는 이 감정들이 실재하는 것, 진정한 것, 영원히 지속가능한 것, 완전히 소유하여 내 정체성으로 삼을 수 있는 것이라 믿습니다. 그 마음이 진정한 것이고 실재하는 것이라고 믿으면 반드시 그것을 가져야 하고, 그 반대의 것은 반드시 버려야 합니다. 여기서 에고의 집착이 생겨나며 우리는 이렇게 상대적인 쌍의 낮은 면들을 무의식에 버리게 되는 것입니다.

사랑의 허상을 진짜 사랑이라고 믿고 있는 에고로서는 사랑의 감정을 최대한 많이 얻고 반대인 분리감(버림받음)은 최대한 버리는 것이 행복해지는 최선의 길일 수밖에 없습니다. 그래서 에고의 입장에서 시크릿을 받아들이게 되면 사랑과 풍요,

건강의 느낌만을 붙잡고 그 반대에 있는 분리감과 가난, 병든 마음의 느낌들은 최대한 버리려고 하는 거예요.

이 이원성의 세상에서 절반만을 가지려고 하는 마음. 그것이 에고의 마음입니다. 이 모든 감정이 체험을 위한 장난감인 것을 모르고 완전히 짝인 둘을 반으로 갈라버리려고 시도하고 있는 거예요.

에고의 창조법

이원성에 갇힌 에고가 원하는 것을 창조하려 할 때는 어떤 일이 일어날까요?

에고는 마치 자신에게는 버림받는 두려움, 버림받을 것 같은 불안이 없는 것처럼 가장하면서 오직 사랑을 주고받는 감정만 경험하려고 합니다. 우리의 의식에서 사랑을 주고받는 것만 경험하려 하고 버림받음의 두려운 마음은 완전히 거부하고 버릴 때 그 버려진 마음은 우리가 의식하기를 거부했기 때문에 우리의 무의식으로 들어가 자리합니다. 에고가 사랑의 감정에만 집착할수록 그만큼의 크기로 버림받음의 감정에 저항하며 집착하고 있는 것입니다. 우리의 현실은 내 내면의 반영이기에, 내가 무의식에 버린 마음은 그대로 현실에 나타납니다. 내 연인과 오직 사랑만 주고받으려 하고 미움이나 헤어짐에 대한 두려움, 불안함은 다 안 느끼고 버리려 할 때, 결국 그 사랑조차 느낄 수 없는 것이 되어버리고 내가 느끼지 않고 버린 미움, 두려움, 불안함을 모두 일으킬 만한 사건이 현실에 일어나는 것입니다.

부자가 되려고 집착할수록 가난의 감정을 느끼지 않겠다는 집착도 큰 것입니다. 그 저항하는 마음은 우리의 부의식에 자리하게 되고, 외부는 내면의 반영이라는 원칙에 따라 그 가난의 마음 역시 현실화됩니다.

에고의 창조는 항상 이런 식으로 이루어집니다. 원하는 일도 창조하지만 그 반대의 것도 동시에 창조하는 것이죠. 마주하기를 두려워하면서 무의식에 버린 것들이 오히려 그 두려움의 힘에 의해 현실로 창조되는 거예요. 이것을 두려움에 의한 창조라고 부를 수 있습니다. 대부분의 사람들은 이런 노력들로 자신의 삶을 만들어갑니다. 이원성의 한쪽을 얻기 위해 노력하고 그 반대쪽은 피하기 위해 애쓰는 삶의 방식을 자기도 모르게 선택하고 있는 거죠.

이것은 마치 높은 파도에만 매달려 낮은 파도는 절대 경험하지 않으려고 파도의 흐름을 온 힘을 다해 가로막고 있는 모습과 같습니다. 우리는 높고 낮음을 반복하며 흐르는 자연의 순리를 절대로 가로막을 수 없어요. 막으면 막을수록 더 큰 파도가 삶을 집어삼킬 뿐입니다.

이런 저항의 삶은 이 상대성의 세상이 창조된 본래의 목적과는 한참 다른 것입니다. 우리가 풍요로운 삶을 경험하고 싶다고 꿈꾸면서 결핍의 감정은 느끼지 않고 계속 버리기만 하면 할수록 그만큼 깊이 가난의 그림을 무의식에 새기고 있는 것입니다. 가난의 감정이 허상인 만큼 풍요의 감정도 허상입니다. 이들은 모두 장난감입니다! 이 감정의 파도를 허락해야만 삶은 살아 있는 것이 됩니다.

누군가를 사랑하면 그 사람과 멀어질까 봐 두려움을 느끼는 순간이 분명히 있습니다. 멀어지는 아픔을 전혀 의식하지 않고 사랑의 감정을 느낄 수는 없거든요. 멀어질 수 있음을 아프게 인식하는 마음 덕분에 함께 있는 이 순간이 고맙고 아름답게 느껴지는 것입니다.

매번 우리는 이상적인 인간의 모습을 마음속에 그리고 그 반대가 되는 형편없는 인간의 모습은 마음에서 버립니다. 이상적인 인간의 모습이 내 안에서 발견되면 기뻐하고 형편없는 모습이 발견되면 자신을 미워하는 거예요. 그리고 더욱 형편없는 모습을 없애고 바꾸어 이상적인 인간으로 거듭나려하죠. 이런 노력 역시 오직 좋은 감정, 즉 '사랑의 감정'만을 경험하려는 에고의 노력입니다.

사랑의 감정과 조건 없는 사랑

자, 이제 긴 얘기를 거쳐 질문에 답을 해보겠습니다. 우리가 찾아 헤매는 진정한 사랑은 어디 있는 것일까요? '사랑의 감정'이 아닌 진정한 사랑은 어디에서 찾아야 할까요?

'사랑의 감정'이 사랑이 결핍된 감정, 즉 '버림받은 감정'과 떼려야 뗄 수 없는 한 쌍을 이루는 파도라면, 진정한 사랑은 이 두 감정을 차별 없이 껴안는, 조건 없는 수용의 바다라고 할 수 있습니다. 에고는 '사랑의 감정'만을 좋은 것이라고 믿으면서 미워하는 감정은 나쁜 것이라고 버립니다. 하지만 진정한 사랑은 사랑의 감정뿐만 아니라 미워하는 감정도, 가난의 아픈 마음도 끌어안습니다. 어떤 것도 나쁘다고 버리지 않습니다.

이 세상을 창조한 사랑은, 이 모든 감정이 체험을 위해 만들어진 허상임을 알고 있습니다. 그 사랑은 이원성 너머에 있고, 그것은 파도를 껴안는 바다의 모습과 같습니다. 바다는 항상 요동치는 이원성의 파도 전체를 인정하고 허용하고 받아들입니다. 사랑과 버림받음이 짝이라는 걸, 많이 사랑할수록 미움도 크다는 걸 진정한 사랑은 알고 있는 것입니다. 그래서 그 두 마음을 차별 없이 껴안을 수 있는 것이죠. 늘 당당하고, 매력적이고, 자존감이 높은 마음을 수용하듯이 소심하고, 자기를 미워하고, 자신감이 없는 마음도 똑같이 끌어안습니다. 소심함이 없으면 당당함도 없다는 걸, 미워하는 마음이 사랑의 마음에서 나온다는 걸, 열등감과 자신감이 같은 마음에서 체험된다는 걸 진정한 사랑은 알고 있으니까요.

이 진정한 사랑의 속성은 조건 없는 수용입니다. 이 조건 없는 사랑은 근원의 바다가 지닌 속성이며, 이것을 쉽게 '신성'이라고 부를 수 있습니다. 이 사랑은 인간의 마음이 사랑의 감정에서 버림받음으로, 버림받음에서 사랑의 감정으로 움직이는 것을 허용합니다. 그것이 이 체험의 세상이 만들어진 목적 중 하나이기도 하니까요.

그렇다면 '사랑의 감정'이 아닌 진정한 사랑으로 창조하는 것은 어떻게 하는 것일까요? 우리는 먼저 이 세상의 상대성을 인정하고 받아들여야 합니다. 우리가 좋은 감정/나쁜 감정이라고 판단하고 구분한 모든 감정, 그 모든 마음이 사실은 자기 자신인 사랑을 체험으로 알기 위해 만들어진 장난감이라는 걸 알아야 합니다. 이것을 알아야만 모든 감정을 올라오는 대로 경험하고 흘려보낼 수 있습니다. 계속해서 이것을 연습하면 에고와 나를 동일시하던 습관에서 조건 없는 사랑과 나를 동일시하는 관점으로 전환할 수 있게 됩니다. 이원성을 인정하고 받아들이는 과정을 통해 역설적으로 이원성을 넘어서는 것이죠.

이렇게 우리는 우리의 무의식에 자리한 감정적 상처들을 정화하게 됩니다. 에고가 나쁘다고 판단한 감정들은 우리를 통과해가지 못하고 경험되지 못한 채로 우리의 몸에서 느껴질

만큼 무의식에 축적되어 있습니다. 이원성의 세상에서 자연스럽게 흘러야 할 감정이 반만 인정하고 반은 버리는 에고의 습관에 의해 정체되고 누적되어 가슴이 막혀버린 것이죠.

가슴을 열라는 말은 이 이원성을 받아들이라는 말입니다. 무의식의 상처들을 풀어내는 과정을 통해 우리는 점차 가슴을 열게 되고, 이 상대성의 파도를 허용하여 흐르게 할 때 살아 있음을 느끼게 됩니다.

사랑의 창조법

그렇다면 사랑의 창조는 무엇이고, 에고의 창조법과는 어떻게 다른 걸까요?

우리는 조건 없는 사랑으로부터 분리되어 나온 존재들입니다. 엄밀히 말하면 분리된 적이 없지만 분리된 듯한 환상을 체험하는 것이죠.

조건 없는 사랑의 신성은 우주의 근원 에너지입니다. 만물은 이 에너지로부터 만들어집니다. 앞서 '바다'로 표현했던 이 근원 에너지는 사랑, 풍요, 생명력, 창조성을 지닙니다. 나무

♥ 정확하게는 "상대성을 받아들이라"고 표현해야 맞습니다. 이원성은 세상을 둘로 분리된 것으로 보는 것을 말하기 때문입니다. 이 세상의 상대성을 받아들이고, 이원적으로 분별해서 바라보는 것은 멈추라는 것입니다. 체험의 세계를 이루는 상대적인 것들이 결코 분리될 수 없는 파도임을 알고 파도의 높고 낮은 모든 부분을 수용하라는 의미입니다. 많은 책에서 이원성을 상대성과 동의어로 쓰고 있으므로 이 책에서는 각주로만 그 차이를 구분해두겠습니다.

한 그루를 키워내는 우주의 생명력을 보면 이 신성의 속성을 알 수 있습니다. 끝없이 변화하는 흐름 속에서 자연 속의 생명체들은 필요한 모든 것을 공급받으며 우주의 에너지는 온갖 다양한 생명체들을 무한히 창조하고 있습니다. 이 근원 에너지가 우리를 만들었고 우리 안에 이런 신성의 속성이 새겨져 있습니다.

그래서 우리의 본성은 신의 조건 없는 사랑인 동시에 무한한 창조성입니다. 우리는 모두 하나인 동시에 개별적이며 독특한 존재입니다. 이 모순이 우리 존재의 비밀입니다. 한 줄기 빛이 프리즘을 통과하여 무한히 많은 색으로 분리되듯이, 우리 각자는 이 무한히 많은 색깔 중의 한 부분을 담당하고 있습니다. 그러면서도 동시에 모두와 연결된 하나의 빛이기도 한 것이죠.

우리가 진정으로 원하는 창조는 어떤 것을 선택하고 어떤 것을 버리는 에고의 창조가 아니라 바로 우리의 본성이 이미 지니고 있는 독특한 개별성을 이 세상에 펼쳐내는 창조입니다.

그런데 이 독특한 개별성, 이 온전함은 무의식의 상처로 가려져 있습니다. 상처를 가리기 위해 만들어낸 저항의 신념이 갑옷처럼 단단하게 이 온전함을 가리고 있는 것입니다. 무의식의 상처들이 치유된다는 것은 상처를 가리기 위해 입었던 거짓 신념의 갑옷을 벗는다는 의미입니다. 그러면 우리의 온전함을 덧싸고 있던 거짓들이 사라지며 가슴이 열립니다. 이때 우리의 온전한 개별성이 내면으로부터 현실로 펼쳐지게 됩니다. 에고가 외부의 세상에서 나의 정체성을 끌어모아 이상적인 인간을 만들어내려 했다면, 사랑의 창조는 우리 내면에 이미 있는 영혼의 빛을 있는 그대로 표현하는 거에요.

내 영혼의 빛이 이 세상에 표현되기 시작하는 것. 이것은 에고가 하는 것이 아닙니다. 이원성을 넘어선, 사랑도 분리감도 모두 받아들여지는 투명한 잔을 통해서 조건 없는 사랑이 비추는 빛입니다.

나의 개별성, 내 영혼의 독특한 빛은 결코 우리가 만들어낼 수 있는 것이 아니며 이미 우리 안에 존재하고 있습니다. 그 빛을 상처들이 에워싸고 있다고 생각해보세요. 이 빛이 흘러나오는 길인 가슴의 통로를 억누른 감정들이 꽉 막고 있다고 생각해보세요. 이 가슴의 통로가 투명해지기 전까지 그 빛은 우리 안에서 잠들어 있을 것입니다.

에고가 사라져야 한다, 내맡겨야 한다, 항복해야 한다. 이 말들은 모두 같은 뜻입니다. 이미 나라는 존재의 빛은 내 안에 있기 때문에 에고가 스스로 나를 만들어내려는 그 노력만 포기하면, 그 포기된 마음을 통해 내 영혼의 빛이 이 세상에 표현된다는 것입니다.

그렇기에 우리가 우선적으로 할 일은 무의식을 정화하는 것입니다. 그것이 사랑에 의한 창조, 영혼의 빛에 의한 창조를 위한 조건입니다.

예를 들어볼게요. 우리는 항상 열등감, 내가 못났다는 마음은 나쁘다고 버립니다. 에고는 열등감도 실재하는 것이라 착각하기 때문에 절대로 이 마음을 느껴주지 않고 무의식에 버리는 것이죠. 무의식에 열등한 아이의 마음이 버려지면, 사랑은 이 열등한 아이의 마음을 받아주라고 계속해서 우리의 현실에 이 열등감을 느낄 만한 일들을 창조합니다. 이것이 우리가 에고의 마음으로 창조하려 할 때 조건 없는 사랑으로 지어진 이 세계가 일으키는 일입니다. 그 열등감도 받아주고 인정하고 체험되도록 하려는 것이죠.

스스로 할 수 없음을, 무능함을, 열등함을 깊이 받아들이고 완전히 인정할 때, 즉 그 마음을 온전히 수용했을 때 그 열등함의 감정은 우리에게서 풀려납니다. 그 빈 자리, 그 투명해진 자리에는 진정한 사랑이 차오르게 됩니다. 내가 할 수 없음을 인정할 때 우리는 더 큰 힘에 내맡기게 되며 그 순간부터 사랑의 힘이 우리의 삶을 움직이게 되는 것이죠. 내맡김이, 사랑이 창조할 자리를 마련하게 된 것입니다.

계속해서 내가 버린 마음들을 느끼고 놓아주세요. 두려워서

버린 마음을 온전히 인정해서 느껴준다고 두려운 일들이 현
실화되는 것이 아닙니다. 그 반대죠. 두려운 마음을 안 느껴주
고 버리고 회피하면 그 두려운 마음들은 무의식에 남아서 버
려진 마음의 아픔을 보라고 현실에 아픈 일들을 만들어낼 테
니까요.

우리가 사랑으로 투명해질 때

이제 정리해볼게요. 우리가 무의식을 정화할 때 우리는 조
건 없는 사랑에 자신을 동일시하게 됩니다. 그러면 두 가지 양
상의 창조가 일어납니다. 한 가지는 우리가 나쁘다고 버린 마
음들을 조건 없는 사랑으로 껴안으면 그 버려진 마음은 현실
로 창조되지 않습니다. 가난한 마음의 아픔을 충분히 받아들
이고 허용하면 그 가난함을 인정하라고 현실에서 가난한 일
이 창조되는 일이 없어지는 것이죠. 가난한 마음의 아픔을 수
용하면 "나는 가난한 존재다"라는 거짓이 놓아지고 가난함은
하나의 느낌으로 돌아갑니다. 그냥 쓸 수 있는 하나의 물감이
되는 것이죠. 이 물감이 있어야만 풍요로움의 감정도 쓸 수 있
습니다.

두 번째는 우리의 개별적인 영혼의 빛이 현실에 표현되는
창조입니다. 이원성의 마음을 충분히 허용하면 모든 마음이
물감처럼 자유롭게 쓸 수 있는 장난감 같은 것임을 알게 되니

다. 이때 우리는 에고의 두려움으로 창조하지 않습니다. 더 이상 방어하고 저항하지 않으며 삶을 향해 가슴을 활짝 열어놓습니다.

그 열린 가슴을 통해 흐르는 건 감정의 파도만이 아닙니다. 우리 내면에 본래 가지고 있는 독특한 영혼의 빛이 이 열린 가슴, 이 투명한 통로를 통과하여 삶에 표현되기 시작하는 것이죠. 모든 눈송이가 자기만의 모양을 가진 것처럼 우리 영혼이 가진 독특한 빛이 세상으로 표현될 길을 찾게 됩니다. 바다에서 나온 하나의 물줄기가 강이 되고 호수가 되고 폭포가 되고 연못이 되는 것처럼 우리는 하나이면서 다른 고유한 존재입니다. 우리는 하나의 사랑에서 뻗어 나온 한 조각 한 조각의 작품입니다. 바로 이런 개별적인 창조성을 이 세상에 표현해 보려는 열망이 우리 모두에게 내재해 있습니다.

이것은 에고가 하는 것이 아닙니다. '내 힘'으로 하는 것이 아닙니다. 어디서 얻어내고 구해야만 하는 것이 아닙니다. 우리가 사랑으로 투명해질 때 이 투명한 창을 통해 실재하는 사랑의 빛이 들어오게 되는 것입니다.

자신이 어떻게 무엇을 창조하고 있는지 들여다보세요. 예전의 저처럼 반대로 하고 계신가요? 어떤 마음을 절대로 경험하고 싶지 않아서 반대의 마음으로 달려가고 계신가요? 이상적인 모습을 그려놓고 그와 반대되는 모습을 애써 버리고 있진 않나요? 꼭 말씀드리고 싶은 건, 에고의 창조는 만족을 모른다는 것입니다. 원하던 것을 얻어도 결국 다시 결핍의 마음·상태로 돌아갈 거예요.

늘 하던 대로가 아닌, 반대의 가능성을 살펴보세요. 혹시 지금 내가 하는 것과 정반대로 해보면 어떨까? 현재 내 부족하고 결핍된 모습들을 그대로 받아주고 다 느껴주면 어떻게 될까? 그토록 두려워했던 마음들을 그냥 느껴보면 어떨까? 에고가 가장 두려워하는 것들을 저항 없이 직면해보면 어떨까? 지금 그렇게 하든 아니면 먼 미래에 그렇게 하든 우리는 모두 이 이원성의 환상을 받아들여서 이 이원성의 세상을 넘어가게 될 것입니다. 왜냐하면 우리가 이 환상의 세상 너머에서 왔기 때문입니다.

투명해지기를 선택하세요. 이 세상으로 내 본래의 사랑이 들어올 수 있도록 과감히 작은 나를 내려놓는 것. 이것이 내가 진정으로 원하는 것임을 인정하세요. 사랑의 감정이 아닌, 진정한 사랑을 여기로 가져오기를 선택할 때 삶은 완전히 다른 길로 접어들게 될 거예요.

이제 우리는 높고 낮은 파도를 차별하지 않고 수용하는 것이 진정한 사랑으로 돌아가는 길임을 알았습니다. 그렇다면 어떻게 낮은 파도인 부정적인 감정들을 저항하지 않고 받아들일 수 있을까요?

사랑작업을 하다 보면 언제나 깊은 진심은 왜곡된 저항의 감정들로 덧씌워져 있는 것을 확인할 수 있습니다. 사랑작업은 이렇게 습관화된 저항을 내려놓고 내 무의식 안의 솔직한 진심을 만나는 과정이라 할 수 있어요. 저항이란 '다시는 아픔을 느끼고 싶지 않다'는 두려움이며 감정을 회피하거나 억압하는 방식으로 나타납니다. 중요한 건 이 저항감 또한 없애야 할 것이 아니라 우리가 판단 없이 수용해야 할 마음이라는 것입니다.

우리는 대부분 마음의 상처, 아픔을 똑바로 보기를 거부합니다. 하지만 이 아픔을 수용하느냐 이 아픔에 저항하느냐에 따라 무의식은 달라집니다. 대체로 사람들은 버림받음의 아픔에 저항하면서 단단한 에고를 만들게 되죠. 평소에 무슨 수를 써서라도 보지 않으려는 내 내면아이를 만나려면 이 '보지 않으려 하는' 저항마저 끌어안아서 그 아래 최초의 감정을 만나야 합니다.

하지만 이게 쉽지 않죠. 우리의 작은 자아(에고)는 무슨 수를 써서라도 아픈 감정들(에고가 버린 감정)을 보지 않으려고 하니까요. 사실 그것이 이 작은 자아가 하는 일의 전부입니다. 그러니 자기의 일 전체를 포기하는 일이 쉽지는 않겠죠. 이 쉽지 않은 일을 하기 위해 에고가 자신의 부정적인 감정(버려진 내면아이)을 보지 않으려고 어떤 식으로 저항하는지 알아보겠습니다.

최초의 아픔

인간이 갖는 최초의 감정 체험은 '하나임'으로부터 작은 개체로 떨어져나온 분리감에서 비롯됩니다. 그 분리감이 작은 자아(에고)의 근간입니다. 이 분리감은 하나임에서 떨어져나온 상실감을 안고 있습니다. 분리감, 상실감은 하나임이라는 완전한 사랑을 잃어버린 느낌입니다. 그래서 사랑의 결핍은 모든 사람의 내면에 바탕을 이루고 있습니다.

살면서 경험하는 대부분의 상처들은 이 내면의 분리감을 반영합니다. '사랑받지 못함', '버림받음', '원초적 상실감'이 그것이죠. 사실 이 최초의 감정들은 굉장히 여리고 부드러운 감정들입니다. 그런데 우리의 작은 자아는 이것을 있는 그대로 경험하는 걸 몹시 두려워합니다. 이 최초의 아픔을 똑바로 마주하는 것이 너무나 두려운 거죠. 그래서 우리는 이 아픔을 겪지 않으려고 여러 가지 방패를 만듭니다. 분리감의 아픔을 경험하는 것에 대한 두려움이 저항을 낳는 것이죠.

저의 관찰 결과, 그 저항의 방식은 대략 네 가지로 나뉩니다. 심판, 회피, 도망, 억압이 그것입니다.

저항의 네 가지 방식

1. 잘못됐다는 심판은 죄책감을 낳는다

최초의 분리감, 즉 버림받았다는 아픔을 있는 그대로 수용하지 못할 때 우리는 그 아픔을 '잘못된 것'이라고 판단하면서 아픔으로부터 한발 물러납니다. 즉, 아픔을 있는 그대로 받아들이기는 너무 힘들기 때문에 그것을 잘못된 거라고 판단하면서 아픔에 저항하는 길로 들어서는 것입니다. 버림받아 아픈 존재가 되기보다는 거기서 물러서서 심판자가 되는 것으로 자신을 보호하는 것입니다. 이때 생기는 죄책감이 버림받은 아픔에 대한 최초의 저항으로 자리 잡습니다. 버림받은 아픔을 수용하는 대신 잘못된 것이라고 판단하면서 물러설 때, 자기 자신을 '잘못된 존재'라고 믿는 신념이 갑옷처럼 이 아픔을 감쌉니다. 그래서 이 버림받은 아픔을 직면하고 수용하기 전까지는 그것을 건드리지 않으려 애쓰면서 '내 존재는 버림받을 정도로 잘못되었다'고 믿게 됩니다.

동시에 외부를 향해서도 이 죄책감으로 저항하게 됩니다.

세상은 잘못되었다, 사람들은 잘못되었다는 신념의 필터로 모든 것을 바라보게 되고 항상 '잘못'을 찾으려는 의도를 갖게 됩니다. 최초의 저항인 죄책감은 에고의 뿌리와 같아서 에고가 만든 사회는 무의식적으로 잘못을 찾고 해결하려는 패턴에 따라 움직입니다.

잘못을 찾고 해결하려는 것이 에고의 눈에는 정당해 보이지만, 죄책감을 직면하지 않고 죄책감의 명령대로 사는 것은 오히려 자신을 더욱 죄인이 된 것 같은 아픔에 가둡니다. 아픔을 똑바로 마주하지 못하도록 두려움과 나 사이에 감옥의 창살을 만들고 있는 것입니다. 버림받은 아픔은 나쁜 것이라서 보면 안 된다는 것이죠. 계속 스스로를 나쁘고 잘못된 존재라고 심판하면서 그 아픔과 직접 만나지 못하도록 합니다. 어떤 잘못 때문에 버림받았는지를 찾아서 그 잘못을 고치면 다시 사랑받을 수 있을 거라는 희망을 가지기 때문에 끝없이 잘못이 무엇이고 어떻게 해결할지에 대한 생각에 빠지게 됩니다.

버림받은 아픔은 죄책감으로 분열되면서 자기혐오로 변해 갑니다. 내가 나쁜 아이라서 버림받았다고 믿게 되는 식이죠. 심판은 매우 자기 파괴적인 저항입니다.

2. 회피(아닌 척, 없는 척, 가식)는 수치심을 낳는다

회피는 최초의 분리감의 아픔을 느끼고 싶지 않아 그 아픔이 없는 척하는 것입니다. 사랑받고 싶은 마음이 없는 척, 버림받지 않은 척, 전혀 그런 일이 없는 듯이 회피하다 보면 스스로 가식을 떨고 있다는 느낌이 생겨나 수치심이 듭니다. 한마디로 가면을 쓰는 것입니다. 그럴듯한 이미지로 자신을 포장하여 버림받은 존재가 아닌 것처럼 가장합니다. 버림받은 듯한 상황이 오면 이제 최초의 '사랑받고 싶다', '버림받아서 슬프다'는 느낌에 수치심이 더해집니다. 슬픔에 수치심이 더해진 이 비참한 느낌은 최초의 느낌보다 더 받아들이기 어려운 감정으로 변형되어갑니다.

버림받은 자기 자신을 수치스럽게 바라보는 동시에 세상을 향해서도 수치를 주고 싶은 마음을 갖게 됩니다. 수치심을 수용하여 느낀다기보다는 자기와 타인에게 수치를 주면서 수치심을 느끼지 않으려는 상태입니다. 계속해서 수치를 자기 자신과 남에게 주며 회피하는 저항은 최초의 아픔을 더 보기 어렵게 만듭니다.

3. 도망은 불안감을 낳는다

도망은 최초의 분리에서 느꼈던 아픔으로부터 달아나려는 저항입니다. 사랑받고 싶은 마음을 보지 않으려 도망치는 것이지요. 그래서 그 마음을 보지 않을 수 있는 뭔가에 계속 매달리려 합니다. 그 마음의 상실감을 채울 수 있는 것들을 얻고 이루려고 합니다.

하지만 언제나 그 이루려는 마음은 '도망치려는 마음'이기 때문에 불안합니다. 불안은 가만히 있지 못하는 마음입니다. 그래서 워커홀릭이 되어버리거나 쉬지 않고 흥밋거리를 찾아 다니는 식으로 나타납니다. 가만히 있으면 도망치는 마음의 불안감이 올라오기 때문에 계속해서 문제를 해결하기 위해 생각에 빠집니다.

이 불안은 내면을 바라보는 것 자체에 저항합니다. 가만히 내면을 바라보려 하면 미칠 듯한 불안이 올라와 그걸 방해하죠. 내면의 감정 자체를 바라볼 수 없도록 주의를 분산시키는 형태의 저항입니다.

4. 억압은 분노를 낳는다

억압은 최초의 아픔을 꾹 누르려는 것입니다. 참고 또 참는 것입니다. 그리고 한계점에 이르면 폭발하죠. 계속 올라오는 감정을 짓누름으로써 그 감정 자체를 없애버리려고 하는 것이 억압입니다.

이 억압이 자기에게 향하면 계속 참으려고 하면서 울화병이 나는 상태가 되고, 남에게 향하면 분노를 표출하여 남들이 어떤 표현도 하지 못하도록 억누르려고 합니다. 억압은 버림받은 자기의 아픔을 절대로 보고 싶지 않다는 저항이며 그것을 아예 없애버리려고 두려움의 힘을 쓰는 상태입니다.

분노의 감정을 그대로 허용하면 그 아래에는 분노와는 비교할 수 없이 여리고 부드러운 아픔들이 있습니다. 이 약하고 초라한 아픔을 보기 두려울수록 크게 분노하는 것입니다. 난폭하게 폭력을 휘두르는 사람들은 내면의 상처받은 아이를 그만큼의 힘으로 억누르고 있는 사람들이며 자기가 버림받은 약한 존재임을 인정하는 것이 그만큼 어려운 사람들입니다.

여기까지가 감정에 저항하는 네 가지 유형입니다. 이 저항의 감정들은 최초의 감정에 섞이고, 또 이 감정들끼리도 섞이면서 우리가 본래의 감정들과 만나는 것을 계속해서 방해합니다. 죄책감, 수치심, 불안, 분노는 우리의 작은 자아의 정체성이라고 할 수 있는 딱딱한 외벽을 만들어내죠. 우리는 이 저항이 만들어낸 벽을 곧 자기 자신처럼 익숙하게 느끼고 있습니다. 그래서 이 저항을 쉽게 알아차리기 힘든 거예요.

그리고 중요한 것이 또 하나 있습니다. 어떤 저항이든 너무 강해지면 그것은 무감각으로 나타난다는 사실입니다. 엄청난 수치심, 엄청난 불안, 엄청난 분노, 엄청난 죄의식은 아예 감정을 느낄 수 없는 형태로 왜곡될 수 있습니다. 무감각, 무기력, 우울은 모두 저항이 심해진 상태를 말합니다. 이 또한 저항의 감정입니다.

감정의 메커니즘은 이 설명만으로는 부족하지만, 저항이 어떤 식으로 감정을 변형시키는지를 알면 최초의 감정까지 도달하는 데 도움이 되실 거예요.

그럼 사랑작업 도중에 이런 저항의 감정들을 발견하면 어떻게 해야 할까요? 판단 없이 그저 경험하는 겁니다. 이 수치심, 불안, 분노, 죄의식을 모두 남김없이 경험하세요. 어떤 것이든 방법은 똑같습니다.

우리는 순수하게 엄마를 찾으며 자기 아픔을 표현하는 아기가 남을 때까지 저항으로 만들어낸 모든 감정을 수용해야 합니다. 사실 '이건 저항의 감정이구나'라고 판단하는 일조차 필요하지 않습니다. 저항의 패턴에 관한 내용은 사랑작업에 대한 이해를 돕기 위한 것일 뿐, 결론적으로 우리가 할 일은 어떤 감정이든 지금 이 순간 있는 그대로 수용해서 함께 경험하는 것뿐입니다.

하지만 그 저항의 감정들 아래에는 원인이 되는 최초의 감정이 있다는 걸 기억하세요. 너무 수치스러운 뭔가가 있다면 그만큼 오래 그 아픔을 외면해왔다는 거예요. 너무 분노가 크다면 그만큼 오래 아픔을 억압한 것이고요.

조건 없는 수용과 두려움

우리에게는 쓸 수 있는 두 가지의 힘이 있습니다. 바로 수용과 두려움입니다. 우리에게는 매 순간 이 둘 중 어떤 힘을 쓸지에 대한 선택권이 있습니다. 사랑작업을 한다는 것은 언제나 두려움이 아닌 수용의 힘을 선택하는 것입니다.

수용은 신성의 속성이고 두려움은 에고의 속성입니다. 앞서 들었던 바다와 파도의 비유에 빗대어 말하자면, 수용은 바다로부터 오는 힘이고 두려움은 바다에서 분리된 물방울로부터 오는 힘입니다. 신성은 모든 것을 받아들입니다. 이것을 다른 말로 하면 조건 없는 수용, 조건 없는 사랑이라고 할 수 있습니다. 바다는 파도가 아무리 험하게 쳐도 그것이 높고 낮음을 반복하며 흐르는 환상임을 알고 있습니다. 그래서 어떤 상태든 그것을 있는 그대로 판단 없이 의식할 수 있습니다. 이것이 전체로부터 오는 수용의 힘입니다.

에고는 두려움을 통해 힘을 행사합니다. 이것은 저항하는 힘입니다. 에고는 좋고 나쁨을 판단하여 나쁘다고 판단한 대상을 없애고 바꾸려 합니다. 에고는 자신이 전체로부터 분리된(버림받은) 작은 존재라고 믿고 있으며 높은 파도에 매달려야 살 수 있다고 착각합니다. 에고는 분리를 기반으로 하므로 대상을 항상 좋고 나쁜 것으로 이분하며 이원성의 한 면을 없애려고 합니다. 이런 저항의 태도 바탕에는 자신이 버림받은 존재라는 믿음과 정말 버림받을까 봐 두려워하는 마음이 깔려 있습니다.

그래서 무의식에 억압된 마음들은 모두 두려움의 외피를 입고 있습니다. 에고는 두려워하는 대상에 저항함으로써 오히려 그 대상을 무의식에 가둬둡니다. 위에서 설명한 저항의 패턴들은 모두 에고가 두려움의 힘을 사용할 때 나타나는 다양한 저항의 양상을 설명한 것입니다.

우리가 자신의 느낌을 솔직하게 대면하기 시작하면 무의식에 갇혀 있던 마음들을 알아차리기 시작합니다. 이때 우리가 마주하게 되는 억압되었던 마음들은 모두 두려움으로 한 겹 덮여 있기 때문에 그 속내를 한 번에 알아차리기 어렵습니다. 그래서 먼저 두려움을 수용해야 합니다.

이 시작 단계의 두려움은 보통 이런 형태를 띱니다.

'이 마음을 바꾸고 싶다.'

'이런 마음을 느끼고 싶지 않다.'

'이런 마음을 느끼는 나는 나쁜 사람이다.'

'이런 마음을 느끼면 정말 그런 일이 일어나지는 않을까?'

이런 생각이 들 때 에고는 이 생각을 믿어버리고, 이것이 두려움인 것을 모른 채로 수용을 포기합니다.

우리는 두려움을 내 내면아이로 바라보고 수용할 수 있어야 합니다. 두려움도 내면아이라는 것을 알면 그 마음부터 끌어안을 수 있습니다. '이 마음을 바꾸고 싶구나, 이 마음을 보기가 무섭구나', '이 마음을 느끼면 정말 그런 일이 일어날까 봐

무서운 거구나, 이 마음을 느끼면 나쁜 사람이 되는 것 같아서 두려운 거구나'라고 이 두려움을 아기 마음으로 알아봐줄 수 있습니다.

무의식 속의 마음들은 두려움 위에 두려움, 그 위에 또 두려움이 겹겹이 쌓여 있는 형태를 하고 있지만 그 외피가 얼마나 두꺼운지에 상관없이 가장 겉마음의 두려움부터 수용하기 시작하면 됩니다. 수용이 녹일 수 없는 두려움은 없으니까요.

우리가 해야 할 일은 결국 두려움의 힘으로 살기를 중단하고 수용하기를 시작하는 태도의 전환입니다. 마음의 어느 단계에서든 두려움으로 대응하기를 멈추고, 그것이 어떤 마음이든 수용해보려는 시도가 필요한 거죠. 아무 조건을 달지 않고 내 마음을 받아들여보는 것, 거기에서부터 마음의 아픔이 녹기 시작하며 아픔이 녹아내린 자리에는 언제나 거짓 없이 온전한 나 자신이 남아 있습니다.

사랑작업을 시작한다는 건 다른 말로 하면 '내가 나의 부모가 되어 살아가겠다고 결심하는 것'입니다. 나를 조건 없이 받아들여주고 사랑해줄 사람은 오직 나 자신뿐이라는 걸 인정하고, 성장하지 못한 채 내면에 웅크리고 있는 버림받은 어린아이들을 밝고 따스한 집으로 하나씩 데려오는 거예요.

감정을 어린아이 대하듯 바라보기

보통 이 버림받은 아이들을 상처받은 내면아이, 버림받은 내면아이라고 부릅니다. 상처받은 내면아이는 앞서 보았듯이 버림받은 감정들이 긴 시간에 걸쳐 무의식 안에 억압되어 하나의 인격체처럼 굳어진 것을 말합니다. 대부분 어린 시절에 충분히 소화하지 못한 감정들이기 때문에 이 마음들은 어린아이 같은 속성을 지니고 있습니다. 그래서 감정을 대할 때는 어린아이를 대하듯이 바라보는 것이 가장 적절합니다.

우리가 어린아이 같은 마음들을 두려워하지 않으면, 나쁘다고 판단해서 억압하지만 않으면 이 굳어진 감정체들은 자신의 속내를 남김없이 드러내기 시작합니다. 누군가를 죽이고 싶을 만큼 증오하는 마음을 어린아이로 바라보며 수용하다

보면 그 안에는 너무나 사랑받고 싶어서 구걸이라도 하고 싶었던 비참한 아이의 마음이 있습니다. 세상 사람들의 행복을 모두 망가뜨리고 싶던 마음에 판단 없이 귀 기울이다 보면 자기가 주는 사랑을 기쁘게 받아주는 존재가 없어 좌절한 아이의 마음이 드러납니다. 나쁘다고 외면했던 마음들을 판단 없이 수용하다 보면 포악하고 잔인하게 보였던 아이들 안에도 순수한 사랑을 간직한 아이가 분명히 있습니다.

우리의 가장 깊은 진실을 마주하기 위해서는 매 순간 자신의 느낌을 알아차리고, 그 솔직한 느낌을 판단 없이 수용하는 자세만 있으면 됩니다. 많은 영성의 가르침에서 이런 수용의 자세를 '관찰자의 태도'라고 얘기합니다. 아마 마음공부를 해보신 분들은 "있는 그대로를 바라보라", "있는 그대로를 알아차리라"는 얘기를 많이 들어보셨을 거예요. 그런데 막상 실천해보면 느낌의 관찰자가 된다는 것이 쉽지만은 않습니다. 관찰자가 되려고 하면 느낌을 경험하지 않고 머리로 분석하거나 마치 그 느낌을 남 일처럼 냉정하게 보는 실수를 하게 되죠.

저는 이런 식으로 자주 오해하는 바람에 이 '관찰자'가 되라는 말을 아주 싫어했었는데요. 저처럼 관찰자가 되라는 말이 어렵게 느껴지는 분들은 부모와 아이의 관계를 떠올리시기 바랍니다. 물론 이때 '부모'는 우리가 현실에서 경험한 부모님의 모습이 아니라 조건 없이 나를 사랑해주는 이상적인 부모님의 모습입니다. 나라는 존재를 만들었고 내가 흠 없이 온전한 존재임을 잘 알고 있는, 나를 존재 자체로 받아들여주는 부모님의 모습을 그려보세요. 이 부모님은 내가 겪고 있는 감정적인 아픔들이 모두 거짓에서 온 것을 알고 있지만 나를 진정으로 사랑하기에 내 아픔에 깊이 공감하며 아픔을 함께 나누고자 합니다.

이렇게 조건 없이 사랑하는 부모의 마음으로 내면아이를 돌본다고 생각하면 많은 부분이 쉽게 풀립니다. 이 관계와 이 거리가 감정과 나 사이의 딱 적합한 거리예요.

관찰자가 되어 감정을 바라볼 때는 그 감정과 거리를 둘 수 있어야 하지만 동시에 그 감정이 남의 것처럼 멀게 느껴져도 안 됩니다. 그래서 부모님과 아이의 관계로 보는 것이 필요한 것이죠. 내 아이가 아파서 울고 있으면 나는 아이를 분명히 대상으로 바라보면서도 아이의 아픔을 내 것처럼 공감하며 함께 경험할 수 있으니까요. 너무 하나가 되면 바라볼 수 없고 너무 분리되면 느낄 수 없습니다.

부모가 내 아이의 마음을 함께 느끼듯, 그 느낌이 내 몸 안에서 일으키는 모든 느낌을 의식적으로 바라볼 수 있어야 해요. 머리로, 생각으로 느낌을 분석하는 것이 아닙니다. 계속해서 이 느낌이 어떻게 느껴지는지 의식하면서, 또 그 느낌이 어떻게 변해가는지를 바라봅니다. 아이를 고쳐놓겠다거나 바꾸겠다는 마음 없이, 그 아이를 이해하고 받아주고 위로하고 함께하려는 마음입니다. 이게 뭔지 잘 모르는 상태로 '관찰자가 되겠다'고 하면 냉정한 심판관이 되어버릴 수도 있어요. 혹시 자신이 감정을 마주한다고 하면서 내 감정을 심판하고 분석하고 있지는 않은지 살펴보세요.

반대로 이 느낌과 내가 동일시되어도 문제가 됩니다. 그 감정에 매몰되는 것인데요. 이것이 우리가 삶을 사는 보통의 방식입니다. 감정과 내가 분리되지 않고, 감정이 하는 말들(생각)을 그대로 사실로 믿어버리는 것이죠. 이건 어떤 상태냐 하면 지금 내 내면에 아이만 있고 부모가 없는 상태입니다. 분노가 올라오고 '저 인간을 혼내줘야겠다'는 생각이 듭니다. 이 감정과 생각은 내면아이의 것이지만, 보통은 그 사실을 구분하지 못합니다. '나=내면아이'인 것이죠. 그래서 실제로 분노하고 복수하는 행동을 합니다. 사람이 나이를 먹어도 완전히 철없는 어린애 같을 때가 있잖아요. 그럴 때 그 사람 내면에는 아이 같은 감정을 돌봐줄 부모의 시선이 없는 거예요. 이때는 내 감정을 아이로 보고 감정과 분리되는 것이 필요합니다. 그 감정을 이해하고 받아줄 수 있는 공간, 부모의 품이 필요한 것이죠. 부모의 시선이 생기면 감정이 시키는 대로 행동하는 것을 멈출 수 있습니다.

부모는 아이의 감정대로, 아이가 시키는 대로 움직이지 않지만 그 아이를 잘 달래고 보살피며 아이를 다시 평온하게 만들어주는 역할을 합니다. 간혹 자기 느낌을 다 경험하고 받아주라는 말을 내 느낌대로 행동하라는 뜻으로 오해하는 경우가 있는데, 내 감정대로 다 분출하고 행동하는 것은 자신과 감정을 동일시한 결과일 뿐, 자기 감정을 온전히 받아주는 것과는 거리가 멉니다. 조건 없이 느낌을 마주하는 것은 감정의 지배에서 벗어나는 것이지 감정의 지배에 따라 사는 것이 아닙니다. 이 적절한 거리를 성취하는 것만으로도 자기사랑을 하기에 매우 좋은 자리를 얻은 거예요.

정리하면 부모의 시선으로 본다는 것은 심판관 같은 냉정한 부모의 눈, 아이의 말을 전부 사실이라 믿어버리는 철없는 부모의 눈으로 보는 것이 아니고, 내 아이가 존재만으로 온전함을 알기에 지금 잠시 요동치는 아이의 마음을 판단 없이 공감하며 함께 경험해줄 수 있는 부모의 눈으로 보는 거랍니다.

아이의 감정에 공감하되 생각은 믿지 않는 것

그런데 아무 조건 없이 아이를 바라보고 품어주는 부모로서 내 내면아이를 대하는 것이 어떤 건지 잘 감이 오지 않을 수도 있어요. 무조건적인 사랑을 주는 부모가 된다는 것은 아이의 말을 곧이곧대로 믿고 사실로 받아들인다는 의미는 아닙니다. 아이의 감정을 함께 경험해주고 공감하고 위로하는 것은 그 아이가 믿고 있는 사실을 곧이곧대로 받아들이는 것과는 전혀 다릅니다. 이 부분을 절대 혼동해서는 안 돼요.

아이가 "난 너무 바보 같고 멍청해요"라고 말할 때, 그 생각에 담겨 있는 슬픔에는 충분히 공감하고 함께 느껴주는 게 맞습니다. "아, 네가 바보 같고 멍청하다고 생각하고 있었구나. 그랬으니 얼마나 슬펐니. 정말 속상했겠다"라고 그 감정에 공감하고 함께하는 것입니다. "맞아. 너는 성말 바보 같고 멍청하지" 하고 생각에 동의하는 것이 절대로 아니에요. 지금 든 예시에서는 이 차이를 아시기 쉬울 거예요.

그런데 아이가 이렇게 믿고 있다고 해볼게요. "세상은 너무 무섭고 잔인한 곳이에요." 이 말 속에는 '나는 너무 힘없고 약한 존재라서 이 세상이 무섭게 느껴져요'라는 두려움이 있습니다. 이때 우리는 아이가 느끼는 공포와 불안감을 충분히 느껴주고 경험해주어야 합니다. 그런데 부모 역할을 하는 나의 현재의식이 그 생각을 사실이라고 믿고 있는 경우에는 문제가 발생합니다. '인간은 힘없고 약한 존재라서 무섭고 잔인한 일을 당해도 이겨낼 수 없다'라는 생각은 앞서 "맞아. 넌 정말 바보 같고 멍청하지"라는 말만큼 거짓이고 허상입니다.

내면의 아이가 불편한 감정 속에서 믿고 있는 그 어떤 생각도 진실이 아닙니다. 그 아이가 그 생각을 불편해하고 있는 것은 그것이 진실이 아니기 때문이에요. 진실이 아니기에 아픈 겁니다.

진실은 우리를 기쁘게 한다

다시 이야기는 이 모든 내면작업의 바탕인 "외부는 내면의 반영이다"로 돌아갑니다. 우리는 어떤 생각도 할 수 있고 믿을 수 있습니다. 하지만 그 생각 중 어떤 것도 완전한 진실은 없습니다. 진실에 가까운 생각은 우리를 기쁘고 자유롭게 해줄 것이고 진실에서 먼 생각은 우리를 불편하게 할 것입니다. 불편한 느낌이 있다는 것은 진실에서 먼 생각을 하고 있다는 뜻입니다. 그것이 진실이라면 우리 안에 새겨진 센서가 기쁨으로 반응할 것이고 그것이 거짓이라면 거부반응을 보일 것입니다. 이보다 나은 진실 판별법이 있을까요?

'세상은 무섭고 잔인한 곳이다', '인간은 힘없고 약한 존재라서 무섭고 잔인한 일을 당해도 이겨낼 수 없다'라는 것은 하나의 생각일 뿐이고, 이 생각이 일으키는 불편한 느낌을 통해 우리는 그것이 진실에서 멀다는 것을 알 수 있습니다. 이 생각에 담긴 부정적인 감정들을 모두 경험하고 느껴주면 이 감정은 풀려납니다. 그러면 그 생각 또한 쉽게 놓아줄 수 있습니다.

인간이 힘없고 약한 존재라는 믿음은 에고의 분리감에서 옵니다. 우리가 정말 바다에서 분리된 하나의 물방울에 지나지 않는다면 힘없고 약한 존재임이 당연할 것입니다. 하지만 이 힘없고 약한 존재의 아픔은 바다와 연결될 때 거짓이 되어 사라집니다. 힘없고 약한 존재인 느낌을 수용해보면 그 또한 전체로부터 분리되었다는 버림받음의 아픔인 걸 알게 됩니다. 그 아픔이 조건 없는 사랑의 부모 품에서 위로받는 동안 우리는 다시 전체로부터 끝없이 공급되고 있는 힘과 사랑을 느낄 수 있게 됩니다.

사랑작업에서 부모 역할을 따라 하는 동안 우리는 모든 생각이 이원성의 세계에서 만들어진 허상이며, 그 허상이 이 현실에 실감 나는 사건들을 만들어왔다는 사실을 알고 있어야 합니다. 현명한 부모는 아이의 감정에 공감하면서도 그 생각이 사실이 아님을 잘 알고 있습니다. 그래서 아이의 말을 그대로 믿고 행동으로 옮기지 않는 것이죠.

우리가 자기의 느낌을 세심하게 알아차리지 못하면 부모의 역할을 할 수 없고, 그렇게 되면 내면아이가 우리의 주인 노릇을 하게 됩니다. '세상은 무섭고 잔인한 곳'이라는 것이 내면아이의 생각인 것을 모르면, 우리는 그 생각이 주는 느낌들을 그대로 믿고 세상에 행동으로 옮길 것입니다. 그 행동들은 내면의 생각을 확실하고 정확하게 물질화시키게 될 거고요.

조건 없이 사랑하는 부모가 되거나 분별없는 아이로 살거나, 우리의 선택은 이 둘 중 하나입니다.

내면아이가 믿고 있는 진실을 함께 봐주는 것

사실 자신의 경험을 있는 그대로 수용하는 것은 매우 자연스러운 일이에요. 그런데 우리는 경험을 통제하고 감정을 취사선택하고 나쁜 것은 회피하는 것에 익숙하죠. 자연스러운 수용의 태도로 돌아가는 것이 쉽지 않습니다. 그래서 납득할 만한 설명들이 필요한 거겠죠.

먼저 이걸 기억하세요. 일어나는 감정을 있는 그대로 느끼는 것은 우리의 자연스러운 본성이라는 것을요. 우리에게 자연스러운 것은 통제하고 회피하고 노력하는 방식이 아니라 수용하고 직면하고 애쓰지 않는 방식이라는 것을요. 통제하는 것에는 노력이 들죠. 하지만 통제하지 않으려는 것에는 주의가 필요합니다. 이 차이가 보이시죠? 회피하는 것에는 노력이 들지만 회피하지 않고 그냥 보려고 하는 것(직면)에는 주의가 필요합니다. 뭘 만들어내는 것이 아니에요. 좋은 기분을 만들어내거나 좋은 생각을 애써 주입하는 것이 아니에요. 그저 내 느낌을 우선순위 1번으로 두고 주의를 기울이는 겁니다.

우리는 진실에 기뻐하며 거짓에 슬퍼합니다. 진실인 것은 밝은 에너지를, 거짓인 것은 어두운 에너지를 느끼게 합니다. 우리의 느낌은 우리 존재에 진실인 것을 항상 알려주고 있어요.

제가 지금 한 말을 염두에 두고 다음 문장을 보세요.

나는 사랑스러운 존재야.

이 말을 믿는다면, 이 말 속에서 어떤 느낌이 드시나요? 분명히 밝은 에너지가 느껴지실 거예요. 우리는 그 느낌을 통해 진실을 분별하는 것이죠(물론 위의 문장을 읽으면서 속으로 '난 사랑스럽지 않다'라고 생각하신다면 저 문장을 읽은 게 아니라 자기 마음의 생각을 읽으신 거예요). 이 문장이 좋은 느낌을 주는 건 그것이 진실에 가까운 생각이라는 방증입니다.

그런데 주의를 기울여 느껴보면 조금 낮은 에너지가 느껴질 수도 있습니다. "나는 사랑스러운 존재야"라고 읽을 때 "나만 사랑스러운 존재야"라는 의미로 읽고 있다면 나는 인간을 '사랑받을 가치가 있는 존재'와 '사랑받을 가치가 없는 존재'로 나누는 이원성에 빠져서 존재 자체로 사랑받을 수 있다는 진실과 멀어져 있는 거예요. 이런 방식으로 우리는 자기 느낌에 주의를 기울여 느껴보면서 내가 어떤 거짓을 믿고 있는지 확인해볼 수 있습니다. 그러면서 점차 나를 더욱 자유롭고 기쁘게 해주는 진실을 찾아갈 수 있는 것이죠.

이렇게 우리는 거짓된 생각들을 놓아주면서 점점 더 기쁨을 주는 진실을 향해 성장해갈 수 있습니다. 나중에는 굳이 "나는" 사랑스러운 존재라고 생각해야 하는 상황조차 어떤 아픔에서 온다는 것을 알아차리고 이 생각마저 놓아버리게 될 것입니다. 모든 생각은 허상이지만(생각 자체가 전체로부터 분리된 에고의 것이므로, 세상 자체도 생각이 만들어낸 허상이므로) 진실에 가까운 생각은 우리에게 좋은 느낌을 주어, 그것이 진실에 가까이 있음을 알게 합니다.

이런 식으로 우리가 아무리 버리려고 해도 진실은 우리 내면에 확고하게 자리를 잡고 있습니다. 그리고 계속해서 그 진실을 기준으로 우리가 믿는 생각들을 분별하여 어떤 느낌을 우리에게 보내주고 있어요. 예를 들어 "난 사랑스러운 존재야. 그런데 자꾸 사람들이 나를 보기 싫다고 해"라고 믿고 있는 내면아이가 있어요. 이 아이는 자신의 진실을 너무나 잘 알고 있습니다. 그 진실을 모른다면 슬프지도 않겠죠. 그 진실이 이 세상에 반영되지 않고, 자기의 진실과 다른 현실이 펼쳐졌기 때문에 혼란스러운 것입니다.

그런데 잘 보세요. 사실은 사람들이, 세상이 이 아이를 괴롭힌 것이 아닙니다. 이 아이에게 사랑스럽지 않다고 한 것은 바로 '나'입니다. 세상이 뭐라고 하든 내가 그 말을 믿지 않았다면 아이는 상처받지 않았을 겁니다. 내가 아이의 편이 아닌 세상의 편에서 거짓을 믿었던 것이 모든 괴로움의 시작이었던 거죠. 내가 이 아이에게 보기 싫다고, 사랑스럽지 않다고 계속해서 거짓을 말한 것입니다.

　부모의 역할로 사랑작업을 할 때, 우리는 이 아이가 혼란 속에서 꿋꿋이 믿고 있던 진실을 함께 바라볼 수 있습니다. 그 과정에서 나 자신이 그동안 아이의 편(진실의 편)이 아닌 세상의 편에서 거짓을 믿고 있었음을 알아차리게 되는 것입니다.

　"사람들이 자꾸 널 사랑스럽지 않다고 해서 속상했구나. 세상에, 그건 네 진실이 아닌데. 넌 사랑스러운 아이인데. 내가 그걸 몰라줬어. 세상이 그걸 몰라줘도 나는 너를 알아줄 거야. 나는 네 진실만을 바라볼 거야."

　감정을 놓아버리는 마지막 단계에서 우리는 항상 자기 자신의 깊은 진실을 알아보게 되고, 그 진실을 알아줌으로써 아이를 위로할 수 있습니다. 아픔은 아이가 믿고 있던 진실로부터 나오고 있었던 것입니다.

　사랑작업을 하기 전까지 우리는 내가 어떤 거짓을 믿고 있다는 것을 머리로만 알고 있습니다. 이 작업이 끝날 때는 그것의 구체적인 내용을 온몸과 마음으로 알게 됩니다. 거짓을 똑바로 보게 되고 놓아줄 수 있는 힘이 생기는 겁니다.

　만약 이 작업의 끝에 내면의 아이를 향해 호오포노포노를 한다면 이렇게 될 겁니다.

　내 진실을 혼자서 지켜내줘서 정말 고마워.

내가 네 편이 되어주지 못했던 것 미안해.

거짓을 믿었던 걸 용서해줘.

이제는 항상 네 편에 있을게. 사랑해.

"고마워, 미안해, 용서해줘, 사랑해"는 홀로 꿋꿋이 진실을 지켜온 이 아이에게 보내는 말이 되어야 할 것입니다.

내 마음을 돌보는 일을 삶의 1순위로 두고 살아가는 일에는 굉장한 용기가 필요합니다. 현실에서 일어나는 사건을 해결하기보다 그 사건을 대하는 내 마음을 먼저 알아차리고 그 마음의 말을 듣고 돌본다는 것이, 실제로 실천하다 보면 얼마나 어려운 일인지 체감하실 거예요. "외부는 내면의 반영"이라는 진실을 깊이 받아들인 사람만이 용기 있게 외부세계에 대한 집착을 내려놓고 자기 내면을 바라볼 수 있습니다. 그렇지 않으면 사랑작업을 하든 어떤 마음공부를 하든 다시 헤맬 수밖에 없어요.

세상의 논리를 따를 것인가, 내면의 진실을 따를 것인가

외부가 내면의 반영이라는 것은 우리가 믿고 있던 세상의 논리를 완전히 뒤집는 거예요. 우리는 보통 외부세계와 나 자신을 분리해서 생각하죠. 나는 힘없는 작은 아기로 태어나 외부세상에 의지하지 않고서는 살아남을 수 없는 연약한 존재로 삶을 시작했습니다. 그리고 살기 위해, 행복해지기 위해서는 끊임없이 이 세상으로부터 무언가를 얻어내고 찾아내야 합니다. 이것이 세상의 논리이자 에고라는 분리된 작은 자아의 논리입니다.

외부가 내면의 반영이라는 것은 세상의 논리와 완전히 반대되는 거예요. 나란 존재가 생명이기에 외부세상의 부모가 나타나서 나를 먹이고 길렀다는 것이죠. 나 자신이 풍요이기 때문에 이 세상에서 나에게 돈이 공급되었고, 나 자신이 사랑이기에 이 세상이 나를 사랑해준다는 것입니다. 내가 세상에서 무엇을 얻거나 찾아낸 것이 아닙니다. 내 존재 안에 쓰여 있는 대로, 그걸 비추기 위해 세상이 움직였다는 것이죠.

이건 완전한 패러다임의 전환이에요. 완전히 시각이 바뀌어야만 이해할 수 있는 내용이죠. 그리고 이걸 전제로 시크릿도 나오고 지금을 살라는 말도 나오고 무의식을 정화하라는 얘기도 나오는 겁니다.

그런데 잘 보세요. 우리가 품고 있는 의문들, 해결되지 않는 문제들이 어떤 생각을 전제로 하고 있는지를요. 분명히 첫 단추부터 잘못 끼워졌을 거예요. "외부는 내면의 반영이다." 바로 이 부분이 첫 단추예요. 아마 머릿속이 뒤죽박죽인 걸 확인하실 수 있을 거예요. 어떤 면에서는 세상 논리대로 생각하고, 어떤 면에서는 외부가 내면의 반영인 것 같고. 이 둘은 정반대의 개념이라 이 두 가지 관점에 동시에 동의할 수는 없는데 말이에요. 이렇게 뒤죽박죽이 되면서 혼란이 생기고 될 일도 안 되는 결과가 생겨납니다.

세상의 논리를 따를 것인가, 내면의 진실을 따를 것인가. 지금, 여기서 둘 중 하나를 선택하셔야 해요. 왼쪽으로도 가고 싶고 오른쪽으로도 가고 싶다고요? 왼쪽 방향등을 켜고 오른쪽 방향등도 켜면 어떻게 될까요? 그건 비상이 걸린 거예요. 세상의 논리도 따르고 내면의 진실도 따른다는 것은 이런 비상사태입니다. 차라리 세상의 논리만 믿는 게 나을 수 있습니다. 사람은 자기가 믿는 대로 살게 되기 때문에 상반되는 두 사실을 믿기보다는 한쪽을 믿는 것이 더 낫습니다. 노력하면 된다고 믿고 노력하면 정말 됩니다. 그런데 노력하면 된다고 믿으면서 노력하지 않는 길에 대한 공부를 계속하면 어떻게 될까요? 노력을 하지도 못하고 노력을 포기하지도 못하겠죠. 이게 왼쪽 방향등과 오른쪽 방향등을 같이 켠 거예요. 결국 아무것도 할 수 없고 어디로도 갈 수 없는 비상상태, 고장상태가 되어버려요.

아시겠죠. 둘 중 하나를 선택하셔야 해요. "외부는 내면의 반영이다" 쪽을 선택하셨으면 세상의 논리는 뒤돌아보지 말고 내려놓으세요. 발견할 때마다 내려놓으세요.

나는 외부세계를 살고 있는 것이 아니라 그 외부를 바라보는 내 마음속을 살고 있다는 것을 숙고해보세요. 나를 괴롭게 하는 것은 현실을 대하는 내 마음의 반응들이고, 나는 그 마음의 반응들을 수용함으로써 내면에 새겨진 진실에 다가갈 수 있습니다. 그렇게 내면에 새겨진 진실에 다가간다는 것은 우리가 에고로 살면서 믿게 된 거짓말로부터 우리의 의식을 분리해서 점차 의식을 확장해간다는 뜻입니다. 우리는 의식의 확장이라는 성장의 길을 걷기 위해 내 마음을 비추어주는 외부세계의 일들을 기회로 사용하고 있습니다.

이것이 내면의 진실을 따라가는 삶, 내 마음을 1순위로 두고 살아가는 삶의 방식입니다.

네 쌍의 마음

제가 사랑작업을 하면서 알게 된 것 중 하나는 마음에는 네 쌍의 싹이 있다는 것이었어요. 가장 큰 감정은 사랑과 버림받음이고, 나머지 감정은 모두 이 두 감정에서 파생된 거더라고요. 그리고 이 감정이라는 것이 현실에서 체험될 때는 반드시 '주고받음'으로 경험된다는 사실도 알게 되었습니다. 사랑은 현실에서 사랑을 주고받는 것으로 경험돼요. 그렇다면 사랑의 짝인 버림받음도 버리고 버림받는 것으로 경험되겠죠.

이렇게만 말하면 감이 안 오니까 좀더 자세히 들여다볼게요. '사랑의 감정'은 '사랑이 충만한 감정'과 '사랑이 결핍된 감정'이 상대적인 쌍을 이루고 있습니다. 이 두 감정은 다시 주고/받는 형태의 감정으로 나뉩니다. '사랑이 충만한 감정'은 사랑을 주고/받는 형태로 경험되며 '사랑이 결핍된 감정'은 사랑을 주지 못하고/받지 못하는 형태로 경험됩니다. 말 그대로 표현하면 사랑의 결핍을 주고받는 것이죠. 이것을 우리는 흔히 "버렸다/버림받았다"라고 표현해요. 이런 식으로 사랑의 감정은 네 가지 형태로 현실에서 경험돼요. 사랑을 주고/받고, 주지 못하고/받지 못하는 형태로요.

'사랑'의 자리에 '인정, 이해, 공감, 도움' 등을 넣어도 비슷한 뜻이 돼요. '인정'이라는 마음은 '인정하고 인정받는 마음/무시하고 무시받는 마음'이라는 네 가지 마음의 형태로 나타난다고 볼 수 있어요. '도움 주고 도움받는 마음/도와주지 못하고(피해 주고) 도움받지 못하는(피해당하는) 마음'도 마찬가지죠. 풍요를 돈이라고 한다면 '돈을 주고받는 마음/돈을 못 주고 못 받는 마음'의 네 가지 형태가 있습니다. 풍요(돈)를 못 주는 마음은 빼앗는 마음으로, 풍요(돈)를 못 받는 마음은 빼앗긴 마음으로 변형됩니다.

자, 이렇게 하나의 감정을 네 가지 형태로 경험할 때 우리는 이 네 가지 짝 중에서 어떤 마음은 잘 받아들이고 어떤 마음은 나쁘다고 판단하여 절대 바라봐주지 않아요. 예를 들면, 사랑을 주는 마음과 사랑을 받는 마음은 좋은 마음이라고 좋아하지만 버림받은 감정(사랑 못 받은 마음), 버리는 감정(사랑 안 주는 마음)은 나쁜 마음이라고 의식조차 해주지 않고 무의식에 버립니다.

그런데 여기서 특이한 점이 있어요. 우리가 나쁘다고 싫어하는 두 감정(버림, 버림받음)에 대해서도 사람의 성향에 따라 차이가 생겨요. 어떤 사람은 버림받음은 잘 의식하는데 버리는 마음은 잘 의식하지 못하고, 어떤 사람은 버리는 마음은 잘 의식하는데 버림받음은 잘 의식하지 못하는 거죠.

그래서 자신은 항상 버림받았다고 인식하는 사람은 사실은 자기가 누군가를 버린(사랑 안 준) 경험은 인식하지 않고 있는 거예요. 또, 늘 자기가 먼저 누군가를 버렸다고(사랑 안 줬다고) 인식하는 사람은 사실은 자기가 누군가에게 버림받은 감정들은 모두 부정하고 인식하지 않고 있는 거예요. 버리는 마음을 너무 나쁘다고 생각하는 사람들은 주로 자기가 버림받은 것만 인식하고, 버림받는 마음이 더 나쁘다고 생각하는 사람들은 주로 버린 마음만 인식하는 것이죠.

이런 경향성은 오랜 세월 굳어져서 사랑작업을 할 때도 늘 한쪽 마음은 잘 느껴지지 않고 의식이 안 되는 경우가 많아요. 우리는 무엇을 받았다고 느끼면 그것을 반드시 세상에 주려고 해요. 즉, 사랑을 받았다고 느끼면 반드시 사랑을 줍니다. 사랑을 줄 수 있는 사람은 이미 사랑받았음을 느끼는 사람이에요. 마찬가지로 버림받았다고 느끼면 반드시 버리게 됩니다. 누군가를 매정하게 버리는 사람은 이미 버림받았다고 느끼고 있는 사람입니다. 반드시 받았다고 느끼는 만큼만 줄 수 있기에 내가 지금 세상에 주고 있는 그만큼 받은 것입니다. 누군가 엄청난 미움을 표현하고 있다면 그 사람이 이미 그만큼의 미움을 받았다고 느끼고 있기 때문입니다. 그래서 사랑작업을 다 끝냈지만 뭔가가 남아 있는 것 같을 때는 보기 싫은 두 마음 중에서도 어떤 한 마음만 보려는 경향이 있다는 것을 염두에 두시고 그 감정을 나눈 상대방의 마음을 가지고 사랑작업을 해보는 것이 좋아요.

우리는 외부에서 내면아이를 만나고 있다

무의식에 버려진 내면아이가 남아 있는 한, 우리가 세상에서 만나는 사람들은 내 안의 내면아이를 보여주게 됩니다. 우리는 스스로에게서 보지 못하게 된 마음을 타인에게 투사하여 보게 되거든요.

예를 들어볼게요. 너무 못난 사람이 있어요. 보기만 해도 화가 나고 무시하고 싶은 마음이 듭니다. '왜 저렇게 못났어?' 짜증이 납니다. 그런데 무시하는 마음이 들면 '어머, 사람을 무시하면 어떡해? 사람은 다 사랑받을 자격이 있어' 하면서 그 무시하는 마음을 무시합니다. 무시하는 마음을 보는 것이 두려운 것이죠. 그런데 내 눈앞에 나타난 그 못난 사람은 내가 보기 싫은 무능하고 못난 내면아이를 보여주고 있습니다. 좋은 말로 나를 다잡은 것 같지만 나는 이미 나의 그 못나고 무능한 모습이 싫고, 그 못난이를 무시하고 있는 거예요. 그 내면아이 입장에서는 자기 자신으로부터 계속해서 무시당하고 있는 중인 거죠.

자, 이때 내 내면에는 두 아이, 무시당하는 아이와 그 아이를 무시하는 아이가 있는 거예요. 그런데 여기에 더해서 나는 또 이 무시하는 아이를 무시합니다. 엄청 복잡해지는 중이죠? 무시당하는 아이, 무시하는 아이, 그리고 이 두 아이를 모두 무시하는 아이…. 어떻게 해야 할까요? 일단은, 무시하는 마음은 비교적 쉽게 의식된 것입니다. 이때, 이 마음을 무시하지 말고 알아차려서 있는 그대로 절대 공감하며 느껴주어야 합니다. '왜 저렇게 못났어? 진짜 꼴 보기 싫어.' 이 마음을 그대로 느낍니다. 무시하는 마음을 나쁘다고 판단하지 않습니다. 절대적으로 공감하면서 의식할 수 있게 만드는 것이죠. '진짜 너무 못나서 소름이 다 끼친다. 왜 저러고 살아, 왜!' 이렇게 감정이 올라오면 그 감정에 절대 공감해주는 것입니다. 그 생각에는 동의하지 않지만 감정에 공감하는 것을 기억하세요.

계속 그 감정을 더 깊이 느껴봅니다. 그러면 그 감정 안에 담겨 있는 생각들이 함께 계속 올라와요. '미치겠네. 저건 진짜 인간 같지도 않아.' 너무 화가 나고 속이 메스껍습니다. 그 모두를 느낍니다. '저렇게 못나게 사는 거 너무 싫어. 신이 있다면 저런 건 안 만들었을 거야.' 지금 글로 써야 해서 감정이 생각처럼 보이지만 이 안에 담긴 감정을 느끼면서 생각은 자연스레 올라오는 것임을 주의해서 봐주세요. '저딴 무가치한 인간은 죽어버렸으면', '죽이고 싶다', '없어져버려.' 이런 감정들을 다 느끼면서 바라보는 거예요. 이 바라보는 눈에는 판단이 없고 그저 있는 그대로를 수용할 뿐입니다. 그렇게 하다 보면 "죽이고 싶다"고 말하는 그 마음이 아프다는 것이 서서히 인식되기 시작합니다. 그러면서 분노가 지나가는데, 이때 우리는 분노가 그 아픔을 마주하지 않으려는 몸부림이었음을 알아차립니다.

이제 분노 아래의 마음이 느껴집니다. 여기에 정해진 루트, 정해진 답이 있는 것은 아니에요. 전혀 관계없는 듯한 기억이 떠오르기도 하고, 완전히 다른 감정으로 바뀌기도 하고, 생각지 못했던 믿음이 떠오르기도 해요. 그 모든 것을 따라가면서 사랑작업을 진행하는 겁니다. 분노로 감추고 있던, 절대 보고 싶지 않은 여린 감정이 올라옵니다. 못난 존재인 걸 들키는 것에 대한 수치심, 못나질까 봐 불안한 마음, 내 열등함에 대한 죄책감…. 사실은 나의 열등함이 상대를 향한 분노 아래 있었음을 발견하게 됩니다. 그 못난 나를 보기 싫어서 무시하고 회피하려던 내 마음을 보게 되죠.

그런데 이 바닥까지 가는 것이 정말 쉽지 않아요. 내 못나고 무능한 모습을 보기 싫어서 외부에서 보이는 못난 사람을 무시하는 마음이 올라왔던 거니까요. 상대의 마음이라고 믿었던 열등함도 내 내면아이였고, 그런 상대방을 무시하며 미워하던 것도 내 내면아이였음을 아시겠죠? 그래서 사랑작업으로 무시하는 마음을 다 본 것 같은데도 마음에 찝찝함이 남아 있고 뭔가 다 끝나지 않은 것 같을 땐, 무시당하는 마음을 봐줘야 합니다. 내 무시당한 마음을 보는 건 너무 힘드니까 내가 무시하던 그 사람의 마음을 헤아려보는 겁니다. 그 사람이 내 내면아이를 보여주고 있으니까, 그 사람이 보여주는 모습을 빌려서 내 내면의 무시당한 마음을 봐주는 거예요. 그 사람을 위해서, 이타적인 마음 때문에 그렇게 하는 것이 아니에요. 어떤면에선 나를 위해 나타나준 그 사람을 백분 이용하는 것이죠. 그러니 이걸 이타적인 마음이라 오해하면 곤란합니다.

이런 이유로, 사랑작업의 끝에는 상대의 마음을 보라고 이야기합니다. 그 두 마음이 서로 공명하는 짝이기 때문이에요. 상대의 마음이 내가 보기 싫어하는 내 내면아이의 마음이거든요. 나를 버린 사람의 마음을, 내가 버린 사람의 마음을, 내가 무시한 사람의 마음을, 나를 무시한 사람의 마음을 차례로 바라보고 놓아주는 겁니다.

항상 버림받은 마음만 인식된다면 이제는 내가 버린 적은 없는지 돌아보세요. 항상 무시당하는 마음만 인식된다면 이제는 내가 무시한 적은 없는지 돌아보세요. 정확히 동일하게 경험했을 거예요. 잘 바라보면 여기에 대해 억울함이 있을 수 없습니다. 이 두려운 마음들을 모두 바라보고 놓아주어야 사랑, 인정, 존중, 도움 같은 사랑에 속한 감정들도 잘 느낄 수 있게 됩니다.

사랑 주는 마음 / 사랑받는 마음
버리는 마음 / 버림받은 마음

인정하는 마음 / 인정받는 마음
인정 안 하는 마음 / 인정 못 받는 마음
(무시하는 마음 / 무시당하는 마음)

존중하는 마음 / 존중받는 마음
존중 안 하는 마음 / 존중 못 받는 마음

도움 주는 마음 / 도움받는 마음
도움 안 주는 마음 / 도움 못 받는 마음
(피해 주는 마음 / 피해받는 마음)

이렇게 넷이 모두 짝입니다. 이 안에서 감정들은 변주되고 또 다른 것으로 파생되지만 대략 이렇게 짝지을 수 있어요. 이 모든 마음이 의식되고 내 몸에서 느껴져야 합니다. 차별 없이 의식하는 것이 전적인 수용이고 사랑입니다.

내가 어떤 감정에 집착하고 어떤 감정을 끝없이 버리는지 확인해보세요. 사실은 내 마음, 상대방의 마음을 둘 다 봐주면 이 모든 마음의 짝들을 다 볼 수 있습니다. 이때 내가 예상하는 상대방의 마음은 진짜 그 사람의 마음을 읽은 것이 아니라 원래 내 무의식에 있던 내 마음을 상대방을 통해 비춰보는 것이기에 실은 상대방 덕분에 내 마음을 보는 것이라고 아셔야 오해가 없습니다.

이렇게 내 눈앞에 나타난 모든 사람을 내 내면아이를 비춰주는 거울로 본다면, 모두가 나의 내면아이라고 바라본다면, 그 안에서 일어나는 내 감정과 상대가 보여주는 감정을 모두 의식해서 느껴준다면 무의식에 감춰졌던 마음을 모두 알아볼 수 있을 것입니다.

3부

지금 이 순간을 향한 100퍼센트의 예스:
사랑작업 실천법

이제 사랑작업을 어떻게 일상에서 실천할지에 대해 얘기해 보겠습니다. 앞서 마음이 어떻게 생겼는지, 무의식에 억압된 내면아이가 어떻게 현실에 반영되는지 등을 자세히 설명한 이유는 바로 이 한 가지 실천만을 남기기 위해서인데요. 그건 바로 "매 순간 자신의 솔직한 느낌을 알아차리고 받아들이라"는 것입니다. 그러니 이제 이걸 그냥 일상 속에서 실천하기만 하면 됩니다. 사랑작업은 이게 전부입니다. 이렇게 단순한 것입니다. 일상에서 느껴지는 어떤 느낌이든 좋다 나쁘다 판단하지 말고 느껴지는 대로 수용하면 되는 거예요.

하지만 막상 이걸 실천하려고 하면 여간 막막한 게 아닐 거예요. 사랑작업은 단순하지만 쉽지는 않습니다. 지금까지 에고가 살아온 삶의 방식과는 정반대로 살아야 하기 때문이에요. 에고의 저항하는 습성에 따라 살아온 우리의 내면은 여러 갈래로 분열되어 수없이 많은, 상처받은 내면아이들이 갈등을 일으키는 장소가 되어 있습니다. 그러니 막상 사랑작업을 시작하려 할 때는 분열된 자기 내면을 들여다보는 일이 첫 단계라, 더없이 복잡한 작업으로 보이는 건 당연한 일입니다. 타고난 대로 자기를 수용하며 살 수 없도록 방해하는 에고의 방식은 너무나 복잡하고 교묘하거든요.

그래서 이론을 자주 확인하며 다시 지금 이 순간으로 돌아와 지금 있는 그대로의 나를 받아들이는 연습이 필요합니다. 사실 "연습"이라고 부르는 것도 어폐가 있습니다. 지금 이 순간 내 느낌을 솔직하게 받아들이는 것이야말로 자연스러운 우리의 본성이니까요. 그래도 당분간은 "연습" 혹은 "사랑작업"이라고 부르며 시도하고 또 시도하면서 균형을 잡을 필요가 있습니다.

이 과정을 통해 본성의 흐름에 역행하는 에고의 방식을 내려놓으면 본성의 자연스러움이 우리를 이끌어줄 것입니다. 이 과정은 자전거를 배울 때 넘어지고 일어서기를 반복하면서 중심을 잡아나가는 것과 똑같아요. 이론을 배운 뒤에는 반드시 실제로 삶에 적용하면서, 자꾸 넘어지면서 스스로 균형을 잡아야 하는 것이죠. 아마 하루아침에 되지는 않을 거예요. 네발자전거가 세발자전거가 되고, 두발자전거가 되었다가 보조 바퀴를 다시 달기도 하듯이 실수하고 있다고 느끼면 뭐가 문제였는지 깨닫고 다시 시도하는 과정이 반드시 필요합니다. 하지만 감이 오기 시작하면 자기도 모르게 씽씽 달릴 수 있게 되는 것처럼 어느새 삶을 온몸으로 마주하고 경험할 수 있게 될 것입니다. 그럼 이제 본격적으로 사랑작업을 어떻게 해야 하는지 알아보겠습니다.

사랑작업의 핵심은 이것입니다.

느낌 중심

판단 금지

절대 공감

우주는 조건 없는 사랑으로 가득 차 있고, 우리의 내면아이들(감정들)은 그 사랑을 만나고 싶지만 에고는 이 아이들을 좋은 아이와 나쁜 아이로 나누어 좋은 아이는 꽉 붙들고 나쁜 아이는 없애려 하고 피하려고 합니다.

에고가 내면의 감정들에 대해 좋다/나쁘다는 판단을 내려놓고 이 감정들에 대한 저항과 방어를 내려놓으면 내 안의 모든 것은 조건 없는 사랑 속에서 사랑으로 변형됩니다. 삶이 근원의 사랑으로 가득 차게 되는 것이죠. 그래서 판단하지 말고 모든 감정에 절대적으로 공감해줘야 한다는 것입니다.

조건 없이 느끼기는 사실 내가 하는 것이 아닙니다. 감정을 느끼려고 애쓴다고 감정이 느껴지는 것이 아니란 것이죠. 감정을 판단 없이 수용한 결과, 감정이 흐르면서 저절로 느껴진다는 것이 정확한 표현입니다. 내가(에고가) 통제를 내려놓고 판단 없이 감정에 공감하기 시작할 때 에고가 방해를 내려놓은 틈을 타고 그 자리에 원래 있던 조건 없는 사랑이 자리합니다. 그러면 내면아이는 두려움 없이 이 사랑 앞에 자신의 억눌렸던 에너지를 풀어놓기 시작하여 그 에너지가 내 몸과 마음을 통해 느껴지는 것이죠. 억압되었던 감정과 함께 그 감정을 만들었던 생각과 신념들이 같이 놓여지면 우리는 내면의 진실을 만나 자유와 기쁨을 느끼게 됩니다.

결국 에고가 하는 일은 아무것도 없습니다. 그동안의 통제와 저항, 문제를 해결하려는 모든 시도를 내려놓을 뿐입니다. 그러면 조건 없는 사랑이 우리 내면에 들어와 일하기 시작하는 것입니다. 하지만 에고는 해야 할 일이 없다는 것을, 그저 모두 내려놓으라는 것을 받아들이기 어려워합니다. 그래서 에고에게 할 일을 준 것이 '판단 금지'와 '절대 공감'입니다. 어떤 모습이든 수용해주는 부모로서 내면아이에게 절대 공감해주라는 한 가지 역할을 준 것입니다. 다시 말하면 그간의 통제와 저항을 포기하고, 조건 없는 사랑의 역할을 따라 하라고 한 것이죠.

사랑작업은 결국, 내가(에고가) 하려는 마음을 포기하는 것이며 그 과정에서 모든 감정을 조건 없이 느끼게 되는 필연적인 결과를 낳게 되는 것입니다. 이 사랑작업을 자기(에고)가 하는 것이라고 생각하면 그 역시 하나의 헤맴이 되고, 에고의 애씀이 됩니다.

느낌 중심, 판단 금지, 절대 공감. 이것만 하세요. 이것이 에고의 내려놓음이니까요. 사랑은 내가(에고가) 할 수 있는 것이 아닙니다. 감정적 사랑만이 에고의 것이며 그것은 우리가 진정으로 원하는 영원한 사랑이 아닙니다. 우리(에고)가 통제를 포기하면 조건 없는 사랑이 모든 것을 맡아서 할 것입니다. 사랑작업의 모든 과정이 내맡김임을 기억하시면 다시 에고의 애씀으로 돌아가는 실수를 막을 수 있을 것입니다.

다시 한번 해야 할 일을 정리해보겠습니다. 여기서 해야 할 일이란 우리가 이제껏 해온 일을 포기하는 방식을 말합니다.

1. **느낌 중심:** 매 순간 느낌에 주의를 기울이고 내 느낌을 알아차립니다.
2. **판단 금지/절대 공감:** 어떤 느낌도 나쁘다고 판단하지 않고 모든 느낌에 절대 공감합니다(조건 없이 느끼도록 허용합니다).
3. 일상에서 발견한 큰 아픔은 시간을 내어 껴안습니다.
    (177쪽 '아픈 마음에 사랑작업'에서 더 자세히 설명하겠습니다.)

현실을 사랑으로 창조하기 위해 우리가 할 수 있는 일은 이것뿐입니다. 현실은 우리의 내면, 우리의 무의식이 만들어내는 것입니다. 그래서 우리가 내면아이들을 모두 껴안아야만 우리의 현실을 바꿀 수 있습니다. 우리가 버린 우리의 아이들을 사랑으로 껴안음으로써 현실이 사랑으로 창조되는 것이죠. 우리는 노력으로 현실을 바꿀 수 있다 생각하지만 현실은 우리의 의지로 바꿀 수 있는 것이 아닙니다. 오직 사랑에 맡겨야만 근본적으로 현실을 새롭게 할 수 있습니다.

우리는 우리에게 주어진 자유의지로 결정할 수 있습니다. 내 안의 아이들을 사랑할 것인가, 버릴 것인가. 이 질문은 여러 가지 버전으로 얘기할 수 있습니다.

내 내면의 반영인 지금 이 현실을 받아들일 것인가, 거부할 것인가

지금 이 순간 에고의 통제를 내려놓을 것인가, 계속해서 통제할 것인가

문제없음을 인정할 것인가, 문제를 해결하기 위해 나설 것인가

지금 느껴지는 이 느낌에 공감할 것인가, 무시할 것인가

지금 이 순간 사랑을 허용할 것인가, 거부할 것인가

조건 없는 사랑에 내맡길 것인가, 내가 할 것인가

사랑작업은 항상 전자를 선택할 것을 제안합니다. 사랑작업을 하는 가운데 우리는 현실에서 만나는 모든 것이 내 내면아이임을 알게 되며, 나를 불편하게 하는 감정은 내가 나쁘다고

판단하여 무의식에 버린 아이임을 깨닫게 됩니다. 우리가 현실에서 만나는 모든 이들이 내 내면아이를 비춰주고 있음을 알아본다면 우리는 누구를 만날 때나 에고의 판단을 내려놓고 조건 없는 사랑을 그 자리에 가져오고 싶을 것입니다.

다시 말씀드리지만 이것은 우리의 자연스러운 본성이며 우리가 이미 알고 있는 삶의 방식입니다. 이 자연스러움을 회복하면 우리는 우리의 본성인 사랑으로 돌아가 이 삶에 우리 자신인 것을 표현하고 창조할 수 있을 것입니다.

사랑작업의 기초 4단계

앞에서 사랑작업의 세 가지 원칙 '느낌 중심, 판단 금지, 절대 공감'에 대해 말씀드렸는데요. 그런데 이 원칙만으로 사랑작업을 시작하면 또 여기서 헤매게 될 수 있어요. 어떤 일을 겪으면서 드는 감정에 대해 사랑작업을 하려고 하는데 무엇을 어디서부터 해야 할지 막막할 수 있습니다.

사랑작업은 늘 조건 없이 나를 수용해주는 어떤 존재와 함께 살아가는 상태로 있기 위해서 하는 거예요. 이런 존재와 함께 있으면 나는 내면에 억압된 것 없이 모든 것을 다 펼쳐낼 수 있어요. 펼쳐내다 보면 감정적인 것들이 다 사라지고 안에 있는 본래의 나를 찾아서 살아갈 수 있게 되는 거예요. 그래서 우리가 신경 쓸 것은 '내가 지금 조건 없이 나를 수용해주는 이 존재'랑 살고 있는지 계속 살피는 거예요.

어떻게 보면 유치하다고 느낄 수도 있어요. 하지만 이보다 쉽게 작은 물방울이 바다와 일체감을 회복하는 길이 있을까요? 결국 분리의 환상에서 벗어나 전체와의 일체감을 회복하는 것이 영성의 가르침, 마음공부의 핵심인 걸 안다면 이 소박해 보이는 연습이 영적으로 얼마나 중요한 의미를 갖는지 알 수 있을 거예요.

이제 제가 사랑작업을 하면서, 또 많은 사람과 수업을 하면서 시행착오를 통해 정리한 사랑작업 기초 4단계를 알려드릴게요. 이 과정은 모든 감정에 적용해도 좋지만 특히 불편하고 부정적인 감정을 만나 어디서부터 어떻게 마음을 돌봐야 할지 모를 때 적용하면 좋습니다.

1단계

'지금 이 감정을 느끼는 나를 나는 어떻게 바라보는가?' 질문하기

이해하기 쉽게 어떤 상황을 예를 들어 설명해볼게요. 만약 어떤 사람이 가족들을 위해 수고롭게 일을 하고 있는데 아무도 몰라주는 상황에 있다고 해요. 이 사람은 너무나 억울한 감정이 들어요. 이 억울한 감정이 가장 큰 감정이라면 억울한 느낌을 내가 어떻게 보고 있는지를 먼저 확인해봅니다. 숨어 있는 저항을 확인하는 방법인 거죠. 그런데 보통은 '이 억울한 나를 보고 있는 나'가 있는지조차 몰라요. 모른다는 건 무의식 깊이 숨어 있다는 뜻이고, 무의식에 깊이 있다는 것은 나와 이 내면아이가 하나가 되어 있다는 뜻이기도 해요. 무의식 깊이 있는 내면아이가 억울해하는 내면아이에게 '뭐 그까짓 것 가지고 이렇게 억울해해?' 하고 있으면 우리가 아무리 억울한 애한테 억울해도 된다고 백날 얘기해봤자 감정수용이 안 되는 거예요.

그래서 1단계 실문인 '지금 이 감성을 느끼는 나를 나는 어떻게 바라보는가?'를 꼭 자기한테 질문해보고 내가 어떻게 보고 있는지 확인해봐야 해요. 만약 억울해하는 나를 내가 아주 못마땅하게 여기고 있다는 걸 발견했다고 할게요. '어? 내가 억울해하고 있는 나를 못마땅해하고 있구나. 너 그렇게 억울해할 일 아니라고 말하고 있구나'라며 지금의 상태를 알아차리는 것이 중요합니다.

2단계
내 말을 들은 내면아이가 어떤 기분일지 느껴보기

2단계에서는 다시 억울한 아이의 입장으로 돌아와서 '야, 뭐가 억울해. 너 진짜 너무 못됐다. 가족을 위해 일한 걸 가지고 억울함을 느껴?'라는 비난을 들었을 때 그 억울함이 어떻게 느껴지는지를 보는 거예요. 그러면 '아, 억울한 데에 더해서 비난까지 듣다니, 정말 괴로웠겠구나' 싶은 생각이 들 거예요. 그러면 나 자신에 대해 더 이해가 잘 돼요. 억울한 나를 스스로 비난해서 더 힘들었다는 것을 좀더 선명하게 자각할 수 있는 거죠. 억울함 때문에 괴로운 것보다 그 억울함을 비난하고 받아주지 않은 데서 오는 괴로움이 더 컸다는 것을 알아차리게 되는 거예요.

3단계

조건 없이 수용해주는 존재를 떠올리기

3단계는 절대 공감을 연습하는 단계입니다. 절대 공감을 스스로에게 하기가 힘들 때는 나를 조건 없이 받아줄 수 있을 것 같은 존재를 떠올려보세요. 우리는 누구나 그런 사랑의 존재를 상상할 수 있고 그게 사실은 우리 자신의 본성이기 때문에 누구든 하고자 하면 떠올릴 수 있어요. 상상으로 해도 상관없어요.

자기가 가장 편안하게 여길 수 있는 존재를 떠올린 다음에는, 그런 존재라면 이 억울해하고 있는 나를 어떤 눈으로 보고 있을까를 상상해보세요. 여러 가지 생각이 들 거예요. 안쓰러워할 수도 있고, 정말 억울할 만하겠다며 나를 충분히 이해해줄 수도 있어요. 앞서 얘기했던 조건 없이 사랑하는 부모의 눈을 떠올리셔도 돼요. 이렇게 조건 없는 수용의 시선을 먼저 체험하는 과정을 거칩니다.

조건 없는 수용의 시선 속에서 내면아이의 마음을 거침없이 표현하기

이제 억울한 나로 다시 돌아와서 3단계 상태, 즉 조건 없는 사랑의 시선이 나를 봐주고 있으면 이 억울함이 어떻게 느껴질 것 같은지 느껴보세요. 이런 눈으로 나를 봐주고 있으면 이 억울함의 감정을 더욱 거침없이, 원 없이 표현할 수 있어요. 이때 감정이 수용되면 내 몸과 마음에서 그 감정이 느껴질 거예요. 감정이 비로소 흘러가면서 감각되기 시작하는 거예요. 그때가 이 억울함이 수용되는 때예요. 그러면 억울함 아래 있던 다른 진심도 차례로 올라오면서 나를 괴롭고 아프게 하는 거짓말들도 줄줄이 올라올 거예요. 아픔을 모두 드러내고 위로받고 수용되는 과정이 진행되면서 말 그대로 내면아이가 치유되는 것이죠.

우리가 처음 사랑작업을 할 때 늘 헤매는 이유는 저항을 무의식에 숨긴 채로 내 아픔에 공감하려고 하기 때문이에요. 저항은 항상 숨어 있다는 것을 늘 기억하세요! 이렇게 4단계를 통해 숨어 있는 저항을 드러내면서 마음을 수용해야만 "다 느껴줬는데 왜 아직도 이런 감정이 있어?", "마음을 느껴줬는데

왜 더 현실이 나빠지는 거야?"같은 의문을 갖지 않게 돼요.

계속 이 저항의 에고를 확인하면서 사랑작업을 해주세요. 이 작업을 계속하다 보면 저항의 에고가 통합되면서 힘이 조금씩 약해져요. 그럼 수용의 시선으로 내 감정을 받아주기 훨씬 수월해진답니다. 나중에는 1, 2, 3단계를 거치지 않고 비로 4단계를 하실 수 있을 거예요.

사랑작업을 계속하다 보면 여러 가지 변화들이 있는데요. 초기에 겪은 가장 큰 변화는 매 순간 나를 판단하던 심판관의 눈이 녹는 거예요. 이 감독관이 사라진 삶은 정말 평화로워요. 나중에 편안하고 행복해지는 게 아니라 당장 그 평화를 느낄 수 있어요. 심판관이 사라졌다고 해서 무의식의 아픔들이 일거에 해소되는 것은 아니지만 일상에서 마주하는 모든 마음을 부모의 시선으로 잘 돌볼 수 있게 된답니다.

뿌리가 깊은 아픔들이 계속 올라올 때는 이 아픔이 과연 끝날까 싶고 영원히 이어질 것 같아 두렵지만, 또다시 부모의 마음이 되어 '영원히 이어져도 좋다'며 나를 끌어안아요. 이렇게 매일 조금씩 조금씩 소외되어 있던 내 기억 속의 아이들을 껴안으며 살다 보면 이 사랑작업은 오늘 당장 모든 아픔을 끝내기 위해서 하는 것이 아니라 어제보다 오늘 더 많이 사랑하기 위해 하는 거라는 사실을 알게 됩니다.

그래서 "이 아픔들은 언제까지 나와? 도대체 언제 끝나?"라고 생각하지 않아요. 항상 어제보다 나은 오늘이라면, 굳이 이 삶이 끝나기를 바라지 않겠죠? 마찬가지로 내가 어제보다 오늘 나 자신을 더 많이 사랑할 수 있고, 매일 나라는 존재의 진실에 가까워지는 기쁨을 누리는데 왜 이 여행이 끝나기를 바라겠어요. 물론 뿌리 깊은 아픔이 어느 날 해소된 거 같다가도 다음 날 똑같이 반복되는 걸 경험하면서 '아, 제자리였나' 싶은 실망감이 들기도 하지만요. 그 실망감 또한 껴안으면서 우리는 매일 더 많이 사랑하는 법을 배워가게 되니까 이건 꽤 괜찮은 작업이에요.

사랑작업에 대한 글을 쓰고 수업을 하면서 가장 많이 받았던 질문 가운데 하나가 "언제까지 사랑작업을 해야 하나요?"인데요. 저는 이 질문을 받을 때마다 뭔가 오해가 있다고 느꼈어요. 저는 사랑작업을 시작한 이후로 이런 의문을 가져본 적이 없었거든요. 저는 무슨 일이 일어나도 내 마음을 내가 모른 채 살던 예전으로는 돌아가고 싶지 않아요. 이제는 그때의 삶이 전생처럼 멀게 느껴지고 어떻게 그렇게 살았을까 가슴이 먹먹해질 정도예요. 삶은 무작위로 나를 공격해오는 것 같고, 나는 별수 없이 이 상황에 당해야 하는 피해자 같다는 느낌으로 매일 해결해야 할 일들을 끊임없이 배당받으며 살던 과거의 삶은 정말로 힘들었어요.

그에 비해 지금의 삶은 단순하고 말끔해요. 나를 불편하게 하는 일이 있으면 그 불편함의 신호를 보내는 내 마음을 들여다보고 진실이 아닌 생각을 느낌으로 되돌려서 놓아주면 새로운 의식으로 전환됩니다. 그때마다 배우고 성장하는 이 흐름이 자연스럽게 계속돼요.

받아들임. 이 네 글자로 요약할 수 있는 단순한 삶의 태도를 아는 것만으로 삶은 완전히 다른 것이 되었어요. 받아들임, 내맡김, 내려놓음, 항복, 무의식 정화, 내면아이 치유, 직면하기, 무의식의 의식화는 모두 같은 것에 대한 다른 표현이에요. 그런데 이 단순하고 좋은 것이 에고에게는 죽어도 싫은 것이어서 이걸 배우기가 이렇게나 어렵다는 것 또한 사랑작업을 설명하면서 알게 되었어요.

그런데 이 어려움을 이겨내게 하는 열쇠가 있어요. 그건 '내가 누구인가를 알고자 하는 열망'이에요. 나를 알아가는 기쁨, 감춰졌던 내 진심을 발견하는 즐거움. 그 기쁨이 아픔을 마주하는 두려움을 뛰어넘을 때 사랑작업은 즐거운 일이 돼요. 누가 시키지 않아도 내가 누군지 보고 싶다는 열망이 빛을 들고 캄캄한 무의식의 동굴 속으로 들어가고 또 들어가게 만들거든요.

사랑작업을 시작할 때 저는 인생에 바라는 게 없었어요. 나를 사랑해줄 사람이 이 세상에 한 명도 없다는 걸 알게 됐거든요. 나를 행복하게 해줄 수 있는 것은 세상에 없다는 걸 깨달았어요. 그래서 더 이상 이곳에 살고 싶은 마음이 없었죠. 그 덕분에 마음을 직면하기가 쉬웠던 것 같아요. 내 마음을 보는 것 말고는 별로 할 일이 없었거든요.

그러다가 마음을 있는 그대로 받아들이는 법을 발견했을 땐 말할 수 없이 기뻤어요. 팬케이크를 만들며 우울함을 있는 그대로 받아들였던 날의 경험 이후로는 늘 기뻤어요. 사는 게 정말로 좋아졌거든요. 사랑작업을 하는 동안의 제 모습은 전보다 더 많이 울고 어떨 땐 두꺼운 수건으로 입을 막고 울고 가슴이 아파서 두 팔로 무릎을 꽉 껴안고 견디는 그런 모습이었지만 그 모든 과정 속에 기쁨이 있었어요. 내 마음을 알아가는 기쁨, 내 아픔을 위로받는 기쁨, 내 진심을 발견하는 기쁨, 내가 누구인지를 새롭게 아는 기쁨으로 항상 설레고 있었어요. 지금까지 줄곧 말이죠.

"내가 사람들한테서 티 안 나게 사랑을 강탈하려고 온갖 수를 다 쓰고 있었구나!"

"그 사람을 도와주고 싶다면서 사실은 좋은 사람으로 인정해달라고 구걸하고 있었구나!"

"나 자신을 쓸모없는 쓰레기라고 여기며 아파하고 있었구나!"

이런 발견이 단순히 아프기만 했다면 절대 못 했을 거예요. 아픔보다 이런 진실을 볼 수 있게 된 기쁨이 더 커서 그 기쁨의 힘으로 사랑작업을 계속할 수 있었어요. 너무 피곤한 날도 있었고, 어떤 마음에 치여서 몸살이 난 날도 있었지만 그래도 기뻤어요.

사랑작업이 너무 힘들다거나 그래서 그만하고 싶다거나 자꾸 기계적으로 하게 된다 싶을 때는 내가 이걸 왜 하는지부터 천천히 돌아보세요. 사랑작업에는 항상 발견의 기쁨이 있고 아픈 나를 위로하는 따뜻함이 있습니다. 이것보다 중요한 것이 남아 있다면, 빨리 현실을 바꾸어서 외부로부터 무언가 얻어야 한다는 생각에 휩싸여 있다면 아마 내 안의 아픔을 만나는 과정을 계속하기 버거우실 거예요. 내가 누구인지를 알고 싶다는 열망이 아픔을 바라보는 두려움을 넘어설 때, 그때가 진정으로 자기사랑을 시작할 수 있는 때일 겁니다.

사랑작업은 따로 시간 내서 하는 특별한 작업이 아니라 구체적인 삶의 현장에서 매 순간 할 수 있는 것입니다. 사랑작업은 어떤 도구가 아니라 바꾸고 통제하려는 의도 없이 지금 있는 그대로 내 마음을 수용하며 살아가는 삶의 방식이에요. 그리고 이 방식은 특히 불편하고 아픈 마음을 발견했을 때 빛을 발합니다.

이제 막 서로를 알아가는 두 사람이 첫 만남부터 속 깊은 이야기나 내면의 상처를 털어놓지 않는 것처럼 내 마음과 만나 관계를 맺기 시작하는 사랑작업의 초기에는 아픈 마음부터 작업하려고 시도하기보다는 일상의 소소한 순간들 속에서 내 마음을 알아차리고 수용하며 마음과 친밀한 관계를 맺기 시작하는 것이 중요합니다. 동시에 자주 시간을 따로 내서 자기 내면의 느낌을 솔직하게 느끼고 경험하는 시간을 갖는 것이 도움이 되죠.

먼저 일상 속에서 어떻게 사랑작업을 하면 좋을지를 얘기한 후에 불편하고 아픈 마음에 사랑작업 하는 법을 얘기해보겠습니다.

우선 사랑작업은 내가 이끌어가는 것이 아님을 기억하세요.

마음을 바꾸려는 시도를 내려놓고 있는 그대로를 바라보고 느낌을 알아차리겠다는 결심을 하는 겁니다.

아침에 눈 뜨는 순간부터 내가 오늘 하루를 어떻게 이끌어가겠다는 생각을 잠시 내려놓습니다. 대신에 오늘 하루 삶이 내게 어떤 마음을 보여주는지 매 순간 느낌 중심으로 알아차리겠다고 결심하는 거예요. 삶이 나를 위해 준비한 영화를 주의 깊게 보겠다는 마음으로, 특히 장면마다 내가 무엇을 느끼는지를 잘 알아차리기로 하는 거죠. 이렇게 애쓰는 마음을 내려놓고 삶의 손에 맡겨본다는 마음으로 하루를 삽니다.

"이 삶은 내 내면에 감춰진 것들을 보여주기 위해 마련된 영화이다."

이 말의 의미를 새기면서 하루를 시작해보는 겁니다.

쓰레기를 버리러 갈 때도 사랑해줘

사랑작업을 시작한 초기였을 거예요. 사랑작업을 계속하다 보니 스스로에게 자주 질문하고 말을 거는 것이 자연스러워졌어요. 아무도 없는 집에서 혼자 뭔가 만들고 있었는데, 그때 자신에게 가만히 이런 질문을 던졌던 게 기억나요.

"넌 어떤 사랑을 받고 싶어?"

바로 어떤 대답이 나오진 않았어요. 그런데 기분이 묘했어요. 혼자인데 함께인 느낌이 들었거든요. 저는 질문의 말을 조금씩 바꾸며 몇 번 더 마음을 향해 물었어요.

"어떤 사랑을 받으면 네가 좋아할까? 어떤 시선으로 너를 봐주면 네 마음이 따뜻할까?"

그냥 그 질문의 물음표가 만들어내는 온기가 담요처럼 따뜻했어요. 겨우 몇 마디의 물음이었을 뿐인데도요. 저는 생각으로 답하지 않았고 그냥 그 따스함을 마음으로 느끼고 있다가 쓰레기가 가득 담긴 종량제 봉투와 재활용 바구니를 들고 밖으로 나갔어요. 저는 보통 남은 반찬들이 섞인 그릇을 치울 때나 매일 다시 쌓이는 먼지를 쓸고 있을 때 초라한 기분을 느꼈어요. 초라하다고 표현하는 건 점잖은 표현이겠죠. 우울함이 깊던 시기의 저는 그럴 때 나 자신을 청테이프에 붙은 초파리 같은 신세라고 느꼈으니까요.

쓰레기를 버리러 가는 동안에도 마음에 귀를 기울이고 있었어요. 그때 어떤 소리가 들렸어요.

'이런 순간에도, 이런 순간에도.'

이어서 이런 말이 들렸어요.

'이런 순간에도 나를 사랑해주면 좋겠어. 쓰레기를 버리러 가는 이런 지워져버릴 순간에도 나를 따뜻하게 봐주면 좋겠어.'

무슨 말인지 잘 모르겠지만 굉장히 중요한 말로 들렸어요. 그래서 가만히 그 말이 주는 느낌이 뭔지 느껴봤어요.

돌아보니 저는 아주 특별한 순간에만 자신을 사랑할 수 있다고 느끼며 살아왔더라고요. 어려운 과제를 성공적으로 해냈을 때나 많은 사람이 나를 칭찬하고 인정해줄 때, 부모님이 나를 자랑스러워하실 때, 누군가 나를 보며 기뻐할 때, 어딘가에서 꼭 필요한 사람으로 일하고 있을 때…. 그렇게 세상에서 쓸모 있는 일을 하고 있을 때만, 타인에게 기쁨을 주고 있을 때만 자신을 조금 괜찮게 느꼈던 것을 인식하게 됐어요.

내 마음이 바라는 사랑은 그게 아니었는데. 누구에게도 도움이 되지 않고, 그다지 쓸모 있지도 않고, 심지어 세상에 도움이 아니라 피해만 주고 있다고 여겨질 때 더욱 사랑이 필요했는데. 단 한 번도 그런 순간에 나는 내 편이 되어 나를 사랑해준 적이 없었어요.

쓰레기를 버리러 갈 때도 나를 따뜻하게 봐주면 좋겠다는 그 말은, 어떤 순간에나 차별 없이 나에게 똑같은 사랑을 줬으면 좋겠다는 말이었어요. 별거 아닌 거 같지만 해본 적이 없는 일이라 어찌해야 좋을지 잘 몰랐죠. 그래도 그 말을 중요하게 생각하고 마음에 품었어요.

'그래, 쓰레기를 버리러 갈 때도 네가 중요한 일을 성취했을 때와 같은 눈으로 너를 보도록 할게.'

내면에서 나라는 사람은 사랑이란 걸 받아본 적 없는 어린애와 같다는 사실을 인정하기로 했어요. 뭘 잘하고 못하고에 상관없이, 기저귀에 똥만 잘 싸도 사랑받았으면 좋겠다고 바라는 아기 같다는 걸 받아들였어요. 그래서 결심했어요. 남들이 뭐라 하든 나는 이 굶주린 아기를 사랑으로 길러야겠다. 이 애가 바라는 사랑을 내가 다 줘야겠다고.

그때부터 일상의 아주 소소한 순간들, 그 시간이 지나면 다시는 기억하지 못할 먼지 같은 시간에도 나 자신을 따뜻하게 바라보는 연습을 했습니다. 그 연습은 아주 사소한 것이었는데, 내가 느끼는 아주 하찮은 느낌에도 메아리처럼 반응해주는 것이었어요. 이제 막 말을 배운 갓난아이에게 엄마가 하듯이, 친절하고 상냥하게. 하지만 너무 살가우면 '우웩' 하며 도망치니까 조금은 덤덤하게요. 무료하고 지루한 시간이 찾아오면 "심심해, 그래 지금 많이 심심하구나" 하고 내 마음을 메아리처럼 읊어줬어요. 가슴이 답답할 때면 "가슴이 답답하구나. 돌덩이가 있는 것처럼 답답하네" 하며 아기를 바라보는 엄마의 목소리로 마음을 읽어줬어요.

그게 뭐라고 사랑받는 느낌이 들었어요. 가끔은 속절없이 눈물이 쏟아져 흘렀어요. 이걸 기다렸다는 게, 그냥 이렇게 내 마음 한 번 더 읽어주기를 바란 건데 그걸 못해서 혼자 외로웠다는 것에 울컥하고 눈물이 났었나 봐요. 유치하다고 생각한 적도 있지만 저는 계속 그렇게 했어요. 맛있는 걸 먹을 때면 "이거 진짜 맛있나 보네, 맛있게 잘 먹네"라고 말해줬어요. 기쁠 때도 똑같이 "너 지금 정말 기쁘구나!" 하면 그냥 혼자기쁠 때와는 전혀 다르게, 나를 사랑하는 엄마가 나보다 더 내 기쁨을 함께해주는 기분이 들었죠.

나중에야 내 마음은 전부 아기 같은 거라는 걸 알았어요. 우리가 느끼는 감정, 그 안에 담긴 생각들…. 그 모두가 진실이 아니고 아기가 믿고 있는 동화 같은 것, 환상 같은 것이라서 우리는 마음을 곧이곧대로 믿을 필요가 없어요. 마치 아기들이 가지고 노는 장난감처럼 대하는 것이 맞는 것이죠. 그때 그렇게 내 마음을 아기처럼 대하기 시작한 것이 마음을 제대로 보기 시작한 거라는 사실을 뒤늦게 알았어요.

그런 걸 생각하면 내면에서 느낌으로 전해주는 대답은 언제나 내 머리로 떠올린 생각과 비교할 수 없이 지혜롭다는 것을 느껴요. 이 지혜는 저에게 매 순간 조건 없는 사랑의 눈으로 자기를 보라는 말을 하고 있었던 거예요. 제가 알아들을 수 있는 쉬운 말로 "쓰레기를 버리러 가는 순간에도 나를 사랑해 줘"라고 말이에요.

공감 연습

절대 공감은 처음엔 마음을 메아리처럼 한 번 읽어주는 것으로도 충분합니다. 특히 자기혐오와 자기비난이 심한 상태에서 자신의 느낌에 공감해주려고 시도하면 반발심이 크게 올라와요. 너무 어색해서 소름이 돋기도 하고 '웃기고 있네'라며 비웃는 마음이 올라오거든요. 그럴 땐 덤덤하게 마음을 읽어주는 정도로만 해보세요. 공감이라고 말하기 무색할 정도로 그서 있는 그대로를 한번 읽어보는 거예요. 공감의 감정을 진하게 넣기보다는 마음을 정확하고 솔직하게 읽어내는 것에 관심을 두고서요.

그렇게 덤덤하게 메아리처럼 마음을 읽어주는 것으로 조금씩 공감받고 수용받는 느낌이 들기 시작하면 조금씩 그 공감의 힘을 스스로 만족할 만한 수준으로 끌어올려보는 겁니다. 나를 잘 알아주는 친구처럼 매 순간 쿵짝을 맞추어서 공감해 줘 보는 거예요. 그러다가 나를 사랑해주는 연인처럼, 어린 시절 만나길 꿈꿨던 든든한 어른처럼, 다정한 부모님처럼 마음을 읽어줘요. 이렇게 조금 더 두려움 없이 자기 속마음을 털어놓을 수 있는 상태가 되도록 공감의 힘을 키워가는 겁니다.

다른 방법들도 좋았지만 저는 할머니가 된 미래의 나를 앞에 두고 마음을 털어놓을 때가 가장 좋았어요. 이렇게 계속 사랑작업을 하면서 나 자신과 세상을 더 깊이 사랑하게 된 할머니를 만나서 얘기하니까 마음이 편했어요. 내가 설명하지 못하는 부분까지 이미 잘 알고 있고 나보다 나를 더 잘 이해하는 존재. 내 과거와 미래까지 알고 있으면서도 평화로운 얼굴을 한 할머니의 곁에서 내 마음을 털어놓으면 가끔은 많은 걸 말하지 않아도 모든 것이 괜찮다는 느낌이 들거든요.

이렇게 가장 편하게 공감받으며 아픈 마음을 위로할 수 있는 길을 찾아보세요. 또 하나의 팁은, 항상 가장 솔직한 마음부터 보시라는 거예요. 지금 이 순간 거짓 없이 가장 솔직한 내 마음이 뭔지를 살펴보고 그 마음부터 공감해보세요. 가장 솔직한 마음에 공감하는 건 그렇게 어렵지도 않고 억지스럽게 에너지를 쓰지 않아도 되거든요. 어떤 마음에 공감하는 데에 너무 큰 노력이 든다면 그건 아마 가장 솔직한 마음이 아닐 거예요.

근데 솔직한 자기 마음을 알아차리는 것이 맘먹는다고 하루아침에 되는 것은 아니에요. 솔직함은 굉장히 고급 능력이라 아마 꾸준한 연습이 필요할 거예요!

자, 이제 구체적인 삶의 현장에서 어떻게 느낌 중심으로 마음을 알아차리는지 얘기해보겠습니다. 일상에서 일어날 만한 소소한 일을 예로 들어볼게요.

회사에서 일하고 있는데 친구에게 전화가 옵니다. 평소 나를 아주 많이 도와주는 친구예요. 굉장히 배려가 넘치는 착한 친구입니다. 휴대폰에 친구 이름이 뜨는데 갑자기 받기 싫은 느낌이 듭니다. 이제부터 시작입니다.

'아, 받기 싫어.'
'얘가 나한테 얼마나 잘해줬는데 나 왜 이래.'
나쁜 사람이 된 기분이 들려고 하자마자 바로 전화 받음.
친구 목소리를 듣자 왠지 싫은 느낌.
더 밝은 척 반가운 척 인사함.
전화를 끊고 찜찜한 느낌으로 다시 일함.

보통은 이런 반응이 아무 자각 없이 무의식적으로 일어납니다. 찜찜한 기분으로 전화를 끊고 친구에 대해 느꼈던 왠지 싫은 느낌은 그냥 잊어버립니다. 무의식에 갇히는 것이죠.

그럼 느낌 중심으로 이 일이 일어나는 동안 내 느낌을 알아차려 보겠습니다. 상황은 똑같습니다. 여기서 뭐가 바뀌는지

봐주세요.

'아, 받기 싫어.'

(자동으로 올라오는 솔직한 느낌을 알아차림)

'얘가 나한테 얼마나 잘해줬는데 나 왜 이래.'

(혼나는 느낌과 답답한 느낌을 알아차림)

나쁜 사람이 된 기분이 들려고 하자마자 바로 전화 받음.

(나쁜 사람이 된 느낌 때문에 불안해짐을 알아차림)

친구 목소리를 듣자 왠지 싫은 느낌.

(자동으로 올라오는 솔직한 느낌)

더 밝은 척 반가운 척 인사함.

(나쁜 사람이란 걸 들킬까 봐 아닌 척 가장하는 걸 알아차림)

전화를 끊고 찜찜한 느낌으로 다시 일함.

(이런 나 자신이 답답하고 수치심이 느껴짐)

평소 별 의식 없이 지나쳤던 일을 이렇게 느낌 중심으로 알아차려보는 겁니다. 아직 어떤 느낌을 수용해보지 않았지만 일단은 이렇게 느낌을 중심으로 알아차리는 연습을 시작하면서 마음을 의식하는 법을 일깨우는 것이 필요합니다.

보통은 자기 느낌을 중요하게 여기지 않으니 쉽게 무시하게 됩니다. 그래서 위와 같이 마음에도 없는 행동을 반복하며 솔직한 느낌을 무의식에 억압하다 보면 자기 자신이 거짓말쟁이에 가짜가 되는 느낌까지 무의식에 축적되겠죠. 착하고 좋은 친구를 속으로 미워하는 사람이라는 건 내가 바라는 자기 정체성에 심각한 위협이 됩니다. 자기도 모르게 스스로를 배은망덕한 나쁜 사람, 수치스러운 사람이라고 생각하며 살아가게 되고 그 원인조차 찾을 수가 없어 괴로워집니다.

억압하지 않고 솔직한 느낌들을 느끼도록 자신에게 허락해주는 건 매우 용기가 필요한 일이에요. 나쁘다고 회피하던 것들을 마주하는 위협을 감수해야 하니까요. 그래도 매 순간 나를 마주하면서 살아야 나란 존재를 오해하지 않고 살 수 있습니다.

그러면 한 걸음 더 나가서 느낌 중심으로 알아차리는 동시에 이 느낌을 어떻게 수용하는지를 살펴볼게요. 위 예시에서처럼 내 느낌을 알아차리다 보면 이제 두 마음이 싸우고 있는 것을 더욱 선명하게 알아차릴 수 있게 됩니다.

'이 친구가 싫다'는 솔직한 느낌이 드는 즉시 그걸 나쁜 마음이라고 비난하는 마음이 올라옵니다. 그래서 그 나쁜 마음을 마주하기 싫어 전화를 바로 받거나, 더 반갑게 인사하는 식으로 자신의 마음을 감추고 없애려고 했다는 걸 알아차리게 됩니다.

그러면 이제는 비슷한 상황에서 이 두 마음을 각각 다 허용해보기로 해요. '이 친구가 싫다'는 마음을 나쁘다고 판단하지 말고 가만히 공감해줍니다. "싫을 수 있지. 싫은 데는 다 이유가 있는 거야. 싫은 마음이 드는 게 뭐 어때서"라고 공감해보면서 싫은 느낌이 몸에서 어떻게 느껴지는지 느껴보는 겁니다. 그러면 마음은 뭐가 싫은지, 이 친구의 어떤 점이 나를 괴롭게 만드는지를 자연스럽게 말해줍니다. '매일 도움만 받는 내가 못나 보여서 싫어'라든지 '얘 앞에만 있으면 내가 형편없는 사람이 되는 느낌이야'처럼 솔직한 속마음을 드러내는 것이죠.

친구가 싫은 마음에 공감하며 수용했듯이, '친구를 싫어하는 너는 나쁘다'는 비난의 마음도 똑같이 수용할 수 있습니다. '이렇게 잘해주는 친구를 속으로 미워하는 내가 너무 싫다'라는 마음이라면 그 마음 그대로 공감해줍니다. '친구를 남몰래 미워하는 내가 너무 꼴 보기 싫어.' 이 생각이 몸에서 어떻게 느껴지는지, 얼마나 싫은지, 그건 어떤 감정인지 느껴보는 겁니다. 상반돼 보이는 이 두 마음이 서로 싸우며 정체되게 두지 말고, 싸우는 두 아이의 말을 하나씩 들어주는 부모님처럼 각각 따로 수용해주는 거죠. 해보시면 알겠지만 이 두 아이는 결국 같은 아이입니다. 스스로 너무 못나서 사랑받을 가치가 없다고 느끼는 아이가 자신을 둘로 분리해서 싸우는 중이라는 걸 결국 알게 됩니다.

이런 과정을 거쳐 자신이 가장 보기 싫어하는 마음을 저항 없이 만나게 되고, 그러면 그 가장 버림받은 아이의 아픔을 조건 없는 사랑의 눈으로 바라보고 위로하는 '아픈 마음에 사랑 작업'을 시작할 수 있습니다.

불안이 크거나 감정에 무감각한 경우에는 내면을 들여다보기가 어려워요. 불안은 도망치는 마음이기 때문에 잠시도 가만히 마음과 대면하려고 하지 않죠. 무감각은 저항에 저항이 겹겹이 쌓여 있는 상태라 마음을 느끼기가 어렵습니다. 불안이든 무감각이든 그 외의 어떤 저항이라도 그런 저항감이 생긴 데는 다 이유가 있다는 것을 먼저 알아봐주는 것이 중요해요.

그런데 왜 그렇게 마음을 보지 않고 도망치려 할까요? 똑바로 마주하기 어려울 만큼 무섭고 두렵다는 건 그 아픔이 크다는 뜻이기도 할 겁니다. 아픔을 대면하는 것이 그만큼 무섭다는 뜻이라는 걸 알아봐주고, 그렇게 도망치고 싶은 것이 당연하다고 수용할 수 있을 때 우리는 불안을 수용할 수 있습니다.

무감각도 마찬가지입니다. 상처에 그렇게 많은 보호막을 설치한 것은 그 상처를 느끼면서는 결코 살아낼 수 없을 것이라는 자기보호 본능에서 나온 생존법이었을 겁니다. 아무것도 느끼지 못할 만큼 그 아픔으로부터 스스로를 보호하려 애쓴 자기 자신을 인정해주세요. 아무것도 잘못한 것은 없습니다. 나를 보호하려고 썼던 전략을 이제는 놓아줄 때가 된 것뿐이죠.

이렇게 불안하고 무감각한 마음에게는 무언가를 느낀다는

것이 부정적인 체험으로 각인되어 있습니다. 그래서 마음을 느끼는 것 자체에 대한 거부감이 큰 거예요. 이렇게 저항이 큰 상태에서 아픈 마음부터 보겠다고 나서면 숨어 있는 저항을 알아차리지 못해 아픈 마음에 대해 더 크게 저항하는 동시에, 원치 않는 상황에 의식을 집중하게 되어 현실에서 그 원치 않는 일을 더 집중적으로 마주하게 되는 일이 생깁니다.

"무의식 정화를 했는데 삶이 더 힘들어졌어요", "있는 그대로 느껴주었는데 원치 않는 일이 더 많이 일어났어요"라고 얘기하시는 분들은 저항한 것을 '느껴주었다'고 착각하시는 경우가 많아요. 아픔을 없애려는 자신의 의도를 의식하지 못하고 더 저항을 키우는 경우죠. 무의식적인 저항을 키우면서 무의식 정화를 하고 있다고 착각하지 않으려면 차근차근 무의식적 저항을 알아차리고 그 저항을 수용하면서 사랑작업을 해야 합니다. 특히 불안과 무감각, 무기력이 큰 상태일수록 저항이 큰 상태이기 때문에 일상의 사랑작업부터 조금씩 익숙하게 연습하시면서 '아픈 마음에 사랑작업'으로 이어가시는 게 좋습니다.

여기서는 사랑작업을 하는 데 필수적인 연습인 의식적 호흡하기와 몸이 느끼는 좋은 감각을 통해 수용 연습하기를 소개하겠습니다.

본격적으로 무의식을 여는 작업을 위해서 의식적 호흡은 필수적인 연습 사항입니다. 사랑작업 실천 수업에서 매일 15분씩 하루 두 번 의식적 호흡하기는 필수과제인데요. 가만히 호흡을 바라보는 수행에는 여러 가지 이점이 있기 때문이에요. 우선 의식적 호흡은 이제부터 내 마음을 바라보겠다는 강력한 의도를 나 자신에게 전달하는 효과를 가지고 있습니다. 동시에 의식적 호흡은 어지러운 마음을 고요하게 하여 매 순간 가장 솔직한 마음을 바라볼 수 있는 여유 공간을 만들어줍니다.

의식적 호흡은 자리에 편안히 앉아 들숨과 날숨에 주의를 두고 호흡하는 것입니다. 오직 호흡에만 주의를 둡니다. 호흡에 어떤 제한을 두지 말고 내가 어떻게 호흡하는지 그저 지켜본다는 마음으로요. 그러는 중에 생각이 떠오르고 감정이 올라오는 등 호흡을 향한 주의가 흐트러지면 '아, 내가 생각에 집중했구나' 알아차리고 다시 호흡으로 돌아오면 됩니다.

처음에는 잠시 호흡하는 것도 견딜 수 없을 정도로 괴로울 수 있습니다. 15분 동안 잠시 호흡에 집중하는 것인데도 그 잠깐을 견디기 힘든 것은 그만큼 가만히 내면을 마주하는 것에 대한 저항이 심하다는 뜻입니다. 이 과정을 계속하는 중에 엄청난 불안이 올라오기도 하고 도저히 호흡에 집중을 못 할 만큼 강한 저항이 올라와 방해를 하기도 할 것입니다. 이런 여러 방해에 굴하지 않고 꾸준히 의식적 호흡을 하다 보면 자연스럽게 마음과 마주할 준비가 갖추어집니다.

몸이 느끼는 좋은 감각을 통해 수용 연습하기

무의식 정화 초기에 사람들은 대부분 어떤 감정들을 절대로 느끼고 싶지 않다는 자신의 저항감을 무시한 채로 '있는 그대로 느껴보자!'라고 결심하고 내면 탐색을 시작합니다.

저 역시 그랬고, 스스로 내면의 솔직한 감정들과 싸우고 있다는 것을 모른 채로 5년 가까이 심한 무기력증에 시달렸습니다. 그래서 저는 제 수업을 듣는 분들에게 틈날 때마다 저항을 알아차리는 것이 얼마나 중요한지 얘기하고, 없애거나 바꾸려는 태도로 무의식 정화를 하면 아무 일도 일어나지 않는다고 반복해서 얘기해요. 사실 이 얘기를 듣는다 해도 저항감은 무의식에 숨어 있기 때문에 자기가 저항하고 있는지 알기가 참 어려워요.

그래서 우리가 '느껴줬다'라고 말하는 게 사실은 '이만큼이나 느껴줬으니 이제 안 올라오겠지?'라는 저항일 때가 많으니 이 저항을 확인하기까지는 좌충우돌하며 실수하고 함정에 빠지는 시간이 어느 정도는 필수로 필요하다고 할 수 있습니다.

그러니 사랑작업을 하면서 계속 감정과 싸우는 느낌이 들 때는 내가 저항하고 있다는 것을 빨리 알아차리고 일상에서

'수용'의 자세가 어떤 것인지 차근차근히 배워가는 일에 초점을 맞추는 연습을 먼저 하시라고 권하고 싶습니다. 무의식에 어떤 상처가 있는지 발견하더라도 그 상처를 수용할 수 없다면 일부러 그 상처를 끌어내어 그것과 싸우면서 저항을 더 키워야 할 이유는 없으니까요. 그렇게 하기보다는 수용의 태도를 다시 배우는 것이 오히려 빠른 길입니다.

저항은 감정이나 생각을 대면하지 않으려는 방어의 태도입니다. 저항의 태도는 항상 좋고 나쁨을 분별하면서 좋은 것에는 집착하고 나쁜 것은 없애려 합니다. 마음공부의 핵심은 이 저항의 태도를 내려놓는 것이 전부라 할 수 있는데, 이 저항의 태도를 내려놓기 위해서는 수용이 필요합니다. 왜 이렇게까지 저항할 수밖에 없는지, 왜 이렇게 대면하는 걸 힘들어하는지 그 이유에 대해서 차근차근 수용해주는 것이 중요하다는 거죠.

어린 시절에 감당하기 힘든 고통을 겪었다면, 그리고 그 고통을 수용해주는 어른이 없었다면 아이가 할 수 있는 일은 있는 힘껏 그 고통을 느끼지 않으려는 방법을 찾는 것뿐이었을 겁니다. 그 고통이 잘못되었다고 판단하면서 해결할 방법을 생각하거나 그 고통으로부터 도망치려 하거나, 감추려 하거나, 없애려고 화를 내면서 최대한 고통에 잠식되지 않으려고 시도하는 것이죠. 이 모든 저항을 다 해도 길이 없을 때는 스스로를 무감각하게 만드는 것 말고는 달리 살길이 없었을 거예요.

그렇게 그 아이는 무감각의 갑옷을 입고 아무것도 느끼지 않고 살아가는 법을 배웁니다. 이 아이가 경험을 통해 가슴에 새긴 교훈은 이것입니다. "뭔가를 느끼는 건 나쁜 거야. 뭔가를 느끼는 건 고통스러운 거야."

그런데 이렇게 살아온 아이에게 어느 날 갑자기 "네 삶이 힘든 건 네 감정을 느끼지 않았기 때문이야. 그러니 지금부터는 솔직하게 감정을 느끼도록 해"라고 말한다면 그건 폭력이 되겠죠. 이건 "네가 살아온 방식은 완전히 잘못됐어"라고 지금까지 살아온 삶을 부정하는 것이고, 살기 위해 최선을 다한 아이의 노력을 한순간에 무시하는 꼴이 되는 것입니다. 그래서 이런 무감각이 익숙해진 상태로 아픈 마음을 직면하는 사랑 작업부터 시작하는 건 좋지 않습니다.

이 아이에게 필요한 것은 "뭔가를 느끼는 건 좋은 거야. 뭔가를 느껴도 괜찮아. 그게 너를 더 기쁘게 해줄 거야"라는 메시지를 경험을 통해 알 수 있도록 도와주는 것입니다. '느끼는 건 나쁜 것'이라고 굳게 믿고 있는 몸과 마음에게 새로운 정보를 주는 것이죠. 단순하게 '느끼는 건 좋은 것'이라고 할 만한 경험을 최대한 많이 겪게 하면서 저항이 배어 있는 몸과 마음을 열어줄 필요가 있습니다.

여기엔 여러 가지 방법이 있습니다. 그중 가장 실천하기 좋은 연습 한 가지를 소개할게요. 너무 단순하고 쉬워서 많은 분이 중요성을 간과하실 것 같아 자세하게 설명해보겠습니다.

이 연습은 오감을 깨우는 것으로 시작합니다. 우리에게는 아주 확실하게 무언가를 느낄 수 있는 다섯 가지 감각, 즉 시각, 청각, 후각, 촉각, 미각이 있습니다. 그런데 이 다섯 가지 감각으로 내가 어떤 걸 느끼는 걸 좋아하는지 나에게 물어본 적이 있으신가요?

너는 뭘 볼 때 기분이 좋아?

너는 어떤 걸 들을 때 기분이 좋아?

어떤 향기를 맡을 때 기분이 좋아?

어떤 촉감을 좋아해?

어떤 맛을 좋아해?

수용이 뭔지 잘 모른다고 하시면 저는 이 질문부터 시작해서 일상의 사랑작업을 하도록 권유합니다. 수업을 들은 많은 분들이 스스로에게 이런 질문을 해본 적이 없다고 하세요. 아주 잠깐이면 되는데도 우리는 자신이 뭘 좋아하는지도 질문하지 못하고 살고 있는 거죠. 저도 처음 이 질문을 던졌을 때 답할 말이 없어 당황했습니다. 나 자신을 이렇게 모르고 살았다니 미안하더라고요.

이 질문들에 진심으로 대답해보세요. 구름이 모양을 바꾸는 것을 볼 때, 빗소리를 들으며 차 안에 앉아 있을 때, 귤껍질 향을 맡을 때, 아이의 머리카락을 쓰다듬을 때…. 얼마든지 시간을 들여 답하시고 하루에 한 가지라도 나를 위해 해주기로 결심하는 거죠.

중요한 건 여기부터입니다. 우리는 좋아하는 걸 해주려는 목적으로만 이 연습을 하는 게 아닙니다. 우리는 수용의 태도를 연습하려는 것입니다. 이걸 실제로 실천할 때 구름을 바라보며 기분 좋은 느낌을 느끼는 자기를 어린아이처럼 바라보면서 그 기분을 엄마의 마음으로 함께 경험하며 공감해주는 거예요.

"우리 아기, 구름 보는 걸 정말 좋아하네."

"구름을 보는 동안 네 얼굴이 너무 편안해 보인다."

"구름을 보는 네 모습이 너무 행복해 보이네."

그 좋은 느낌을 있는 그대로 수용해주세요. 좋은 느낌에 동화돼버리지 마시고 좋은 걸 느끼는 마음을 아기로 대하면서 엄마의 마음으로 수용해주는 겁니다. 혼자 구름을 바라보며 좋아하는 것과 수용하면서 아기 마음과 엄마 마음으로 동시에 그 느낌을 느끼는 것이 어떻게 다른지를 체험해보세요. 이 둘이 분명히 다르다는 걸 느끼실 거예요. 자주 연습하면서 이 수용의 감각을 익혀보세요.

그리고 바로 이 태도로 일상의 작은 느낌들, 작은 기쁨과 작은 불편들을 수용해나가세요. 수용의 태도를 조금씩 익혀나간 후에 아픈 마음을 볼 준비가 되면 그때 더 깊은 곳에 있는 상처받은 내면아이를 대면하면 됩니다.

좋은 느낌조차 수용하기 힘들다는 걸 발견하신다면 제대로 연습하고 있는 거예요. 내가 나 자신에게 얼마나 좋은 것을 주지 않고 살았는지를 발견하는 것도 이 연습의 중요한 부분입니다. 잘해준 적도 없으면서 잘하라고만 강요하는 삶은 우리에게 너무나 익숙한 것이죠.

조건 없이 수용받는다는 느낌을 몸으로 느낄 수 있게 하기 위해 얼마든지 창의력을 발휘해보세요. 따뜻한 물에 몸을 담그는 것이 포근하게 수용받는 느낌을 줄 수도 있고, 폭신한 이불로 나를 단단하게 감싸준 채 웅크리고 있는 것이 사랑의 품에 안긴 느낌을 줄 수도 있습니다. 자연 속에서 햇살을 받을 때 조건 없이 받아들여지는 느낌이 들면 그렇게 해도 좋습니다. 이렇게 수용받는 느낌이 뭔지를 몸의 감각으로 알 수 있게 도와주면서 그 수용감 속에서 내 안에 감춰놓았던 마음들이 스스로 말할 수 있게 도와주세요.

멀리 돌아가는 것 같아도 다정하고 정다운 길로 가면 '내가 언제 이렇게 멀리 왔지?' 하고 놀라게 될 거예요. 자신을 가혹하게 대하며 자기사랑을 강요하고 있지는 않은지 한 번쯤 돌아보며 '지금 이대로의 나로도 좋다'고 느낄 수 있는 친절한 길을 찾아가시면 좋겠습니다.

저는 오랫동안 무의식 정화, 내면아이 치유 같은 말들을 저도 모르게 오해하고 있었어요. 무의식 안의 어떤 더러워진 부분을 깨끗이 한다거나 내면의 상처를 없앤다는 뜻으로요. 내가 원하는 일이 현실화되는 걸 방해하는 내면의 장애물들을 없애거나 바른 것으로 바꾼다는 의미로 이해했었죠.

그것도 완전히 틀린 말은 아니에요. 사랑작업을 하다 보면 무의식 속, 나에 대해 가지고 있는 거짓된 관념을 뿌리 뽑는 과정을 통해 내면아이의 상처를 치유하게 되니까요. 결국 사랑작업은 무의식 정화이자 내면아이 치유법이기도 해요.

하지만 여기 오해하기 쉬운 점이 있어요. 정화와 치유는 오직 있는 그대로를 받아들이는 전적인 수용을 통해서 오는 결과일 뿐이에요. 이 변화가 목적이 되어버리면 주객이 전도되어 함정에 빠져버리는 거죠. 없애고 바꾸려는 저항의 태도는 우리가 치유하려는 상처를 더 깊게 만듭니다. 너무 역설적인 말이라 이 부분에서 항상 오해가 일어나요. 그래서 마음이 아픈 순간을 돌보는 데는 조금 더 주의를 기울일 필요가 있어요.

'아픈 마음에 사랑작업'은 자기를 위로하는 일이에요. 저는 이걸 설명할 때 '위로'라는 말을 강조해요. 내 아픈 마음을 돌보며 이걸 정화해야겠다, 치유해야겠다고 생각하면 나도 모르게 '없애려는 저항'의 마음을 사용하게 돼요. 그래서 저는 일부러라도 그저 나를 위로하겠다는 의도만을 가지고 제 마음을 돌봤어요. 위로에는 다른 의도가 없어요. 빨리 나으라고 하는 것도 아니에요. 지금 상대방의 아픔이 나에게 느껴지기 때문에 그 아픔에 공감하며 거기 있어주는 것뿐이에요. 언제까지 아프더라도 너와 그 아픔을 함께 경험하고 있겠다는 거죠.

이렇게 하게 된 데는 중요한 계기가 있었어요. 내 마음에 전혀 관심 두지 않고 살아가던 과거에 한 사람을 사랑하게 됐어요. 그때 처음으로 세상에 받아들여지는 느낌을 받았어요. 아마 그 사람에게 조건 없는 사랑의 존재를 투사했던 것 같아요. 이 사람을 만나서 비로소 온전함을 되찾았다는 느낌이 들었죠.

'이 사람과 있으면 나는 평생 이 행복을 가질 수 있겠다.' 그땐 그렇게 생각했어요. 하지만 결국 그런 마음도 변한다는 걸 알았어요. 영원한 사랑이 어떻게 있겠어요. 그걸 꼭 경험해야만 알 수 있는 게 아닌데도 저는 그렇지 못했어요. 분명 머리로는 그런 사랑이 없다는 걸 알았는데도 마음은 순진한 어린애처럼 사랑하는 마음이 변할 수밖에 없다는 걸 받아들이지 못했어요.

이별을 경험하고도 내 마음은 영원하고 변치 않는 사랑을 원하고 있었고, 그런 자신이 한심해 보이면서도 이 바람을 지울 수는 없었어요. 그 후로도 저는 힘든 일이 생기거나 사는 게 지칠 때면 사랑받았던 순간을 떠올렸어요. 그러다 보면 그런 사랑이 결코 없다는 생각이 들어 가슴이 아프고, 그러면 다시 상상으로라도 영원히 변치 않을 사랑을 줄 누군가를 떠올리려고 애를 썼지만 잘 되지 않았어요. 동시에 그렇게 애쓰는 자신을 한심하고 수치스럽게 생각했죠.

언젠가 답답해서 저에게 물어봤어요. "이 세상에 영원한 사랑을 나에게 줄 사람이 없는 걸 머리로도 경험으로도 알잖아. 그런데도 넌 바보처럼 그걸 계속 원하고 있어. 대체 네가 원하는 영원한 사랑이란 건 뭐야?" 이렇게 묻고는 펜을 들고 기다렸어요. 그러니까 손이 이런 말을 종이에 적더라고요.

힘들었던 순간마다 곁에 있었으면 했던 위로

이게 뭐지? 너무 의외의 답이라 놀랐어요. 영원한 사랑 같은 걸 원하고 있는 줄 알았는데, 그래서 그런 건 세상에 없다고 자신을 설득하고 있었는데, 생뚱맞게 힘들었던 순간마다 곁에 있었으면 했던 위로라니. 그건 제가 원한 사랑보다도 더 불가능한 거였어요. 어떻게 내가 앞으로 만날 누군가가 이미 지나온 과거의 힘들었던 순간마다 내 곁에 있어줄 수 있겠어요. 너무 황당했어요. 바보같이 진심으로 간절하게 그런 사람을 기다리고 있었던 거예요. '나는 이런 걸 원하고 있었구나.' 이 황당한 대답을 한참 동안 들여다보는데 눈물이 주르륵 흘렀어요.

우리 반 일진이 어떤 애를 교실 왼쪽부터 오른쪽 끝까지 의자로 때리던 날. 교실엔 말리는 사람도 없고 모두 멍하게 그걸 구경하고 있던 날. 싸움이 끝나자 아이들은 모두 자리로 돌아가 수군거릴 뿐 여느 날처럼 5교시 6교시가 계속되었던 날에, 교문에서 나를 기다리고 있다가 내가 어떤 걸 느꼈고 어떤 게 무서웠는지 말하면 "진짜 놀랐겠다. 근데 그건 네 잘못이 아닌데" 하면서 나를 위로해줄 누군가 있었으면 얼마나 좋았을까. 소풍날, 같이 앉을 친구가 없어 선생님 옆자리에 앉게 되었을 때 반 전체에 내가 혼자라는 걸 들키고 하루를 버티다가 돌아왔을 때 하루 종일 얼마나 힘들었는지 알아봐주고 그런 소외감은 어떤 사람에게도 아픈 거라는 걸 이해해주는 누군가 있었다면 좋았을 텐데. 저는 그렇게 내 삶에 없던 누군가의 위로를 찾고 있었던 거였어요.

힘들었던 모든 순간에 곁에 있어줬으면 했던 위로를 저는 누군가에게서 언젠가는 받을 수 있으리라 기대하고 있는 어린아이였어요. 아무 조건 없이 내 지금 모습 그대로를 괜찮다고 해줄 사람, 내가 겪는 무섭고 어두운 감정들을 받아주고 이해해주는 사람, 그저 내가 나라는 이유만으로 언제나 나와 함께이길 원하는 사람. 그렇게, 내가 아팠던 과거의 모든 순간에 내 옆에 있어주었으면 좋았을 사람. 저는 마음속에 아직도 어쩔 줄 몰라 하고 있는 어린아이를 가만히 위로해줄 사람을 기다리고 있었던 거예요.

그런 사람은 이 세상에 딱 한 사람뿐이에요. 내가 나에게 그런 사람이어야 했던 거예요. 어떤 부모도, 어떤 친구도, 어떤 연인도 매 순간 내 옆에서 깊은 내 감정을 함께 느끼고 경험해줄 순 없어요. 우리는 사랑했던 사람을 그리워하고, 있는 그대로의 나를 사랑해줄 누군가를 기다리죠. 하지만 그 누군가가 나 자신이 될 수 있다는 것은 알지 못해요.

지금 이 순간 있는 그대로의 내 느낌을 수용하고 경험하는 것이 사랑작업의 변치 않는 핵심이지만, 현재 내가 느끼는 것 중 대부분의 불편한 감정들은 지금 일어나고 있는 일들이 아닌 과거의 상처로부터 와요. 현재 눈 앞에 펼쳐지는 일들은 무의식에 버려져 있는 상처의 마음들을 건드려 수면 위로 올려줄 뿐이죠. 그 상처는 분명 과거에 뿌리를 두고 있지만 내 일부는 아직도 그 과거에 살고 있어요.

그래서 아픈 마음에 사랑작업은 과거의 감정을 돌보는 일이 대부분이에요. 상처받은 내면아이들을 만나서 위로할 기회를 갖는 거예요. 상처받은 나에게는 어떤 조언도 분석도 판단도 필요하지 않아요. 상처받은 마음이 바라는 건 오직 하나, 그때 내가 얼마나 아팠는지를 알아주고 그런 나를 버리지 않고 함께 있어주는 마음이에요.

힘들었던 순간마다 곁에 있었으면 했던 위로. 손이 적었던 말, 앞뒤 맞지 않는 이상한 말인데 가슴을 울려서 신기했던 말. 그게 이렇게 맞는 말이었을 줄 그때는 몰랐어요. 저는 이 말을 "영원히 변치 않는 사랑"이라는 말보다 더 좋아하게 되었습니다. 추상적인 예쁜 말이 아니라 이 순간 피부에 와닿는 사랑, 그걸 언제든 내가 나에게 줄 수 있다는 것이 구원이었어요.

아픈 마음에 사랑작업 하는 법

일상에서 사랑작업을 하다 보면 불편하고 쉽게 받아들이기 힘든 마음들이 발견됩니다. 그러면 그 불편한 마음은 따로 시간을 내서 돌봐줘야 해요. 이것이 '아픈 마음에 사랑작업'입니다.

아픈 마음에 사랑작업 역시 느낌 중심, 판단 금지, 절대 공감이라는 세 가지 도구를 이용하여 마음을 보는 것입니다. 여기에 도움이 되는 몇 가지 지침들을 간단히 정리해보았습니다.

먼저 마음을 솔직하게 바라보려는 의도로 내가 발견한 불편한 마음을 떠올려보세요. 그리고 이 마음 속에서 내가 가장 아픈 곳이 어딘지 느껴보고, 그 아픈 곳으로 가서 함께 있겠다는 의도를 갖는 거예요. 나를 사랑하기 때문에 어디가 아픈지 궁금하고 그 아픔을 함께 느끼고 싶다는 의도가 생기는 것이지 억지로 의도를 내는 것은 아닙니다. 그런 다음 내 불편한 마음이 자기 얘기를 마음껏 펼칠 수 있게 해주는 거예요.

부정적인 느낌을 바라볼 때는 내가 느낌 수집가가 되었다고 생각해보면 좋습니다. 보다 객관적으로 느낌을 대할 수 있거든요. 마치 세상 모든 느낌을 수집하려는 것처럼 마음을 경험해보세요. 아주 큰 비용을 치르고 얻어낸 귀한 느낌을 맛보는 느낌으로 경험해보는 겁니다.

마음을 예상하고 분석하지 말고 자연스럽게 떠오르는 마음을 따라가세요. 마음에 대해 배운 내용을 가지고 '이 느낌은 이런 것이다'라고 미리 해석하면 생각에 빠지게 됩니다. 느낌을 그대로 수용하고 있으면 저절로 그 느낌이 어떤 의미인지 떠오릅니다. 내가 나서서 뭘 하려고 하지 말고 마음이 하는 말을 잘 듣겠다는 마음으로 따라가세요.

그러다 보면 느낌의 정확한 번역을 포착할 수 있게 됩니다. 나를 아프게 한 포인트가 무엇인지, 감정에 담겨 있는 핵심적인 생각이 무엇인지 파악할 수 있는 것이죠. 이렇게 느낌을 정확하게 읽어서 말로 표현할 수 있으면 정체되어 있던 느낌이 풀려나요.

잘 되지 않는 지점을 만나면 내맡기세요. 그저 의도하고 가장 좋은 답을 기다립니다. 사랑작업은 내가 하는 것이 아니라 내(에고)가 빠지는 일입니다. 그러니 오늘 마음이 보여주는 만큼만 보고 더 파헤치려 하지 마세요. 그런 마음은 없애려는 저항이에요. 그럴 땐 일상으로 돌아가 수용 연습을 하는 것이 더 낫습니다.

마음을 보는 중에 갑자기 어떤 기억이 스쳐가면 그건 무의식이 주는 힌트이니 지나치지 마시고 그 기억을 떠올려보세요. '이 마음은 이 기억에서 왔겠지'라고 내 생각으로 추측하며 사랑작업을 하는 것보다 전혀 관계없는 것처럼 보여도 저절로 떠오른 기억을 따라가는 것이 훨씬 정확합니다.

저항을 넘어서 버림받은 아픈 아이를 만나면 그 아이가 믿고 있는 가장 아픈 생각을 모두 느낌으로 되살려내어 위로해주세요. 치유에는 시간이 걸립니다. 얼른 그 아픔을 치워버리려 하지 마시고 자주 그 아픔을 만나면서 평생 이렇게 아프더라도 그 아픔을 함께하겠다고 위로해주세요. 물론 거짓말은 통하지 않습니다. 또 아프냐고 밀어냈다가 지긋지긋하다고 버렸다가 억지 위로도 해봤다가, 그렇게 씨름을 거듭하다가 어느 날 그 아픔과 할 수 있는 건 다 해봤다고 알아질 때 자연스럽게 이런 말이 나옵니다. "그래, 네가 나야. 내가 그걸 몰랐구나. 평생이라도 너와 함께 있을 테니 걱정하지 마. 아플 때마다 주저하지 말고 나에게 오렴. 너와 함께 있는 것이 내 행복이니까." 그때가 아픔에서 벗어나는 때입니다.

아픈 마음에 사랑작업은 결코 쉬운 작업이 아니지만 이만큼 나를 기쁘게 하는 일도 없습니다. 처음부터 수용이 되는 경험을 하는 사람은 거의 없고 대부분 자기도 모르는 사이 저항하는 데 모든 에너지를 쓰고 지쳐버리기도 합니다.

그러니 우선 책을 통해 천천히 '지금 이 순간 내 느낌을 있는 그대로 수용하는 것'이 어떤 걸 말하는지 감을 익히시고, 일상의 사랑작업부터 해보면서 아픈 마음에 사랑작업을 할 수 있는 때를 기다려보세요. 때가 되면 이 지침들이 도움이 되실 거예요.

일상의 소소한 일들을 겪으며 내가 뭘 느끼고 있는가를 알아차리고 그 느낌을 나쁘다 하면서 저항하고 있는지 살펴서 싸움을 멈추고 솔직한 느낌 그대로를 함께 경험한다. 그렇게 지금 이 순간과 나 사이에 간격 없이 늘 포옹한 상태로 산다.

내 마음과 함께 있어준다는 것은 이렇게 단순하고 간단한 일인데도 이전에 살던 저항의 습성 때문에 저도 모르게 자주 함정에 빠졌어요. 그중 하나는 이 작업을 통해 내가 나쁘다고 판단하는 부정적인 감정들을 없애려 하는 것이었죠.

일상에서는 그때그때의 느낌을 충분히 받아들이며 이 순간을 충만하게 살았어요. 언제나 의식을 지금 이 순간 내 몸과 마음의 느낌에 두고 살았죠. 그러다가 뭔가 불편한 느낌이 들면 따로 시간을 내서 그 느낌과 함께 있었어요. 특별히 똑바로 앉거나 나만의 장소를 마련할 여유는 없었어요. 아이가 어렸기 때문에 저의 주요 사랑작업 장소는 잠든 아이가 누워 있는 침대 위였어요. 자세는 누운 자세, 준비물은 수건 한 장이 전부였어요.

오늘 있었던 불편한 마음을 따로 대면하다 보면 갑자기 머릿속에 불현듯 떠오르는 어린 시절 기억들이 있었어요. 처음엔 그게 왜 떠오르는지 몰라서 그냥 무시하기도 했는데, 나중에는 그 기억이 자기를 봐달라고 신호를 보내는 것 같아서 그 기억 속으로 들어갔어요. 그러면 완전히 잊고 있었던 어린 시절의 일들이 아주 생생하게 떠오르곤 했어요.

그날도 비슷한 경로로 어린 시절의 일이 떠올랐어요. 쉽게 자신감을 잃고 사람들 앞에서 위축돼버리는 나 자신을 싫어하며 살았는데, 그날도 역시 그런 기분을 느껴서 그 위축되는 느낌을 함께 경험하려고 시도하고 있었어요.

조그만 단칸방에 엄마, 아빠, 남동생, 저 이렇게 넷이 살던 유치원 시절이 떠올랐어요. 가난한 동네였고 어린아이들도 놀이터에서 험한 욕을 하며 싸우는 게 일상인 곳이었죠. 엄마는 조금이라도 안전한 곳을 찾아서 아파트가 많은 윗동네 유치원에 저를 보내셨어요.

저는 그곳 아이들이 하는 얘기를 알아듣지 못했어요. 베란다가 뭐지? 비디오가 뭐지? 애들은 매일 영화 〈우뢰매〉 얘기를 하는데 그게 뭔지도 몰랐어요. 아이들은 이미 서로 친했고 방과 후에도 아파트에서 삼삼오오 모여서 엄마들과 아이들이 친분을 쌓는 것 같았죠. 애들이 부르는 노래와 모여서 하는 게임도 모두 낯선 것들이었어요.

나를 환영해주는 사람은 없는 것 같은 느낌, 자기들끼리 행복해 보이는 모습, 선생님조차 나같이 소심한 아이보다는 밝게 웃으며 잘 어울리는 아이들과 놀아주기 바쁜 것 같았어요. 자유 놀이 시간이면 방 한가운데서 그들만 아는 게임이 왁자지껄 시작되고 저처럼 거기 끼지 못하는 몇 명의 아이들은 원 밖에서 재미없는 장난감을 만지작거리며 시간을 보냈어요.

그렇게 유치원 시절을 보낸 저는 초등학교 2학년쯤 되었을 때 굳은 결심을 했어요. '이렇게는 살 수 없어.' 소심했던 저는 용기를 내서 당당해지려고 했어요. 더 명랑하게, 위축되는 느낌을 지우고 자신감 있게, 원래 그런 사람인 것처럼 적극적으로 행동하기 시작했죠. 소심하고 겁 많은 나는 버렸어요. 겨우 여덟 살에 자기 자신을 바꾸기로 했던, 그 결심도 뚜렷하게 기억났어요.

아주 오랜만에 잊고 있던 소심한 아이를 떠올리고, 그렇게 사람들 사이에 섞이지 못하고 초라하게 원 밖에 앉아 있는 어린 나를 보고 있었어요. 소외감, 환영받지 못하는 느낌, 있어도 없는 것처럼 만드는 투명망토를 쓴 느낌.

'내가 네 마음을 함께 느껴줄게. 이제 내가 네 옆에 함께 있어줄 거야.'

분명히 그런 마음으로 어린 나를 바라보고 있었는데, 순간 아무 느낌도 들지 않고 갑자기 마음이 차갑게 식어버리는 느껌이 들었죠.

'이게 뭐지? 왜 갑자기 무감각해지는 거야?'

무감각하고 냉정해지는 기분이 꽤 오래 지속됐어요. 마치 내 접근을 막으려는 듯이. 그럴수록 저는 더 가까이 다가가려고 시도했어요.

'네가 뭘 느꼈는지 다 털어봐도 돼. 내가 다 느껴준다니까?'

아무 느낌이 들지 않았어요. 완전히 차단당하는 느낌이었죠. 그렇게 얼마나 시간이 지났을까요.

"넌 날 없애러 왔지."

그 아이가 말하는 것 같았어요. 조금씩 그 목소리에 분노가 느껴졌어요.

"넌 내가 없어지기를 바라는 거잖아. 이렇게 소외되고 존재감 없는 나는 네 인생에 방해가 되니까!"

전 제가 그런 의도를 갖고 있는지조차 인식하지 못하고 있었는데, 그 목소리를 듣자 내 의도가 분명하게 인식됐어요. 맞아요. 저는 정말 그 애를 싫어하고 있었고 제발 다시는 그런 일을 겪고 싶지 않다고 생각하고 있었어요.

'아…, 내가 너를 바꾸려고, 없애려고 하고 있었구나.'

아이는 계속 말했어요.

"넌 나 같은 건 없어도 된다고 생각하지. 네가 이 사람들과 다를 게 뭐야?"

그때 아이 주위에 있는 사람들이 보였어요. 이 애가 없어져도 상관없는 모습, 아이 주변에 있는 그 누구도 이 아이를 신경 쓰지 않았고, 아이가 느끼는 슬픔에는 상관없이 웃고 있었어요. 때로 이 어린아이는 자기가 그 자리에서 침울해 있는 것이 그들의 행복에 방해가 되는 것처럼 느꼈고 그러면 더 마음이 위축됐어요.

그런데 그 주변 사람들의 마음을 느껴보며 이상한 생각이 들었어요. 시간이 흐르자 그 상황이 다르게 보였어요.

'저 사람들은 나야. 저건 사실 내 모습이야!'

그 애가 없는 것처럼 취급하며 살아온 건 나였어요. 혹시라도 내가 그런 소외된 존재로 보일까 봐 불안해하면서 그 애의 흔적이 내 안에 남아 있지 않기를 바라며 살아왔다는 걸 알 수 있었어요. 내 안에 그런 아픈 아이의 존재에 대해 조금도 신경 쓰지 않고 하하호호 웃으며 살아온 게 나 자신임을 깨달았어요.

사랑작업을 시도하는 그 순간조차 그 애를 방해물로 여기고 있었다는 게 느껴졌죠. 내 과거에서, 내 현재에서도 그런 소외감과 위축된 느낌을 없애고 싶다는 솔직한 마음을 느꼈어요. 이제는 한술 더 떠서 그런 과거의 상처를 없었던 것처럼 지우고 싶은 마음으로 사랑작업을 하고 있다는 게 명확하게 인식됐어요.

진심으로 어린 날의 나에게 미안했어요. 그 애를 없는 사람 취급하며 내 행복의 방해물 취급을 한 게 사실은 나였다는 걸 알았으니까요.

　"미안해. 내가 널 없애려 했구나. 애초에 없는 것처럼 만들려고 했어. 정말 미안하다. 다시는 널 바꾸려고 하지 않을게. 하나도 안 바뀌어도 돼. 너는 계속 그 모습 그대로여도 돼. 앞으로도 사람들 사이에서 계속 당황하고, 계속 불안해해도 돼. 아무도 너랑 놀아주지 않을 때 얼마든지 더 바보가 되어서 작아져도 좋아. 내가 너랑 그 모든 순간을 함께 느끼고 경험할 거니까. 난 절대 너를 떠나지 않을 거야."

　이 경험 이후 저는 이 아이와 한 약속을 지키려고 노력했어요. 사람들 사이에서 소외되거나 나만 어울리지 못해 위축된 느낌이 들 때, 이전처럼 그 소외감을 안 느끼려고 더 밝게 웃고 사교적인 사람으로 보이려고 위장하지 않았어요. 그런 노력들을 모두 멈췄어요. 낯선 곳에 가서 어색해질 일이 생기면 그냥 그 어색함 그대로 느끼면서 가만히 소외되어 있었어요.

　"모두가 너에게 관심 갖지 않아도, 너 없이 행복해 보이는 이런 순간에도 내가 너와 함께 있어. 환영받지 못하는 네 아픈 마음은 나쁜 게 아니야. 내가 여기서 네 마음 그대로 함께 느끼고 있을 거야."

　그러면 그 소외감이 그렇게 나쁘지 않았어요. 아니, 오히려 그 소외감을 통해 내면과 더 단단히 연결되었어요. 혼자 따로 떨어져 있던 그 어린아이에게 늘 기다리던 구원자가 나타난 것 같은 느낌이었죠. 소외감을 느끼면 아픈 만큼 큰 사랑이 나를 채워줬으니까요. 소외감을 느끼는 상황은 내가 어린 날의 나와 만나는 시간이 되었어요.

저는 내면의 상처받은 아이와 만나는 일에서 가장 중요한 점이 무엇인지를 배웠어요. 내가 느낀 상처를 없애려 하지 않는 것, 상처받은 마음과 그저 함께하는 것이 내가 나에게 주려는 사랑의 핵심이라는 걸 마음에 새겼어요. 그리고 나를 가장 아프게 한 건 그 아픔을 버린 나라는 것, 동시에 나를 구원해 줄 존재도 바로 나 자신이라는 점을 발견한 것이 기뻤습니다.

　저는 친한 친구 앞에서도 울어본 적이 없었어요. 드라마에서 친한 친구들이 술잔을 기울이며 서로 힘든 일을 털어놓고 울고 위로해주는 모습을 보면 그게 이상해 보이기도 하고 속으론 부럽기도 했어요. 저는 진짜 힘든 일이 있어도 가족이나 친구들 앞에서 웃으면서 얘기하거나 농담조로 가볍게 털어놓는 편이었거든요.

　그것까진 좋다고 해도, 가까운 친구가 힘들어하거나 울 때는 정말 곤란했어요. 갑자기 온몸이 차가운 얼음덩이로 변한 것처럼 굳어지고 뭘 어찌해야 좋을지 모르는 고장 난 상태가 되어버렸으니까요. '이 문제를 어떻게 해결하지? 어떻게 이 상황을 해결해서 다시 원래 모습으로 돌려놓을 수 있지?' 하고 머리로 계산만 할 뿐 울고 있는 사람들이 한심해 보일 정도로 가슴은 차갑게 식어버렸죠. 난 진짜 어딘가 단단히 고장 난 사람이구나 느꼈지만 뭘 어떻게 해야 할지는 몰랐어요.

　이런 제 마음을 온전히 이해하게 된 날이 있었어요. 어떤 계기로 떠올린 건지는 기억나지 않지만, 고등학교 3학년 때 교실에서 있었던 일을 다시 떠올리며 그때의 마음을 바라보고 있었습니다.

고등학교에 입학한 첫날, 난생처음으로 내 마음을 터놓고 얘기할 수 있는 친구를 만났어요. 아직도 그 친구가 두 발에 검은 비닐봉지를 신고 부스럭부스럭 뒷문으로 들어와 제 뒷자리에 앉았던 순간이 생생하게 기억나요. 신발에 묻은 흙이 복도를 더럽힐까 봐 봉지로 두 발을 싸고 들어온 건데, 누구도 그런 모습으로 교실에 온 사람은 없었어요. 선생님이 시킨다 해도 중간에 다 벗어버렸죠. 고1이면 멋이 생명일 때니까요. 그런 우스꽝스러운 모습이 쑥스러웠는지 실없이 웃는 표정을 지으며 교실로 들어온 그 친구는 행동과 안 어울리게 정말 예뻤어요.

말을 나눠본 것도 아닌데 저는 이 친구가 좋았고, 우리 사이에 뭔가가 있을 것 같다는 생각을 했어요. 어떻게 친해졌는지는 기억나지 않지만 우리는 급격히 친해져서 매일 만나면서도 편지를 주고받고 쉬는 시간마다 수다를 떠는 둘도 없는 단짝이 되었죠. 그렇게 2학년까지 반이 달라져도 쉬는 시간마다 꼭 붙어 다니며 누가 봐도 절친인 사이로 지냈어요.

그런데 3학년이 되면서 친구의 집에 안 좋은 일들이 생기기 시작했어요. 부모님의 불화로 매일 싸움이 계속됐고 그 와중에 부모님 중 한 분이 크게 교통사고를 당하셔서 회복 불가능한 상태가 될 위기에 처하게 되었어요. 친구는 매일 힘든 얘기를 했고 저는 어찌해야 할지를 몰랐어요. 누구를 위로하는 일에 너무나 미숙했거든요. 그 문제를 해결해주고 싶지만 그건 고등학생인 저로서는 불가능한 일이었죠. 친구가 이렇게 힘들어하는데 나는 왜 점점 냉혈한이 되어서 친구에게 이런저런 충고나 하게 되는 건지 나 자신을 이해할 수 없었어요.

그러던 어느 날, 친구는 학교에서 울음을 참지 못하고 펑펑 울기 시작했어요. 다른 아이들이 울고 있는 친구의 주위를 둘러쌌어요. 같이 우는 아이도 있었고, 친구의 등을 감싸주며 토닥여주는 아이도 있었죠. 제일 친한 건 저였는데, 저는 멀찍이 떨어져서 그 모습을 보고만 있었어요.

그날 저는 친구에게 장문의 편지를 썼어요. 아직도 그 내용이 기억나요. "나는 내 문제를 해결할 수 있는 사람은 오직 나 자신이라고 생각해. 이 세상 어느 누구도 남의 문제를 대신 풀어줄 수 없어. 사람들은 힘든 마음을 위로해주고 같이 울어주기도 하지만 그건 어디까지나 남의 일이기 때문이야. 그건 문제를 해결하는 데 아무런 도움이 되지 않아."

저는 대단한 인생의 철학이라도 알려주는 듯이 이런 내용의 편지를 두세 장에 걸쳐 썼어요. 나중에 저 자신을 가장 미워했던 부분이 이거였는데, 지금 생각해도 그런 말을 쓰고 있던 저를 말리고 싶어요.

그 편지를 친구에게 주고 다음 날, 학교에 가니 책상 위에 친구의 답장이 놓여 있었어요. 기억나는 것은 한 문장이에요.

"독서실에 앉아 혼자 울어본 적이 없는 사람은 내 친구가 될 자격이 없어."

그 후로 우리는 마주쳐도 인사하지 않았고, 다시 만나는 일도 없었어요.

저는 그 시간으로 돌아가서 제 마음을 느껴봤어요. 대학에 간 이후에는 그 친구와 다시 연락도 하고 가끔 만나기도 해서 그 기억은 잊고 있었는데 다시 떠올리니 지금 일어나고 있는 일처럼 생생했죠.

가장 친한 친구가 울고 있는데도 등 한번 따뜻하게 토닥여 주지 못하는 내가 너무 한심하고 꼴 보기 싫었어요. 저는 제삼자가 되어 저를 욕했어요.

"이 한심한 머저리, 구제 불능의 고장 난 인간아. 너 같은 건 친구를 가질 자격도 없어."

제가 너무 미워서 그런 저를 똑바로 바라보기 힘들었어요. 지우개로 나란 사람만 싹 지우고 싶을 정도로요. 그렇게 욕을 하며 보는데 서서히 그때의 내 마음이 느껴졌어요.

"나보고 어쩌라는 거야. 어떤 위로를 바라는 거야? 위로하면 뭐가 달라져? 상황이 바뀌어? 왜 바보같이 울고 있는 거야. 제발 이성적으로 행동해. 다들 잘 될 거라는 책임도 못 질 말을 왜 그렇게 쉽게 하는 거야? 너무 싫어. 저런 무책임한 말이 위로가 된다고? 한심해."

그렇게 화를 내고 있는 마음을 느꼈어요. 그 분노는 자기 쪽으로 향하는 화살을 애써 피하려는 방어 같았어요. 시간이 흐르고 다른 마음이 올라왔어요.

"나한테 뭘 바라는 거야. 힘든 일은 혼자 해결하는 거야. 누구도 도와줄 수 없다고. 누구도 내 아픔을 알아줄 수 없고 해결해줄 수도 없어. 난 힘들 때 한 번도 누구에게 기대본 적 없어. 도움을 바란 적도 없어. 근데 왜 사람들은 힘든 일만 생기면 남들한테 도와달라고 난리냔 말이야. 왜 그렇게 약한 모습을 보여서 다른 사람을 힘들게 하는 거야? 혼자 해, 혼자 하란 말이야!"

그건 억울함이었어요. 또 나약한 모습을 보이는 것에 대한 수치심이기도 했어요. 저는 그 마음에 공감하며 거기에 함께 있었어요.

"난 항상 혼자 했어. 힘들수록 더 혼자 해결하려 했다고. 단 한 번도 위로받아 본 적 없어. 내 마음을 이해받아본 적도 없어. 그게 뭐야? 위로받는다는 게 뭐냔 말이야. 내 마음을 이해받는다는 게 어떤 건지 난 몰라. 한 번도 받아본 적 없단 말이야!"

눈물이 흘러내렸어요. 정말로 위로를 받아본 기억이 없었으니까요. 내 힘든 마음을 누구에게 털어놓은 적도 없고 이해받아본 적도 없다는 걸 분명히 알게 되니, 처음으로 그때의 저를 이해할 수 있을 것 같았어요.

"나도 이해해주고 싶어. 나도 위로해주고 싶고, 같이 울고 싶어. 근데 정말 모르겠어. 그게 되지가 않아. 몸이 움직여지지 않아. 난 그걸 어떻게 하는 건지 정말 몰라. 이해해주고 싶은데 그게 뭔지를 내가 정말 몰라서 해줄 수가 없어."

그때 친구에게 전하고 싶었던 제 진심을 만났어요.

"네가 아파서 내 마음이 너무 아파. 아무것도 해줄 수 없어서 괴로워. 너무 미안해."

그때 예전의 내가 얼마나 가슴이 아팠었는지를 처음으로 느꼈어요. 아무것도 해주지 못하는 마음이, 힘들어하는 걸 보고 있을 수밖에 없는 마음이 얼마나 아팠는지, 다른 사람은 쉽게 해주는 위로의 말조차 해주지 못해서 얼마나 괴로웠는지 모두 느껴졌어요.

친구와의 그 일이 있은 뒤로 저는 줄곧 자신을 미워하고 한심해하며 살았습니다. 아무 위로도 해주지 못하는 나, 누구도 이해해주지 못하는 나, 가장 사랑하는 친구를 이해해주지 못해서 그 친구를 잃어버린 나. 그런 나를 미워할 수밖에 없었죠. 그런데 그렇게 나쁘다고 비난만 했던 내 안에 그런 아픔이 있는 줄은 몰랐습니다. 진심으로는 친구를 이해해주고 싶은데 그러지 못해서 너무 미안해하고 있었다는 걸 아는 순간 자신에 대한 오해가 풀리며 눈물이 쏟아졌습니다. 사랑하는 친구를 이해해주지 못한 나는 나쁜 사람이 아니었습니다. 이해받은 적이 없어서 이해할 줄을 몰랐던 아픈 아이였을 뿐이었어요.

저는 '사랑하는 사람을 이해해주지 못하는 나'를 이해하기 시작했습니다. 놀라운 건 내가 나를 이해해주기 시작하면서 제 안에 이해받은 느낌이 자라나기 시작했다는 것입니다. 이해받지 못해서 아픈 마음이 이해받기 시작하니, 차갑게 얼어붙어 있던 마음이 서서히 녹아내렸어요.

어린 시절부터 저는 가족에게 기쁜 일은 얘기했지만 힘든 일은 혼자 끙끙 앓고만 있었어요. 부모님은 최선을 다해 사랑을 주셨지만 내 아픔을 털어놓을 수 있는 상대는 아니었어요. 정말로 마음이 아픈 걸 표현해본 적이 태어나서 한 번도 없었어요. "피곤하다, 짜증 난다, 화가 난다" 정도가 집에서 표현할 수 있는 가장 어두운 감정이었어요. 약한 모습을 보여본 적이 없었어요. 늘 그렇게 살아서 그게 당연한 건 줄 알았어요.

위로받아본 적 없어서 그걸 어떻게 줘야 하는지도 몰랐던 나를 스스로 위로하게 되었고, 그렇게 한참을 위로받고 나서야 저는 다른 사람을 위로해줄 수 있게 되었어요. 동시에 힘들 때나 가슴이 아플 때 가까운 사람들 앞에서는 눈물도 흘릴 수 있게 되었죠. 마음이 아파 울고 있어도 그게 진짜 사는 것 같았어요.

이 작업을 통해서 저는 우리가 받지 못한 것은 줄 수 없다는 걸 알았습니다. 더 정확하게는, 마음이 받지 못했다고 느끼는 것은 주고 싶어도 줄 수 없다는 걸 알았어요. 사랑받지 못했다고 느끼면 사랑을 주고 싶어도 못 준다는 것, 도움을 받지 못했다고 느끼면 도움을 주고 싶어도 못 주는 것이 우리의 마음이란 걸 알게 됐어요.

우리는 사랑할 때 행복하고 이해해줄 때, 도와줄 때, 위로를 줄 때 행복하도록 만들어졌습니다. 그럼에도 불구하고 사랑하지 못하고 이해해주지 못하고 도움과 위로도 주지 못할 때는 그런 것을 받은 경험이 없다고 느낄 때입니다. 그런 사람들은 너무 쉽게 나쁜 사람으로 낙인 찍히지만, 사실 그건 나쁜 게 아니라 아픈 거라는 사실을 저 자신을 보며 배웠습니다.

나는 그렇게 나쁜 사람이 아니었다는 것. 냉정한 줄 알았던 나는 사실 친구를 진심으로 사랑했고 아무 도움도 주지 못해 가슴 깊이 미안해하고 있었다는 걸 알았어요. 그 해방감이 얼마나 좋았는지….

이 사랑작업을 통해서 어떤 마음이 나쁘다고 여겨질 때는 의도적으로 '나쁜 마음이 아니라 아픈 마음이야'라고 되새기며 그 마음을 버리지 않고 마주하게 되었어요. 이 말은 마법의 주문과 같아서 순식간에 올라오는 '나쁘다'는 판단을 부드럽게 녹여주었습니다.

이 일이 있고 나서도 저는 이해받지 못한 마음과 관련된 아주 많은 기억을 대면했습니다. 이해받지 못한 마음, 그중에서도 아픔을 위로받아본 적 없는 마음은 굉장히 뿌리가 깊은 마음이었습니다. 어쩌면 우리 가족 모두가 앓고 있는 마음인 것 같았어요. 엄마, 아빠, 부모님의 부모님, 그 위로부터 한참을 이어져온…. 이 아픔을 수용하는 사랑작업은 이제 막 시작이었죠.

돌아보면 항상 어떤 마음을 나쁘다고 판단하는, 숨어 있는 저항이 사랑작업을 어렵게 만들었습니다. '판단 금지, 판단 금지.' 아무리 판단하지 말자고 결심해도 그게 쉽지 않습니다. 에고는 심판관이고 판단이 주요 업무인데 판단 금지라니요. 판단하지 말라고 하면 에고는 어떻게든 숨어서라도 판단하는 일을 지속하려고 합니다. 에고는 왜 이렇게 판단을 놓지 못할까요?

이유는 하나입니다. 아프니까요. 그 마음이 아파서 대면하기가 두려운 것입니다. 그래서 아픈 마음을 자꾸 나쁘다고 합니다. 나쁘다고 버리면 그 아픔으로부터 자기를 지킬 수 있을 것 같으니까요. 그러니 우리는 두려움에 떨고 있는 에고에게 자꾸 들려주어야 합니다.

"나쁜 마음이 아니라 아픈 마음이야. 그 아픔은 거짓말을 믿고 있단다. 우리는 아픈 마음을 껴안고 그 거짓 너머로 갈 수 있어."

저는 지금도 이 말을 주문처럼 외웁니다. 나쁜 마음이 아니라 아픈 마음. 마법처럼 거기서부터 다시 마음이 흐르기 시작합니다.

사랑작업의 주요 원칙들은 시간이 지나도 달라지지 않습니다. 하지만 꾸준히 하다 보면 사랑작업은 점점 더 단순해져 갑니다. 저는 많은 실수 덕분에 아주 단순한 방법을 배웠어요. 분석하는 마음에 빠지지 않고 사랑작업 하는 방법을요.

마음에 불편함, 아픔, 괴로움이 느껴지면 먼저 내 마음의 엄마를 찾습니다. 내가 어떤 모습이든, 어떤 행동을 하든 나를 조건 없이 사랑해주는 엄마를요. 모든 사람의 마음에는 이런 엄마의 마음이 있습니다. 분명히 있어요. 늘 있지만 잊은 것뿐이에요. 그러니 평소에도 자주 이 엄마의 모습을 그려볼 필요가 있습니다.

세상의 어떤 기준에 맞춰서 상상할 필요가 없고 전적으로 내 기준으로, 내가 사랑받는 느낌을 체감할 수 있는 형태로 완벽한 어머니의 모습을 그려보면 됩니다. 이 과정에서 내 현실 엄마의 이미지가 방해가 될 수 있는데 계속 연습하다 보면 그 또한 넘어설 수 있습니다.

그런 엄마의 조건 없는 사랑의 눈빛을 떠올릴 수 있으면 이제 내 현재의 솔직한 마음을 가감 없이 털어놓습니다. 어떤 비난도, 판단도 하지 않는 사랑 앞에 내 있는 그대로의 모습을 다 드러낸다는 마음으로 나의 괴로움과 아픔을 표현하면 됩니다. 어떤 곳이든 상관없이 비추는 태양처럼 그 사랑은 내 어떤 모습이건 빛으로 비추어서 밝혀줍니다.

엄마, 엄마 하고 그냥 불러보세요. 감정을 싣지 않아도 됩니다. 그냥 소리 내어 말해보세요. '여보세요' 하고 전화 받을 때처럼 엄마, 하고 입 밖으로 꺼내서 말해보는 거예요. 그렇게 시작해서 차츰 내가 찾던 엄마가 곁에 온 것처럼 느껴질 때까지 꾸준히 해보는 거죠. 그리고 엄마에게 현재 내 감정 그대로 솔직하게 말해보세요.

엄마, 내가 너무 못나서 힘들어요.
나 같은 건 잘 살 수 없을 거예요.
이렇게 가난하게 살다가 죽을 거 같아요.
난 여기서 벗어날 길이 없는 무능한 인간이에요.
이렇게 사는 내가 너무 싫고 가슴이 답답해요.

어떤 말이든 하세요. 솔직하게 내 아픔을 다 드러내세요. 내가 까맣게 잊은 내 온전함을 알고 있는 엄마의 눈앞에서 이 이상한 행성에서 얻어온 괴로움들을 모두 털어놓으세요. 척척박사님처럼 의젓하게 앉아서 내 마음을 분석하는 게 아니라 친구한테 얻어터지고 울면서 엄마의 치마폭으로 달려드는 아이처럼 하세요. 엄마 품에 한참 울고 나면 다 괜찮아져서 이제 배고프니 밥 달라고 하는 아이처럼… 그렇게 단순하게요.

마찬가지로 나를 조건 없이 사랑해주는 아빠의 모습도 그려 보세요. 내가 받기를 원했지만 받지 못했던 아빠의 사랑을 채워 넣으세요. 이 사랑의 아빠와 엄마의 눈길 속에서 원래 내가 가진 온전함을 되찾으세요. 꼭 아픈 마음을 보려는 때가 아니더라도 이 아빠와 엄마를 만나 시간을 보내세요. 어린아이가 되어 든든한 아빠의 무등을 타고 숲길을 산책하세요. 해보지 못한 장난을 치며 아빠랑 놀고 엄마의 따뜻한 품에서 잠드세요. 계속해서 이 조건 없는 사랑의 에너지 속에서 노는 시간을 가지세요. 이렇게 조건 없는 사랑의 에너지에 익숙해지면 수용하기가 더욱 쉬워집니다. 그러면 단순하게 기쁘게 따스함 속에서 사랑작업을 할 수 있답니다.

제가 이 방법을 배우는 데는 아주 오랜 시간이 걸렸습니다. 저는 오래 걸렸지만 어떤 분들은 이것부터 해보실 수도 있을 거예요. 어떻게 보면 어린아이의 장난 같기도 하죠. 저도 알아요. 하지만 우리가 사랑으로 나아가는 길이 이보다 어려우면 안 되는 거 아닐까요?

사실 우리가 문제라고 하는 모든 것은 이 조건 없는 사랑의 존재로부터 버려졌다는 착각에서 생긴 것들이기 때문에 이 사랑의 빛을 만나고 나면 문제라는 것이 사라지게 됩니다. 우리가 일상에서 어떤 문제를 만나든, 그 문제 안에는 내가 보지 않으려는 아픔이 숨어 있습니다. 그 아픔을 발견했을 때 지체하지 말고 이 조건 없는 사랑 앞에 그 아픔을 가져가는 것, 저는 그것이 삶을 단순하고 기쁘게 살 수 있게 해주는 지름길이라고 생각합니다.

4부

사랑작업 중
빠지게 되는 함정들

사랑작업을 하다 보면 흔히 저지르는 실수가 있어요. 바로 아픈 나에게 정답을 말하는 거예요. 사랑작업을 할 때, 내가 잘 하고 있는지 궁금하시면 내가 하고 있는 걸 누군가 나에게 그대로 해주고 있다고 대입해서 생각해보세요. 내가 오늘 무시당해서 아픈 마음인데, 내가 사랑하는 사람이 지금 내가 하듯이 나를 대하면 내 마음이 어떨까 하고요.

내가 "나 오늘 회사에서 상사한테 무시당했어"라고 말했다고 해요. 그럼 우리는 주로 나에게 어떤 이야기를 하나요?

너 아직도 남의 눈 의식하니? 세상에 중요한 건 자기 자신뿐이야.

다른 사람의 인정을 구하는 건 바보 같은 짓이야. 자기가 인생의 주인이 돼야지.

상사가 무시했다고 속상해하는 건 상사 탓이 아니야. 네가 자기 자신을 무시하기 때문이지.

그게 다 자존감이 낮아서 그래. 자존감을 좀 가져봐.

틀린 말 하나 없는 정답들이죠. 하지만 이 상황에서 이건 정답이라 더 나쁜 말입니다. 차라리 틀린 말이면 덜 아플 거예요. 그럼 반박이라도 할 텐데 너무 옳은 말이라 더 아픈 거예요. 이런 옳은 말이 아픈 사람에게는 더 날카로운 바늘이에요.

옳은 말을 했는데 그게 왜 나쁘냐고요? 말에는 항상 의도가 숨어 있어요. 말의 내용이 옳고 그른 것보다 중요한 것은 그 말에 담긴 의도예요. 지금 무시당해서 아픈 마음은 나에게 내 무의식에 정체된 아픔이 있다고 신호를 보내는 중이에요. 내가 그 신호를 잘 받아들여서 마음속을 들여다보면 스스로 그 아픔이 거짓인 걸 알고 놓아버릴 수 있어요. 나에겐 그런 능력이 있어요. 스스로 정답을 찾을 수 있는 능력이! 그런데 아픈 나에게 저 정답들을 말할 때 그 말의 숨은 의도는 이거예요.

"무시당했다는 이런 비참한 감정은 꼴도 보기 싫어. 제발 그런 감정 좀 갖지 마."

우리는 스스로를 인정할 수 있는 힘이 있고 누군가가 나를 무시해도 감정적으로 거기 휘말리지 않고 내 자존감을 지킬 수 있어요. 그래서 누군가가 나를 무시했을 때 속상한 감정은 상대방이 아닌 내 책임이에요. 모두 정답이에요. 하지만 그 정답은 내 안에서 솟아나는 것이어야지 억지로 머리로 주입해야 하는 것이면 내 것이라 할 수 없어요.

이 상황에서 정답을 말하는 건 전부 이 순간 느껴지는 부정적인 감정을 느끼지 말라는 저항이에요. "부정적인 감정은 보지 마. 그런 감정은 들여다볼 필요도 없어"라며 내면아이가 보내는 신호를 꺼버리는 것이죠.

진실은 내 존재에 새겨져 있고, 나는 아픔이 보내는 감정이라는 신호를 따라 들어가 진실을 찾을 수 있음을 기억하세요. 그리고 지금은 공감의 힘으로 내 아픔이 보내는 신호를 따라가보는 거예요.

"왜? 왜 너를 무시했대? 말해봐…. 너 정말 지쳤구나. 힘이 하나도 없네. 나한테 말해봐. 웃기는 놈이네. 널 왜 무시했대?" 정답을 말하며 내 얘기에 귀를 막는 사람보다는 이렇게 관심 가지고 나에게 물어봐줄 사람이 필요한 건데. "너무 아팠겠다. 그 말 진짜 속상했겠다. 너 이렇게 아픈 거 너무 당연해. 너무 아팠지…?" 이렇게 나보다 더 내가 된 것처럼 같이 아파해줄 사람이 필요한 것뿐인데.

이 사람이 바보라서 내 말에 공감해주는 걸까요? 아니요, 내가 스스로 정답을 찾을 수 있는 사람임을 알기 때문에 아이같이 올라온 감정과 함께 머물러주며 나를 위로해줄 수 있는 거예요. 우린 이걸 못해서 작은 아픔도 엄청 크게 만들고, 작은 상처에도 높은 방어벽을 쌓으며 살아왔어요.

무시당한 나, 버림받은 나, 무가치한 나, 못생긴 나, 볼품없는 나, 실패한 나, 인정받지 못한 나, 폭력적인 나, 비겁한 나,

욕심 많은 나, 두려워하는 나, 무서워서 벌벌 떠는 나, 시기 질투하는 나, 남의 것을 훔치고 싶은 나, 남을 미워하는 나, 조롱받는 나, 아픈 나, 무기력한 나….

이런 수많은 모습의 나는 나에게 버림받고 무시당하고 잊힌 채 내 안에서 오늘도 기다리고 있습니다. 이런 나라도 받아주면 안 되겠냐고, 이런 나라도 바라봐주면 안 되겠냐고, 이런 내 모습 그대로 한 번만 안아주면 안 되겠냐고 물으면서요.

우리가 이런 내 모습을 없는 척 숨겨버리고 계속 무시하면 현실이 이런 내 모습을 보여주기 위해 움직입니다. 사람들이 나를 무시하는 건, 내가 무시당한 나를 봐주지 않기 때문입니다. 이렇게 보여줄 테니 한 번만 안아달라고 부탁하는 겁니다.

세상이 내 내면의 거울이라는 말은 이런 뜻입니다. 내가 사랑하지 못한 내 모습을 이제는 사랑해달라고 나에게 비춰주는 것입니다. 오늘 어떤 일에 가슴이 답답하고 불편했다면, 내가 오늘 어떤 내 모습을 보기 싫었는지, 어떤 모습을 거부하고 싶었는지 자신에게 물어보세요. 이 순간 어떤 일이 일어나길 원하는데 원하는 그 마음이 너무 조급하고 불편하다면, 그 일이 일어나면 어떤 내 모습을 더 이상 보지 않아도 되는 건지 살펴보세요.

바로 그 아이를 피해 달아나려고 내가 그렇게 조급한 거랍니다. 달아나지 말고 한 번만 그 아이를 바라보세요. 내가 절대로 바라보고 싶지 않은 내 모습, 다시는 경험하고 싶지 않은 내 감정. 그걸 안아달라고 현실은 계속 내 앞에 그 아이를 데려다 놓고 있는 거니까요. 내가 제일 싫어하고 미워하는 사람들도 내가 가장 받아들이기 싫은 내 모습을 보여주고 있는 거랍니다.

행복은 이 세상에서 뭔가를 얻고, 이루고, 가지는 데서 오는 것이 아니라 내 안에 살고 있는 모든 아이를 따뜻한 빛이 있는 집으로 데려오는 데 있습니다. 못난 아이, 무시당한 아이, 분노하는 아이, 참을성 없는 아이, 아픈 아이, 나약한 아이…. 이 모든 아이가 우리 의식의 빛 안에서 우리에게 안길 수 있을 때가 비로소 우리 마음이 편안하게 안도하게 되는 때입니다. 이 깊은 안도의 자리로 우리 기억 속에 남아 있는 버림받은 아이들을 데려오기 위해서 정답을 버리고 그저 듣는 마음, 함께하고자 하는 마음만 남겨주세요. 그렇게 들어주고 함께해주고 안아주면 아이가 스스로 정답을 가져올 거니까요.

정답을 말하지 않아도 아이는 스스로 알게 될 거예요. 위로받은 감정은 흘러가고 거짓도 함께 사라집니다. 정답은 우리 내면에 새겨져 있고 아픔이 사라진 자리에서 저절로 솟아납니다. 그러니 내 존재 안에 새겨진 것을 믿고 사랑의 얼굴만 남기면 됩니다.

어떤 말이든, 어떤 감정이든 털어놓을 수 있도록 사랑의 얼굴로 나 자신을 바라봐주세요.

똑똑한 엄마보다 따뜻한 엄마가 백배는 좋은 거랍니다.

조건 없이 이 순간 있는 그대로의 나를 껴안는 사랑작업은 아주 단순하지만 사실은 굉장히 어려운 요구이기도 합니다. 왜냐하면 내가 지금껏 살아온 패턴과는 완전히 반대되는, 전혀 다른 것을 요구하기 때문이죠.

사랑작업을 할 때 우리를 계속 제자리걸음 하게 만들고, 계속 함정에 빠지게 하는 마음이 하나 있어요. 그건 사랑작업을 '더 나은 사람이 되려고' 하는 거예요.

사랑작업은 딱 이것만 하면 돼요.

1. **내 느낌을 바라보는 걸 인생의 1순위로 둔다.**
2. **지금 나에게 느껴지는 느낌을 아무 조건 없이 있는 그대로 느끼고 경험한다.** (통제, 저항, 변형, 없는 척하지 않기)

그런데 여기에 아주 중요한 전제가 있습니다. 있는 그대로 느끼고 경험하는 것은 나를, 현실을, 세상을 바꾸려고 하는 것이 아니라는 거예요. "뭐? 젠장 어쩌란 거야!" 하는 말이 툭 튀어나올 정도로 이 부분이 너무 어렵죠? 저도 이걸 못해서, 이걸 몰라서 10여 년을 헤맸으니까요.

만약 우리가 더 나은 미래의 어떤 상태를 목표 삼고 사랑작업을 한다면, 이 작업은 에고가 주인이 된 또 하나의 노력이 될 것입니다. 내 힘으로 부족하고 결핍된 나를 완전하고 완벽한 나로 완성하겠다는 것이죠.

에고는 항상 부족, 결핍을 봅니다. 하지만 세상은 '외부는 내면의 반영'이라는 원칙대로 움직입니다. 그렇기에 어떤 내면작업을 하든, 어떤 수행을 하든 현실은 최초의 전제에 따라 내 부족하고 결핍된 모습을 계속해서 반영해주게 됩니다. "지금의 나는 너무 부족한 존재야. 사랑작업을 열심히 해서 더 나은 성숙한 인간이 될 거야"라고 한다면 위에서 제가 말한 2번, 있는 그대로 느끼고 경험하기를 제대로 할 수가 없습니다. 애초에 지금의 나란 존재를 바꾸고 변형시키기 위해 시작한 것이기 때문에 바꾸거나 변하게 하지 않고 나 자신을 있는 그대로 느끼기가 불가능해지는 것이죠.

물론 끊임없이 사랑작업을 연습하면서 서서히 감을 잡아갈 수도 있습니다. 한 번이라도 조건 없이 수용하는 경험을 제대로 하게 되면 '아, 내가 사랑이었구나. 지금 이대로 나는 사랑이구나'라는 것을 알게 되고, 그러면 자연스럽게 더 나은 무엇이 되려는 패턴에서 벗어날 수 있습니다.

하지만 고집스럽게 에고의 목표 달성 패턴을 따라 사랑작업을 하다 보면 점점 지치게 되고, 이렇게 열심히 했는데도 변한

게 없네 싶고, '도대체 언제까지 두려움이 올라오는 거야?' 하며 불만스러워지게 됩니다. 잠시라도 무언가가 되려는 마음을 내려놓고, 그저 지금 있는 그대로의 나, 이 내가 가엾어서라도 그냥 한번 솔직히 들여다봐주고 안아줘야겠다는 마음이 필요합니다. '성공하고 부자 되고 다 이루면 뭐해. 내가 날 사랑 못하면 끝이잖아' 하는 맘이라도 말이에요.

그래서 온전히 지금의 나를 들여다봐주고 알아봐주려는 마음으로 사랑작업을 할 때, 그때에만 이 작업은 진짜 힘을 발휘할 거예요.

종교는 없지만 CCM을 좋아해서 자주 듣는데, 그중 이런 노래 가사가 있어요.

내가 주인 삼은 모든 것 내려놓고
내 주 되신 주 앞에 나가
내가 사랑했던 모든 것 내려놓고
주님만 사랑해
주 사랑, 거친 풍랑에도 깊은 바다처럼 나를 잔잔케 해
주 사랑, 내 마음의 반석, 그 사랑 위에 서리

저는 여기서 '주'를 조건 없는 사랑이라고 생각해요. 우리의 내면에서 우리를 조건 없이 사랑하는 신이요. 그렇게 생각하

고 이 가사를 보면, 사랑작업을 할 때 어떤 마음이어야 하는지를 아주 잘 알 수 있습니다.

내가 삶에서 주인으로 삼았던, 내가 사랑하고 원했던 모든 것을 내려놓는 것이 시작입니다. 지금까지 내가 주인으로 삼았던 것들은 부족하고 모자란 나를 채워줄 것으로 여겼던 돈과 성공, 명예, 인정 같은 것들입니다. 하지만 내가 나 자신을 결핍된 존재로 여기고 사랑하지 않을 때 그것들은 나의 주인이 되고 나는 그것의 노예가 되어 살아가게 됩니다.

내가 사랑하고 원했던 것들 역시 마찬가지입니다. 지금의 부족하고 모자란 나를 채워주리라 믿었던 대상들이죠. 그것들은 내가 나를 온전히 사랑하지 못한다는 증거였을 뿐입니다.

사랑작업의 시작에 우리는 이것들을 내려놓습니다. 그리고 오직 조건 없는 사랑만을 바라고 구하는 것입니다. 조건 없는 사랑을 우리가 주인으로 삼으면 그것은 우리를 노예로 만들지 않습니다. 사랑은 우리에게 삶의 주인 자리를 되돌려줍니다. 그 사랑은 삶에 어떤 풍랑이 일어도 나를 흔들리지 않게 지켜줍니다. 내 마음은 그 사랑 안에서 안전하고 평화롭습니다.

두려움도 그 사랑 안에서는 평화를 얻습니다. 모든 것을 알고, 모든 것을 할 수 있는 신이 아무 조건 없이, 무한히, 지금 이대로의 내 모습 그대로를 사랑하고 있다는 사실. 우리는 자신의 내부에서 이 진실과 만나려고 사랑작업을 합니다. 여전히 누군가가 밉고, 죽이고 싶도록 살의가 일어나는 순간에도 신은 그런 나를 있는 그대로 수용하고 있습니다. 신은 내 존재에 모든 진실을 새겨놓고 나를 믿고 바라봅니다. 그 사랑이 모든 것을 녹입니다. 그 사랑의 시선을 내가 나 자신에게 주는 것이 사랑작업입니다. 증오, 원망, 혐오감, 불신, 이 모든 어두운 감정들을 따라가다 보면 사랑받지 못했다고 느낀 어린아이가 있을 뿐입니다. 그래서 사랑은 내 모든 어둠을 녹일 수 있습니다. 우리는 단지, 사랑으로부터 버림받았다고 오해했던 것뿐이니까요.

우리는 지금 이 순간 평화를 얻을 수 있어요. 더 훌륭한 성인이 된 후에, 사랑작업을 더 많이 해서 두려운 게 없어졌을 때 그때야 우리가 평화로워질 수 있다면 돈과 성공과 명예를 기다리며 현재를 하나의 수단으로 삼는, 세상이 가르쳐준 삶의 방식과 조금도 다를 바 없는 길이 될 것입니다.

이 그림을 떠올려보세요. 내 내면에 빛과 어둠을 지닌 많은 어린아이가 있습니다. 그리고 그 어린아이들을 아무 조건 없이 모두 사랑하는 무한한 사랑의 신이 있습니다. 그 사이에 나의 작은 자아(에고)가 있습니다. 나라는 이 작은 자아가 하는 일은 이 어린아이들과 사랑의 신 사이에 서서 사랑받을 만한 아이와 버림받아야 할 아이를 구분하는 것입니다. 사랑받을 만한 아이는 내세우고 버림받아야 할 아이는 숨기고 없애려 합니다. 그리고 이 버림받아야 할 아이들을 변화시키기 위해 온갖 노력을 합니다.

나라는 작은 자아의 허락과 인정 없이는 이 버림받은 아이들은 사랑의 신과 만날 수 없습니다. 의식의 빛 안에 살지 못하고 무의식 속에 버려진 이 아이들을 똑바로 바라보는 기회를 주기 위해 삶은 우리의 현실 안에 계속해서 우리가 버린 아이들의 모습을 출현시킵니다. 나 자신의 모습으로, 내 앞에 나타난 타인의 모습으로, 우리가 버린 아이들은 계속해서 나타납니다.

이 버림받은 모습이 나타나는 이유는 단 하나입니다. 항상 에고의 심판을 받던 이 아이들에게 조건 없이 사랑받을 기회를 주려는 것입니다. 그래서 우리가 재앙이라 부르는 순간들조차 사랑의 기회가 되는 것입니다. 이제 우리가 할 일은 무엇일까요?

내면의 아이들과 사랑의 신 사이에서 심판하고 분별하고 변화를 위해 노력하던 모든 애씀을 멈추고 옆으로 비켜서는 것입니다. 사랑이 내가 노력으로 만들어낼 수 있는 것이 아님을 인정하고 항복하는 겁니다. 통제하려는, 노력하려는, 변화시키려는 모든 노력을 포기하는 것입니다. 우리가 포기하면, 사랑의 신과 버림받은 내면의 아이들은 이 순간 만날 수 있습니다.

그래서 "노력하지 말아라", "노력 없는 노력이다" 이런 말들이 나오는 것입니다. 자기사랑은 먼 훗날에 도달하는 무엇이 아니라 지금 이 순간 이 사실을 받아들임으로써 즉각적으로 일어나는 일입니다. 내 안에 두려움이 많아도 조건 없는 사랑은 그런 내 모습 그대로를 지극히 사랑합니다. 신의 눈에 '두려움이 많은 나'는 '앞으로 경험할 사랑의 기회가 많은 사람'일 뿐입니다. 그것이 나를 덜 사랑할 이유가 되지 않습니다.

우리가 이 순간에 편안한 마음으로 사랑을 향해 완전히 가슴을 열지 못하는 이유는 너무 자주 실망해왔기 때문입니다. 지금 이 순간 '아, 사랑을 알았어. 난 정말 사랑받고 있어!'라고 느끼더라도 다음 순간 내가 미워하는 사람이 나타나거나 내가 두려워하는 사건이 일어나면 언제 사랑을 느꼈냐는 듯이 고통을 느끼며 '역시 난 이런 인간일 뿐인데'라고 실망했던 경험이 많았던 거죠. 그러니, 이 순간 사랑에 내 가슴을 다 열어놓으려다가도 '난 아직 부족한 인간인 걸 알잖아. 방심하지 마. 그러다 또 실망하고 말걸' 하게 되는 겁니다.

하지만 이런 식이라면 우리는 한없이 기다리다가 현재를 잃어버릴 수밖에 없습니다. 내 안에 남아 있는 두려움은 내게 남아 있는 사랑의 기회입니다. 지금 사랑을 향해 내 가슴을 열고 그 사랑을 느끼고, 다음 순간 두려움이 올라오면 그것을 내 사랑이 더 확장할 기회로 여기고 있는 그대로 경험하고 받아주면 됩니다.

"사랑에 대해 다 아는 척하더니 이것 봐라. 조금 싫어하는 사람만 나타나도 얼굴이 굳어지면서 무슨 사랑이야?" 에고는 이런 식으로 우리의 두려움을 우리의 결핍으로 만들려 할 겁니다. 그럴 때마다 우리는 두려움이 결핍이 아닌, 버림받은 아이를 사랑의 품으로 돌아오게 할 고마운 기회임을 알아봐야 합니다.

내가 주인으로 삼았던 모든 것, 내가 사랑받기 위해 세상에서 이루고자 했던 모든 것, 내가 되고자 했던 인간의 이상적인 모습. 그 모두를 내려놓고 지금 이 모습 그대로 나를 사랑하고 있는 조건 없는 사랑을 인정하는 것. 그 사랑은 내 노력과 애씀으로 얻는 것이 아니라 세상의 시작부터 나에게 주어진 것이었음을 알고, 내가 만들어내는 그 어떤 것도 그보다 나은 것일 수 없음을 인정하는 것. 그것이 우리가 해나갈 사랑작업이어야 합니다.

사랑작업을 하면서 끊임없이 떠오르는 생각을 어떻게 멈출 수 있는지 몰라 답답해지는 순간도 있을 거예요. 사실 많겠죠. 나도 모르는 사이 생각에 빠져드는 경우도 많고요.

저도 예전에는 생각을 멈추려는 노력을 많이 했었어요. 슈리 푼자♥의 책에서 한 생각이라도 올라오면 야구방망이로 쳐내듯이 멀리 쳐버리라는 이야기를 읽었을 때는 그렇게 해봤고요. 올라오는 생각을 그저 지켜보라는 가르침대로 그저 지켜보기도 해봤는데 잠깐 집중할 때 빼고는 도루묵이 되더라고요. 또 바이런 케이티의 '네 가지 질문'을 좋아했는데(지금도 좋아합니다) 저는 이걸 또 머리로만 했었어요. 그땐 머리로 하는 줄도 몰랐지만요. 열심히 네 가지 질문을 하고 나서 일상으로 돌아가면 여전히 같은 일에 또 같은 반응을 하는 나를 보며 실망도 많이 했죠. 야구방망이로 쳐낸다 치면 저는 하루 종일 야구만 해도 모자랄 정도로, 수없이 많은 생각이 내가 막을 틈도 없이 저절로 올라왔으니까요.

어쨌든 이 모든 방법에 저는 실패했고, 생각을 없애려는 노

♥ 슈리 푼자, 《그대는 신이다》, 슈리크리슈나다스아쉬람, 2012.

력도 포기했어요. 그런데 느낌에 주의를 두기 시작하면서 생각에 빠져 있는 시간이 현저히 줄어들었어요. 그러면서 이 사실을 알았죠.

생각은 상처가 있는 자리에 고인다.

생각은 반창고 같은 거였어요. 상처받은 감정을 느끼는 게 너무 무서우니까 그 상처를 어떻게든 방어하기 위해서 계속 생각을 일으키는 거예요. 여러분은 언제 가장 생각을 많이, 집중적으로 하게 되나요? 저는 어떤 '문제'가 발생했을 때, 그걸 해결하기 위해 집중적으로 생각을 하게 돼요.

그 '문제'라는 것은 항상 부정적인 느낌을 동반합니다. 부정적인 느낌이 드는 상황을 우리는 '문제'로 인식하고 그 문제(부정적 느낌)를 해결하기 위해 두뇌를 풀가동해서 생각을 하게 되는 것이죠. 다시 말하면, 부정적인 느낌이 들게 만든 상황 자체를 제거하거나 바꾸기 위해 생각을 이용하려 한다는 겁니다.

이것은 사실 부정적인 느낌을 절대 느끼지 않으려는 저항의 일환입니다. 문제 상황이 일어났을 때, 자연스럽게 올라오는 부정적인 느낌을 '없애야 할 것', '나쁜 것'으로 판단하지 않고 그것 그대로를 온전히 느끼게 되면 그 문제 상황이 사실은 내 무의식에 있던 어떤 진실이 아닌 생각에서 나온 것임을 확인할 수 있습니다.

우리 삶에서 일어나는 모든 문제 상황은 사실 우리 무의식에 있던, 진실에서 먼 생각이 일으킨 것입니다. 그 생각은 항상 어떤 느낌으로 우리에게 신호를 줍니다. 이 신호를 잘 수신해서 그 생각을 발견하고 놓아버리라는 신호입니다. 그런데 우리는 그 느낌 자체를 없애려 저항하고 그 상황에 문제가 있다고 오해합니다. 내 무의식의 반응이 괴로움을 일으킨다는 걸 모르고 그 상황을 바꾸기 위해 생각을 일으키는 것입니다. 무의식을 정화해야 하는데 거울인 현실을 바꾸려 하는 것이죠.

생각은 이런 식으로 상처의 자리에 고이고 또 고여서 자기만의 철학을 만들어내죠. "절대 피해야 할 인간 유형 다섯 가지", "당신에게 도움이 되는 사람 구별하는 방법." 이런 이론들은 모두 우리가 우리의 상처를 보호하기 위해 만들어낸 생각들을 담고 있습니다.

'이런 아픈 감정을 느끼지 않기 위해서는 어떻게 해야 할까? 다시는 이런 상황을 만나지 않으려면 어떻게 해야 하지? 이런 상황에서 내가 어떻게 행동해야 상처를 받지 않을 수 있지? 이런 상황을 일으키는 사람들은 대체로 어떤 유형이지? 내가 앞으로 어떤 걸 갖추면 이런 상처를 받지 않을 수 있지?' 이렇게 부정적인 느낌을 다시는 느끼지 않을 수 있도록 머리를 써서 연구하는 것이죠. 현실을, 나와 세상과 사람들을 통제하려는 것입니다.

이런 행동은 원인인 나의 내면은 그대로 놔두고 거울인 현실을 바꾸겠다는 것입니다. 반대의 경우도 마찬가지죠. 에고는 부정적인 느낌은 피하고 긍정적인 느낌은 최대한 많이 얻으려고 고군분투합니다. 좋은 감정을 더 많이 느끼려면 어떻게 해야 할까? 긍정적인 감정을 느낄 수 있는 상황을 더 많이 만들어내려면 내가 어떻게 행동해야 하지? 내가 어떤 조건을 갖춰야 매일 매 순간 긍정적인 느낌만 느낄 수 있을까? 나에게 도움을 주는 사람들은 어떤 유형이지? 등등. 생각이란 대부분 이런 식입니다. 아무리 고상한 생각이라 할지라도 깊게 들여다보면 여기서 벗어나는 일은 거의 없어요.

이런 생각에서 벗어나는 길은 이렇게 정리할 수 있습니다.

1. 이 현실을 만드는 것이 내 내면(무의식)임을 안다.
2. 무의식은 항상 느낌을 통해 신호를 준다는 것을 안다.
3. 현실의 문제를 머리로 해결하는 것이 불가능함을 알고, 오직 느낌에만 주의를 기울인다.

생각, 머리로는 아무것도 해결할 수 없음을 깊이 체험하고 포기하게 되면 생각은 점점 줄어들어요. 생각이 많이 떠오르는 상황에서도 오직 느낌에 주의를 기울이면 구름이 생겨나고 사라지는 것처럼 생각이 전혀 문제가 되지 않습니다.

그래서 저는 생각에 대해서 거의 신경 쓰지 않아요. 특별한 능력이 있어서가 아니라 생각이 문제를 해결할 힘이 없다는 걸 알게 되었기 때문이에요. 또, 느낌에 주의를 기울이고 있으면 생각에는 거의 집중하지 않게 돼요. (주의를 둔다는 건 에너지가 소모되는 일이 전혀 아닙니다. 그저 주의를 느낌에 두면 생각은 별로 신경 쓰지 않게 된다는 뜻입니다.) "생각을 없애야 해, 없애야 해"하며 노력하는 것도 에고가 일으키는 하나의 노력이고 저항이랍니다. 오직 느낌에 주의를 기울이고, 강한 느낌이 올라오면 그것을 피하지 않고 느낌으로써 그 느낌의 신호를 온전히 받아주세요. 그러면 그 느낌을 일으킨 바탕 생각이 무엇인지를 똑똑히 볼 수 있어요.

분노와 슬픔을 온전히 느껴준 다음 '난 너무 못났어'라는 생각을 만나면 그 생각이 내 아픈 현실을 만든 원인이었음을 알게 됩니다. 그러면 감정의 에너지를 모두 털어낸 생각을 쉽게 놓아줄 수 있게 됩니다.

사실 생각을 놓아주는 것도 아닙니다. 감정이 수용되고 나면 마치 꿈에서 깬 것처럼 정신이 차려지거든요. 내가 못난 존재라고 믿었다는 게 너무 황당한 생각이라 웃음이 날 정도로요. 그 생각은 못나서 버림받은 느낌에 저항하는 마음이 일으킨 것이라 아픔이 수용되는 과정에서 그런 생각을 일으키는 내면아이가 사라지면 이 생각도 사라집니다. 이런 식으로 진실이 아닌 생각들은 모두 흘러가버립니다. 그 대부분은 어린 시절 상처받은 아이의 오해로 생겨난 말도 안 되는 억측임을 볼 수 있게 되고요.

생각, 특히 무의식에 담겨 있는 생각들은 분명히 현실을 만들어내는 힘을 가지고 있습니다. 그래서 무의식에 정박해 있던 거짓 생각들이 사라지면 현실도 거기에 반응하며 달라지는 거죠. 그러니 생각을 지어내서 현실을 바꾸려 할 것이 아니라 무의식의 생각이 보내는 감정의 신호를 잘 받아들여서 무의식 속 생각을 놓아주는 것만이 우리가 해야 할 일입니다.

어떤 일에 대해 너무 많은 생각이 떠오른다면 그 생각이 상처에 고이고 있다는 걸 알아채시고, 그 생각들이 방어하려고 하는 아픈 상처가 무엇인지를 바라보세요. 어떤 부정적인 느낌으로부터 도망치려 하는 건지를 보세요. 생각에 사로잡혀 있음을 알아차리면 그 생각이 어떻게 느껴지는지 자문하면서 몸과 마음으로 느껴보세요. 그리고 그 느낌을 온전히 느껴서 원인이 되는 무의식의 생각을 만나세요. 그 생각을 놓아버리면, 그 생각이 현실에서 만들어내던 문제 상황은 저절로 풀립니다.

뭐든지 억지로는 되지 않더라고요. 현실을 바꿔야만 문제가 해결된다고 믿고 있으면 생각을 멈추기란 불가능한 일이 되겠죠. 우리의 의식과 현실의 관계를 잘 알게 되면 자연스럽게 생각에서 느낌으로 주의를 옮기실 수 있을 거예요.

마음공부를 하다 보면 '내맡긴다'는 얘길 많이 듣죠. 그런데 그건 또 어떻게 해야 하는지, 도대체 내맡긴다는 건 뭔지 감을 못 잡고 어렵게 느껴질 수 있어요.

우리가 하려는 이 사랑작업은 에고를 내려놓고 완전히 사랑에 맡기려는 것입니다. 내가 막 더더 느끼겠다, 더 깊이 내가 느껴줄 거야, 내가 다 뿌리까지 느껴준다⋯. 이런 뉘앙스로 사랑작업을 한다면 그건 에고가 하고 있는 것이 되는 거예요. 판단하지 않고 절대적으로 공감하며 함께 경험하는데 그래도 뭔가 남아 있는 것 같고, 내가 보지 못하는 무의식의 영역이 있는 것 같으면 사랑에게 맡기면서 나에게 적당한 때에 가장 좋은 방법으로 나타나줄 것을 믿고 거기까지 하는 겁니다.

잘 모르겠고 답답하고 혼란스러운 느낌이 들면 그 답답함과 혼란스러움을 그대로 느끼면서 이것들을 내가 할 수 없음을 느끼고 인정하는 겁니다. 그것이 사랑에 내맡기는 거랍니다. "여기 뭔가 더 있는 것 같아요. 이 부분을 보고 싶은데 저는 모르겠어요. 사랑에 맡깁니다" 하고 그 모름의 답답함과 혼란, 그 안에서 느껴지는 무지의 아픔을 수용하는 것이 내맡김의 길입니다. 안 되는 것을 계속되게 하려고 애쓰는 마음이 에고의 마음이거든요.

사랑작업은 내가 못한다는 것, 사랑만이 현실을 움직인다는 것을 계속 인정하는 거예요. 에고의 두려움이 차지하고 있던 자리를 사랑에 내어주는 거죠. 예를 들어 설명해볼게요. '사람들에게 깊이 사랑받고 또 사랑을 주길 원한다'는 마음을 확인했다고 해요. 그럼 그런 마음을 알아차리는 거죠.

그런데 현실에 죽이고 싶도록 미운 사람이 내 앞에 나타나요. 에고는 자기가 이 '문제'를 해결하려 하죠. 이 살의에 찬 미움을 없애고, 안 보려 하는 것이 에고의 해결법이에요. 그 사람을 안 만나거나, 그 사람을 좋아해보려고 노력하거나, 영성 책을 찾고 심리학 책을 찾고 그 사람의 심리를 파악하려 하거나 뭔가 일을 일으켜서 해결하려 해요.

사랑작업은 이런 해결의 노력을 다 포기하는 거예요. 그 죽도록 미운 마음을 내가 '나쁘다'고 판단하고 없애려고(해결하려고) 하지 않는 거예요. 그 마음에 절대 공감하면서 다 느껴지도록 허용하는 거예요. 그러면서 '그 사람'이 잘못되어서, 이 '현실'에 문제가 있어서 그 사람이 내 앞에 나타난 것이 아니라 내 내면에 '죽도록 미운 마음'을 내가 절대 허용해주지 않기 때문에 그 사람이 나타나서 내 마음을 보라고 요청하고 있음을 아는 거예요. 사랑이 그 사람, 그 사건을 보내줬음을 아는 거죠.

그러니 그 현실을 처리하려 하는 것은 사랑이 준 기회를 없애려 하는 것입니다. 그 미운 마음을 느끼면서 절대 공감하는 것. 그것이 에고가 나쁘다고 버린 '미워하는 마음의 내면아이'를 사랑과 만나게 해주는 일입니다. '있는 그대로 느껴주는 것' 자체가 그것을 의식의 빛 속으로 불러들이는 것이에요. 그걸 느낄 수 있다는 자체가 이미 사랑 속에서 그 느낌을 변형시키고 있는 거예요.

어떤 것을 의식하는 것 자체가 이미 사랑입니다. 의식의 빛을 거기에 보내는 것 자체가 사랑을 보내고 있는 거예요. 우리는 뭔가를 의식해야만 느낄 수 있어요. 느낄 수 있다는 것이 받아들임의 결과예요. 그리고 이 사랑이 우리의 본성입니다. 우리는 우리 안에 있는 모든 것을 향해 우리 자신인 것 — 의식, 받아들임, 알아차림, 수용, 허용, 사랑 — 을 보내고 있는 것입니다. 의식의 빛으로 모든 것을 변형시키고 있는 거예요.

아무것도 바꾸려 하지 않는 사랑으로 모든 것을 변화시키는 것. 사랑의 연금술을 일으키는 것. 사랑작업은 이런 것을 말합니다. 핵심은 사랑이 이 일을 하도록 우리가 내맡겨야 한다는 것입니다.

그렇다고 사랑작업이 고귀한 말과 태도로 사랑을 선택하는 행위로 나타나는 건 아니에요. 우리가 말하는 사랑은 조건 없는 수용에 가깝고 사랑의 감정과는 무관한 거예요. 저는 거울

앞에 앉아서 중학생 일진들이나 할 만한 욕들을 퍼부으며 저 자신을 무서워하기도 해요. 겉으로 보기에는 '지금 이게 뭐하는 거야?' 싶은 장면이죠. 그렇지만 저는 내 안에 있는 잔인하고 무서운 마음을 다 느끼고, 실컷 욕하라고 허용하는 연습을 계속했어요. 사랑을 믿으니까 그런 모습도 다 꺼내 보일 수 있는 것입니다. 우리가 사랑을 믿지 못하면 어떻게 그런 흉한 모습을 보일 수 있겠어요. 그걸 느끼고 느끼도록 허용하는 자체가 사랑에게 맡기고 있는 것입니다. 그러면 그 '나쁜'(나쁘다고 판단한) 느낌들이 변형돼요. 사랑이 일하는 것입니다.

에고는 누군가 미워하는 마음이 올라오면 넌 나쁜 마음이라고, 얼른 그 미움을 없애라고 합니다. 모두가 사랑받을 만한 사람이니 미움을 거두고 사랑하라고 명령합니다. 미운 그 마음을 절대 공감해주지 않아요. 우리가 보기엔 이게 사랑의 일인 것 같죠. 하지만 그렇게 하면 '미워하는 그 마음'을 내가 또 미워한 것입니다. 미움을 미움으로 상대해서 그 미움을 내 안에 가둬버립니다.

사랑은 누군가를 미워하는 마음이 올라오면 그 마음 나쁜 거 아니라고, 충분히 그럴 만하다고 함께 느껴줍니다. 미운 마음을 느끼고 싶을 때까지 얼마든지 느끼라고 합니다. 네가 잘못된 게 아니라고, 미움이 올라오는 게 당연한 거라고 합니다. 이건 꼭 사랑에 역행하는 것 같죠. 하지만 그렇게 계속 허용되고 이해받으면 미운 마음은 미움 아닌 것으로 변형되고, 우리 안에 갇히지 않고 흘러갑니다.

이 경험이 반복되면 우리는 현실에서 일어나는 일들이 사실은 내 안에 있는 마음을 비춰주려고 나타나고 있다는 걸 알게 됩니다. 그렇게 욕을 퍼부을 만큼 미운 그 사람이 사실은 나의 이 잔인한 마음을 보여주려고 내게 온 것이었죠. 에고는 자기 안에 있는 미워하는 마음은 나쁜 거라고 말하면서 사는 내내 그 공격적인 마음의 아이는 묻어두었던 거예요.

거울을 보면서 누군가를 향해 욕을 퍼붓고 있는 내 모습, 그 내면아이를 그대로 느끼고 허용하는 것이 내가 하지 않고 사랑이 하도록 내맡기는 사랑작업입니다. 겉으로는 전혀 사랑으로 보이지 않겠지만 말이에요.

내가 하는 것이 아니라 사랑이 하도록 내맡긴다.

이걸 기억하시면 편하실 거예요.

사랑작업을 하다 보면 늘 맞닥뜨리는 큰 아픔이 하나 있죠. 바로 부모님과의 관계입니다.

삶의 최초에 만난 양육자와의 관계는 이 세상에서 겪는 모든 관계와 감정의 바탕이 됩니다. 이것은 심리학을 조금만 공부해도 알 수 있죠. 하지만 가족관계는 너무나 익숙하고 특별할 것 없다고 생각해서 대수롭지 않게 보는 경우가 많아요. 어떤 사람은 부모와 연을 끊을 정도로 관계가 멀어진 상태여도 현재 만나고 있는 사람들과의 관계 문제의 원인을 가족관계 속에서 찾을 생각을 전혀 못 하기도 합니다. 이건 그만큼 가족관계에 대해서 깊이 들여다보기 두려워한다는 의미이기도 합니다.

하지만 생애 최초의 관계는 너무나 중요합니다. 우리는 이미 뱃속에서 엄마와 만나고 태어나서는 부모님, 즉 최초의 양육자와 만나게 됩니다. 이 관계에 우리가 가져온 무의식이 투영되죠. 순수한 아이의 상태로 처음 경험하는 이 최초의 관계는 우리 무의식이 첫 번째로 반영되는 현실이며 이 관계는 자아가 세상에 나아가 맺는 모든 관계의 기초가 됩니다.

어떻게 의지도 없는 어린 시절이 삶 전체를 결정할 수 있는

가? 너무 억울한 일이라고 생각할 수도 있지만 이 최초의 관계들 역시 내가 세상에 가져온 무의식의 반영입니다. 부모님은 이 무의식을 비춰주기 위해 나에게 온, 약속된 관계이므로 부모님을 원망하고 탓하기만 한다면 내 무의식을 볼 기회를 잃게 되는 것이죠.

《현존수업》에서는 생애 첫 7년 동안 우리가 일생에 거쳐 경험하게 될 감정의 한 사이클을 모두 경험한다고 말합니다. 그리고 이 감정의 주기가 7년마다 반복되면서 계속 자신의 주요한 감정을 반복해서 경험하게 된다고 하죠.

제 방식으로 이걸 설명한다면 인간은 태어나기 이전에 이미 무의식을 가지고 태어나고, 그 무의식 안에 새겨진 내면아이들을 생애 첫 7년 동안 모두 만나게 됩니다. 이 내면아이들을 온전히 만나 경험해주면 이 아이들은 편안해집니다. 그런데 특정한 아이들(감정들)을 나쁜 아이라고 인식해서 무의식에 버려두면 그다음 7년에는 좀더 강한 모습으로 이 아이들이 떠오르게 되겠죠. 그런데도 만나주지 않으면 그다음 7년 주기 안에서는 보다 강력한 사건이나 사람의 형태로 현실에 투사되어 나타나게 되는 것입니다. 우리가 태어나서 7년 동안 부모님과의 관계에서 어떤 방식으로 감정들을 경험하고 의식화했

♥ 마이클 브라운, 《현존수업》, 정신세계사, 2013.

느냐에 따라 이 관계 맺음의 방식이 그 이후의 삶 전반에 투영되어 나타나는 것이죠.

역으로 생각하면 생애 전체를 통해 겪는 감정들은 모두 태어나서 7년 안에 경험한 감정들입니다. 각각의 감정들은 특정한 생각과 연결되어 있습니다. '난 버림받았어', '난 사랑받을 가치가 없는 아이야', '난 못난이야.' 우리 내면을 채우고 있는 이런 생각들은 이성적이고 객관적인 판단이 아닌 7세 이하 어린이의 판단에 의해 생겨난 생각과 감정입니다. "해님이 나를 미워해요", "벌레가 나만 공격해요", "의사 선생님이 나를 아프게 했어요"와 같이 정확한 근거가 없는 아이의 마음이 만들어낸 생각과 감정들이죠.

그럼 이 생각을 어떻게 놓아버릴 수 있을까요? 앞서 말씀드렸듯이 대부분의 깊은 감정들은 어린 시절에 생겨난 근거 없는 생각(믿음)들을 근거로 하고 있습니다. 그래서 그것이 진실이 아님을 알아보기 쉬운 것이죠. 감정의 격한 에너지가 모두 빠져나간 생각들은 놓아버리기 쉽습니다. 에너지도 적을 뿐만 아니라 어린아이의 근거 없는 믿음이기 때문에 더 쉽게 놓아버릴 수 있는 것이죠. 이 모든 감정이 생애 첫 7년 동안 온전히 경험되었다면 삶의 재료로 적절히 쓰이면서 삶을 다양한 색채로 채색할 물감의 역할을 하게 됩니다.

그런데 어떤 색채(감정)는 나쁜 것이라고 판단해서 없애려

하고 없는 척 가장하다 보면 오히려 그 감정의 색채에만 집착하는 꼴이 되어 그 색채가 어울리지 않게 모든 감정에 묻어납니다. 예를 들어 버림받음의 감정을 없애려 저항하고 무의식에 가둬두면 누군가를 사랑하게 된 상황에서 곧바로 버림받는 기분을 느낀다거나 누가 나를 사랑해주러 다가올 때 상대를 차갑게 버리는 등 버리고 버림받는 감정들이 상황에 안 맞게 계속 올라오게 되는 것이죠.

생애 첫 7년에 모든 감정을 경험해야 한다고 해서 기억나지 않는 7세 이전으로 돌아가야만 하는 것은 아닙니다. 어차피 무의식은 계속 현실을 창조하기 때문에 현재 나에게 크게 느껴지는 감정들에 모든 게 투사되어 있죠. 현재에서 작업하는 것이 기본입니다.

하지만 부모님과의 관계, 형제 관계는 꼭 들여다보시길 바랍니다. 무의식은 에고가 절대 보고 싶어하지 않는 것이라 너무나 중요한 것들도 대수롭지 않게 여기게 되는 경우가 많아요. "난 부모님과의 사이에 별로 복잡한 게 없는데?", "어린 시절 기억나는 게 단 하나도 없어", "지금 나이가 몇인데 아직도 부모님 얘길 하고 있어?", "지겹다. 또 부모님 얘기야?" 하면서 가족관계를 절대로 들여다보지 않으려는 마음이 있을 수 있어요.

저의 경우 엄마를 너무 천사같이 완벽한 엄마라 생각해서 제대로 보려 한 적도 없었어요. 그런데 진짜 이상한 게, 저는 부모님 댁에만 있으면 뭔가 짜증이 살짝 나고 굉장히 잠이 오고 무기력해지는 걸 많이 경험했어요. 말도 툭툭 내뱉게 되고 좀 감정 없는 사람처럼 된다고 해야 할까요? 그리고 몸이 그렇게 처지고 어딘가가 아프고 피곤했어요. 엄마랑 전화하면 날 걱정해주는 말인데도 이상하게 짜증이 올라오고 말도 무뚝뚝하게 하게 되고요.

그러면서도 그게 뭐가 이상한지를 몰랐어요. 너무 사랑하는 엄마니까. 그런 엄마에 대해서 미운 마음, 원망하는 마음처럼 나쁜 건 절대 있어서는 안 되는 거였죠. 자식을 위해 자기 인생을 다 바친 엄마에게 뭐가 미운 마음이 있고 원망이 있을 수 있겠어요. 사랑의 감정 외에 다른 감정은 저 자신에게 절대 허락할 수 없었던 거예요. 그래서 그런 '나쁜' 마음들을 전부 다 버렸더라고요. 절대 느낄 수 없도록요.

그런데 내 느낌에 중심을 두고 그 느낌들을 있는 그대로 바라보기 시작하자 서서히 그 마음들이 올라오기 시작했어요. 아주 천천히요. 참 이상하게도 태어나서 처음으로 이런 생각이 올라왔어요. '엄마가 나보다 내 동생을 좀더 좋아하는 것 같지 않아?' 처음 이 생각이 들었을 땐 정말 말도 안 되는 생각이라 코웃음을 쳤어요. 그건 내가 어른의 눈으로 보고 경험한 현실의 진실과 너무 달랐으니까요.

하지만 그 생각이 올라오는 빈도가 점점 많아졌어요. '진짜? 에이 설마… 그게 진짜라도 뭐, 그게 뭐?' 이런 생각도 했었죠. 그런데 그 생각이 진실이라 자꾸 떠오른 게 아니에요. 어린 시절 언젠가 그렇게 느낀 내면아이가 있었던 거예요. 하지만 '엄마는 나보다 동생을 사랑해'라는 감정은 저에게 느껴지지도 못하고 무의식에 버려졌던 거예요.

이렇게 내가 내 내면의 진실을 보기로 결심하고 의도하면 사랑은 나에게 필요한 것들을 가장 적합한 방식으로 가져다 줍니다. 부모님과의 관계를 솔직하게 보고 싶다고 의도해보세요. 그 안에 담긴 내 감정들을 솔직하게 대면하리라는 용기를 내보세요.

그러면 필요한 일들은 알아서 일어나줄 거예요.

우리는 대부분 에고와 완전히 동일시된 상태로 살아갑니다. 에고란 별다른 것이 아니고 평소 우리가 '나'라고 믿고 있는 사람을 말해요. 우주와 완전히 연결되어 하나임 속에 있는 존재가 아니고 한 인간으로 분리되어 살아가고 있다고 믿고 있어서 사랑의 세계, 신의 세계로 돌아가고자 끝없이 노력하고 애쓰는 아이가 에고입니다. 그래서 에고는 부모에게 완전히 버림받은 고아와 같은 마음을 내면에 지니고 있어요.

감사하기 만 번, 매 순간 감사하기 같은 수행들이 있잖아요. 이런 수행은 분명히 효과가 있어요. 그런데 제대로, 올바른 방법으로 해야 효과가 있는 것이죠. 예를 들어볼게요. 어떤 아이가 엄마에게 버림받았어요. 실제로 이 아이를 혼자 두고 엄마가 떠났어요. 아이는 밤낮으로 엄마가 돌아오기만을 기다립니다. 하지만 엄마는 오지 않고 이제는 오지 않는 엄마가 밉고 원망스러워요. 너무 사랑하기 때문에 엄마가 죽도록 미운 거예요. 아이는 어떻게든 엄마를 만나고 싶지만 이 마음이 계속 버려지면서 나중엔 엄마를 다시는 보고 싶지 않게 돼요.

자, 그런데 이 아이에게 누군가 이런 말을 하는 거예요. "엄마한테 감사해. 천 번씩 만 번씩 감사해라. 그러면 다시 사랑 받을 수 있어." 어떻게 느껴지세요? 진짜 이건 너무 잔인한 거 예요. 버림받은 아이한테 다시 사랑받고 싶으면 감사하라고 하는 건. 엄마한테 버림받아서 너무 아픈데 이제는 그 엄마한 테 감사하라고 강요까지 받는 아이를 상상해보세요.

결과적으로 뭘 얻는다고 해도 이 과정 자체가 너무 잔인하 지 않나요? 우리가 감사하기를 하려고 하는데 입에서 감사하 다는 말이 쉽게 나오지 않는다면 지금 저렇게 잔인한 강요를 스스로에게 하고 있지 않은지 돌아봐야 해요. 감사하기를 만 번 하면 사는 게 편안해질 거라고 말하며 하루하루 살아가는 것도 버거운 나에게, 도저히 입이 떨어지지 않는 감사하기를 시키는 건 버려진 아이에게 엄마한테 감사하라고 하는 것과 같은 거예요.

우리는 어떤 마음의 연습을 하든지 자기 자신의 느낌을 돌 보면서 해야 해요. 자꾸 자기를 노예처럼 만들면서 어떤 걸 강 요해서는 안 돼요. 내가 지금 여기에 살아 있다는 게 고통인데 어떻게 감사를 할까요. 내일이 오는 게 두려운데 뭘 감사할 수 있겠어요. 그런 순간에 감사까지 강요받으면 노예의 마음이 되는 것이 당연한 거죠. 원망을 뒤에 숨기고 입으로만 "감사합 니다" 말하는 노예의 기분을 느낄 수밖에 없어요.

우리는 본래 하나인 사랑으로부터 나왔어요. 개체로 분리된 것 같은 환상 속을 살아가고 있는 것이죠. 조건 없는 사랑이라는 본성을 이 환상의 세계에서 경험하기 위해 마치 혼자인 것 같은, 완전히 분리된 것 같은 꿈속을 살고 있는 것입니다. 우리는 하나인 사랑으로부터 버림받았다고 착각하고 있는, 버림받은 아이의 마음이에요.

사랑이, 자신이 사랑임을 체험으로 알고 싶어서 이 꿈같은 세상을 만들고 분리된 개인으로서의 체험을 하고 있는 거라면 감사한 건 누구일까요? 사랑이, 전체인 사랑이 우리에게 감사하고 있는 것이죠. 우리 내면의 신성, 우리 내면의 하나임, 우리 내면의 조건 없는 사랑의 신이 우리에게 감사하고 있습니다. 언제나, 어떤 순간에도요. 이것이 변하지 않는 진실이에요.

내가 버림받았다는 착각 속에 아파하고 있을 때 사랑의 신은 내 아픔 속에 함께 있습니다. 내 아픔을 온전히 함께 느끼며 이 아픈 환상을 겪어내고 있는 나에게 감사하고 있습니다. 살아주어서, 삶을 포기하지 않아 주어서 고맙다고 여기는 존재는 내가 아니라 사랑입니다. 그러니 천 번, 만 번을 감사한다면 우리는 버림받은 내가 신에게 감사하는 것이 아니라, 감사하다고 말하면서 나에게 감사하는 신의 마음에 동조되는 것이에요.

거기에는 어떤 구체적인 감사의 이유도 필요하지 않아요.

그저 살아 있음에 감사하는 것이죠. 그리고 시작은 언제나 내가 신에게 감사하는 게 아니라 신이 나에게 감사하고 있다는 사실을 인지하는 것이어야 해요.

그러니 버림받은 내 마음에게 감사하기를 하라고 강요하지 마세요. 너무나 무기력하고, 왜 살아 있는지도 모르겠는 그런 나에게 살아 있음에 감사하라고 하는 것은 잔인한 거예요. 무기력하고, 아프고, 눈뜨면 또 아침이 온 것이 두려운 나에게 신이 감사하고 있다는 걸 기억해야 합니다. 버림받음의 고통을 견디고 있는 나에게 감사하다고 말하는 신의 마음을요. 그리고 이 마음으로 감사하다고 말해보는 거예요. 내 목소리가 아닌 사랑의 목소리로요.

살아주어서 고마워.
숨 쉬고 있는 것에 감사해.

이렇게 감사하기를 시작하면 천 번도 만 번도 하실 수 있을 거예요. 그리고 신이 나에게 감사하고 있음을 충분히 느낄 때, 나도 신에게 감사할 수 있게 됩니다. 우리는 받은 것만을 줄 수 있어요. 그러니 아무것도 받지 못한 아이에게 주라고 강요할 수 없는 거예요. 감사도 마찬가지랍니다.

누가 봐도 너무 미운 사람, 나를 무시하고 공격하는 사람에 대한 내 분노, 미움, 공격하고 싶은 마음들을 모두 느껴주다 보면 그 마음들이 사실은 나쁘다고 버려진 내면아이들임을 알게 돼요. 이 아이를 충분히 안아주고 사랑해주다 보면 내 안에 있는 모든 아이는 사랑받을 수 있는 존재라는 것을 알게 된답니다. 그러면 현실에서 나를 무시하는 사람을 만나도 더 이상 전만큼 밉지 않고 더 나아가서는 따뜻하게 대해줄 수도 있게 돼요. 그런 순간에 우리는 신이 나에게 전하는 감사의 말을 들을 수 있습니다.

고맙다. 세상이 버린 아이를 사랑해주어서.

저는 사랑작업을 하면서 자기 대신 내 아이를 사랑해주어 고맙다는 사랑의 마음을 저절로 느끼게 됐어요. 신이 나에게 보내는 감사를 충분히 느낄 수 있을 때 우리도 역시 신을 향해, 또 세상을 향해 감사할 수 있게 됩니다.

모든 가르침, 수행에는 다 이런 진실들이 포함되어 있어요. 그런데 우리가 '에고'의 마음으로 수행을 할 때는 본질을 왜곡해서 오히려 내 마음을 더 아프게 할 수도 있습니다. 감사하기, 긍정 확언하기, 상상하기(심상화), 명상, 호오포노포노 등등 어떤 방법을 선택하셔도 좋습니다. 다만 수행을 할 때 어떤 것도 없애려 하지 않으면서 조건 없이 수용하는 사랑작업의 원칙을 기억하고 적용해보시길 권해요. 이 원칙을 기억하신다면 어떤 수행을 하시든 길을 잃지 않을 수 있을 거예요.

"삶이 달라지기를 원하시나요? 그렇다면 여기 지름길이 있습니다. 지금 이 순간을 사는 것입니다. 미래에 대해서는 내려놓고 이 순간이 나에게 가져다준 것을 충실히 사는 것입니다."

저는 이런 말을 정말 싫어했습니다. 이런 밍밍한 말을 답이라고 써놓은 책들을 보며 가슴이 한층 더 답답해지는 허탈함을 느꼈어요. 그런데 이 말이 정말로 답이었습니다. 그때 제가 '현재를 산다'는 것의 의미를 몰랐을 뿐이었어요.

'현재를 산다'는 것은 '미래를 위해서 당장 나는 달라져야 해'라고 불안해하고 있는 현재의 나를 온전하고 충실하게 살아내야 한다는 것입니다. '과거의 그 사건 때문에 난 현재를 살 수 없어'라고 고통스러워하는 현재의 나를 온전하고 충실하게 살아내야 한다는 것입니다. 우리가 현재 주어진 것을 충실하게 살 때 삶은 당연히 변화하고 나는 당연히 성장합니다.

1학년이 2학년이 되려면 어떻게 해야 할까요? 1학년에 주어진 것들을 충실하게 하면 바라고 기다리지 않아도 자연스럽게 2학년이 됩니다. 1학년이 2학년이 될 수 없는 길은 딱 하나입니다. 2학년이 되어야 한다고 집착하면서 1학년이 배워야 할 것들을 배우지 않는 것이죠. 1학년 수업은 제쳐놓고 2학년

교실 앞에 가서 어슬렁거리면서 2학년은 무엇을 배우는지 알아내려 하고 2학년을 흉내 내려고 애쓰는 겁니다.

그렇게 하면 모든 1학년이 2학년이 될 때 가장 2학년이 되길 원했던 이 학생만이 유급을 당하게 될 거예요. 1학년을 살아야 할 시간에 2학년이 되는 것에 집착하면서 주어진 과제를 하나도 하지 않았기 때문에 변화하지도 성장하지도 못했으니까요.

우리는 나보다 더 나은 것처럼 보이는 사람들, 영적으로 성장한 것으로 보이는 사람들, 삶을 훨씬 더 수월하게 살아가는 것처럼 보이는 사람들을 보면서 그들의 삶을 흉내 내보려고도 하고 현재의 나와 비교하면서 나는 부정하고 그 사람은 긍정하며 나에게 그 사람처럼 되라고 강요합니다.

저는 자주 그랬어요. 한때 바이런 케이티처럼 되고 싶다고 생각한 적이 있었어요. 바이런 케이티는 "자기 자신이 되세요. 개에게 고양이가 되라고 하지 마세요"라고 말했지만, 저 자신은 "바이런 케이티처럼 될 거야" 하고 마음속으로 은근하게 바라고 있었습니다.

그러다가 어느 날 바이런 케이티의 신간을 읽고 있는데 거기에 이런 일화가 나왔어요. 바이런 케이티가 믹서에 과일을 넣어 주스를 만들고 있었는데, 실수로 손가락이 다치는 순간 주스와 피가 섞이며 만들어내는 아름다운 광경에 매료되어 그저 그 모습을 바라보고 있었대요. 옆에 있던 딸이 병원에 데려가지 않았다면 계속 그걸 바라보고 있었을 거라고요. 그 부분을 읽었을 때 제가 느낀 좌절감이란! 저는 읽던 책을 냅다 던져버리고 "도저히 못 따라 하겠다"며 대자로 누워버렸어요.

나로서는 도저히 흉내 내지 못할 경지였죠. 그때까지도 저는 따라 할 수 있을 줄 알았나 봐요. 그런데 절대로 내가 흉내 낼 수 없는 것임을 알게 되자 너무나 좌절감이 들었던 거예요. 그때 저는 1학년이 6학년이 되려고 집착하고 있었던 거죠. 1학년을 충실히, 2학년을 충실히, 3학년을 충실히 살면 그냥 4학년이 되는데 1학년이 2학년 되겠다고 집착하면 2학년도 될 수 없어요.

그리고 여기에 더 중요한 것이 있어요. "1학년과 2학년 중 누가 더 나은 인간인가?"라고 질문했을 때, 그 둘을 비교하여 누가 더 낫다고 말할 만한 기준은 전혀 없다는 것이죠. 저는 성장의 차이를 존재의 차이로 잘못 받아들이고 있었어요. 갓 태어나 엄마의 젖을 먹고 있는 한 살 아기, 이제 막 걸음마를 뗀 두 살 아기, 말을 배우기 시작한 세 살 아기, 각 단계에 있는 각자가 모두 온전합니다. 한 살 아기가 세 살 아기보다 못났다고 하는 사람이 없듯이, 모든 순간 그 모습 그대로가 온전하며 가장 필요한 것들을 배우고 있는, 그 나름의 아름다움을 가진 순간들인 거예요. 4학년이 1학년보다 더 나은 존재라고 말하는 것은 인간의 에고일 뿐입니다. 사랑은 모든 단계와 모든 순간을 온전하다고 보고, 있는 그대로를 사랑합니다.

저는 사랑작업을 하면서 스스로에게 씌워놓은 영적인 사람의 이미지를 많이 걷어냈습니다. 마음에 대한 수업을 하고 사랑, 수용, 공감 이런 말을 계속하다 보니 에고가 만들어놓은 '사랑 많은 사람'의 이미지를 저도 모르게 스스로에게 강요하고 있더라고요. 그런 걸 알아차리고부터는 더더욱 현재의 내 수준보다 높게 보이려는 의도를 내려놓고 부끄럽더라도 내 모자란 모습을 더 많이 들키려고 합니다. 내 이미지가 실제 나를 잠식하게 놔두지 않는 것이 스스로를 위한 길이라는 생각으로요.

사랑작업을 하면서 남편과 더 치열하게 싸웠고 평생 화내본 적 없는 엄마를 소리치며 울게 만들었으며 사람들과 만나서도 예전 같으면 착한 척 꾹 참았을 얘기들을 솔직하게 털어놓아 자주 갈등 상황에 맞닥뜨렸습니다. 여러모로 겉보기에 저는 예전의 인내심이 강하고 착한 사람으로부터 멀어져갔습니다. 착한 사람, 사랑받고 자란 사람, 행복한 사람, 인격이 성숙한 사람이 보여야 할 모습들에 나를 맞추지 않고 창피해도 이 수준 그대로 들키며 살자고 자주 결심합니다.

"1학년은 1학년으로 살아야 행복하다. 1학년에 충실하면 곧 2학년이 될 수 있다." 그렇게 믿고 이 수준의 나를 충실히 살아가려 합니다. 수준 높은 사람이 되려고 애썼던 과거보다 이렇게 내 모습 그대로 살고 있는 지금이 더 살맛 나고 즐거워요. 언젠가는 믹서에 손을 다쳐도 그 순간을 즐겁게 바라볼 수 있을지도 모르겠습니다. 하지만 지금은 조금 아픈 걸로도 전전긍긍하며 부리나케 병원으로 달려가는 나를 꽉 껴안고 이 모습을 충실히 살아보고 싶어요. 누구도 탐내지 않는 이런 내 모습을 충실하게 살면서, 언젠가는 2학년이 되겠지만 오늘은 1학년으로 사는 것의 기쁨을 더 많이 누리고 싶습니다.

5부

사랑작업
Q&A

사랑작업을 하면서 우리들이 마주치는 어려움은 놀라울 정도로 비슷합니다. 우리 모두는 각자 고유한 개체성을 가지고 있지만 에고에겐 그 정도의 창의성이 없기 때문이죠! 다들 비슷비슷하게 아픔을 보지 않으려는 저항의 패턴을 가지고 있기 때문에 이것이 함께 사랑작업을 할 때는 커다란 장점이 됩니다. 서로 비슷하게 힘든 지점을 발견하면서 '나만 그런 게 아니구나' 위안 삼을 수도 있고, 힘겹게만 느껴졌던 난관을 당연한 과정으로 받아들여서 넘어갈 수 있습니다.

5부에서는 사랑작업 Q&A 수업 중에 자주 나오는 질문, 사랑작업을 연습할 때 도움이 될만한 질문들을 뽑아보았습니다. 실제 수업 시간에는 질문이 한두 문장으로 요약되지 않습니다. 질문하시는 분은 충분히 하고 싶은 질문을 자세히 얘기하시고 저는 그 내용을 듣고 다시 질문하면서 질문의 표면에 드러나지 않은 마음을 보려고 합니다. 중요한 것은 질문의 내용에 대해 그대로 답하는 것이 아니라, 이 질문이 어떤 마음에서 나오는지를 알아차리고 그 마음을 직접 대면하게 해드리는 것이기 때문입니다.

"어떻게 하면 남편과 싸우지 않을 수 있을까요?"라는 질문에 대해 "이렇게 하면 싸우지 않을 수 있다"는 답을 하는 것은 사랑작업의 길이 아닙니다. 남편과 싸우지 않으려는 그 마음을 돌이켜 대면할 수 있게 하는 것이 사랑작업의 길입니다. 그러므로 "남편과 싸우기 싫어. 남편과 싸우는 게 무서워"라고 말하는 마음을 스스로 직면하게 돕는 것이 이 질문과 답변의 목적이 됩니다.

그래서 실제 수업 안에서는 같은 질문이라도 질문자의 마음이 어떤가에 따라 답변은 매우 다른 내용이 됩니다. 이 책에서는 개인적인 부분은 생략하고 보다 일반적인 대답이 될 수 있는 내용들을 담았습니다. 혼자서 의문이 생기실 때는, 이 의문이 어떤 마음에서 오고 있는지, 이 질문을 할 때 어떤 느낌이 드는지를 돌이켜 대면하시면 그것이 가장 좋은 답이 될 것입니다.

일상에서 사랑작업을 연습하고 있는데요. 사람들과 같이 있을 때 느낌을 느끼려고 하면 어색해지고 억누르게 돼요. 이 느낌을 어떻게 잘 봐줄 수 있을까요?

사랑작업을 처음 시작할 땐 굉장히 어려워요. 원래부터 느낌을 중심으로 살고 있었으면 전혀 문제가 안 되는 부분인데, 그렇지 못한 우리한테는 지금까지 누적된 감정들이 많이 있어요. 일상을 살다 보면 그 감정을 건드리는 일들이 많이 일어나죠. 사실 그때도 내 중심이 바깥에 있지 않고 안에 있으면 그 감정을 느낄 만한 여유가 있을 텐데, 아직은 '이 사람들이 나를 어떻게 볼까?'라든지, 당장 해결해야 할 문제들에 중요도가 가 있기 때문에 이걸 병행하기가 굉장히 어려운 거예요.

일단, 시간이 지나면 이 문제는 사라져요. 사람들과 함께 있더라도 상대방이 하는 얘기에 깨어 있으면서도 그 순간의 내 느낌을 알아차릴 수 있거든요. 그 말을 듣고 있는 내 마음에도 주의를 두고 있을 수 있는 거예요.

그 전까지는 걷잡을 수 없이 큰 감정이 밀려올 수도 있어요. 당장은 내가 못 봐주는 경우가 대부분이죠. 그랬을 때도 내가 이 감정을 어떤 태도로 대하는지가 중요해요.

우선, 감정을 아이로 보는 태도를 연습하세요. 예를 들면 엄마가 바쁜데 아이가 엉엉 울고 있다고 할게요. 아이가 심각하게 울고 있으면 당장 그 아이부터 봐주는 게 맞아요. 그런데 아이가 시도 때도 없이 우는 편이라면 어떨까요? 아이도 중요하지만 지금 하고 있는 내 일도 안 할 수가 없어요. 그땐 아이의 마음을 알아차리고 마음에 품고 있는 것이 중요해요.

우리가 주로 쓰는 방식은 지금 아이를 봐줄 수 없으니까 '그만 울어. 난 지금 너를 봐줄 수 없어. 그러니까 뚝 그쳐' 하고 이 아이(마음)를 탁 버리는 거예요.

이제 우리는 우는 아이한테 '너 지금 문제가 있고 아프구나. 그래서 우는구나. 엄마가 네가 아픈 걸 알고 있어. 지금 당장은 너를 봐줄 수 없지만 이따 꼭 시간을 내서 너랑 같이 있을

게' 그렇게 말하고 우는 아이를 안고 일하는 거예요. 이것이 이 상황에서 우리가 할 수 있는 최선이에요.

마음한테도 똑같이 해주는 거예요. 상대방이 하는 이야기에 불편함을 느꼈다면 '아, 내가 지금 불편하구나. 잊지 않고 너 (불편함)를 봐줄게' 하는 거예요. 그 불편함을 없는 듯이 싹 버리지 않고 그게 거기 있다는 것을 알면서 지금 할 일을 하는 거죠.

다만, 꼭 약속을 지켜야 해요. 감정은 아이 같아서 계속 기다리다가 약속을 안 지키면 다시 와서 자길 봐달라고 막 조를 거예요. 계속 봐주지 않으면 이 아이는 난폭해지겠죠? 현실에서는 이 아이를 대면할 수밖에 없는 일이 일어날 거고요. 이 이야기를 잘 기억하면서 사랑작업을 해보시길 바랍니다.

어떤 사람과 갈등 상황에 있어요. 미운 마음이 올라오는데 이 마음을 가만히 봐주며 참을지 아니면 이 미움을 행동으로 표현할지 선택하고 싶습니다.

우리가 어떤 행동을 하느냐 마느냐에는 언제나 자유가 주어져 있어요. 하지만 상대가 미울 때도 이 미워하는 마음을 충분히 수용한 상태에서 하는 행동과 이 미움을 나쁘다고 여기며 참다못해 어쩔 수 없이 표출하는 행동의 에너지는 완전히 달라요.

어떤 마음의 밑바닥에는 항상 최종적인 진실이 있고 그 진실은 우리에게 자유를 줘요. 그걸 알았을 땐 우리가 외부세계에 대해 더 바라는 것이 없어요. 하지만 우리가 항상 이 마음의 최종적인 진실을 알 수는 없어요. 우리는 매일 성장하는 중이고, 그러니 늘 최종이 아닌 중간 단계를 거치는 중이에요. 당장 상대방에 대한 미움이 올라오면 그 미움의 아래 또 아래에 있는 내 가장 밑바닥의 진심을 알 수 없어요. 그러니 이 순간 나의 최선은 당장 느껴지는 이 미움을 수용하는 거예요. 이 수용을 통해 그 아래 더 깊은 진심을 만날 수도 있지만 어쨌든 나는 현재 이 단계의 나를 수용하는 것이 유일하게 할 일이고, 그렇게 수용한 내 마음을 표현할지 말지는 또 다른 선택이에요.

항상 행동에 정해진 정답은 없지만, 사랑작업을 하다 보면 더욱 솔직해지기를 원하게 되고 그 솔직함 그대로를 표현하길 원하게 돼요. 대체로 우리가 상대에게 솔직하지 못한 이유는 그 솔직함을 드러냈다가 거부당하고 버림받을까 두려워서인데, 사랑작업을 하면서 차차 버림받음을 감당할 수 있게 되면 나는 거부당하더라도 지금 내 진실을 솔직하게 인정해서 상대에게 표현하는 쪽을 택하는 거죠. 그것이 서로에게 가장 큰 선물이라는 걸 알게 되니까요.

마음에 대해 잘 모를 땐 상대에게 내 마음을 표현하는 목적이 상대를 내 뜻에 맞게 바꾸고 싶어서일 때가 많아요. 하지만 사랑작업을 하면서 내 마음과 친해지다 보면 단지 솔직한 나를 표현하고 상대가 어떤 반응을 보이든 그 솔직한 반응을 알고 받아들이고 싶어지거든요. 그래서 상대방에게 특정한 반응을 요구하지 않으면서도 솔직한 나를 표현할 수 있게 돼요.

상대방이 미운데 그 미움을 내 것으로 받아들여 수용하지 않고 상대방 탓이라고 생각하면서 미움을 표현한다는 건, 내가 받아들이지 않은 미움을 상대방에게 던지는 거예요. 그래서 상대방도 내가 버린 미움을 받아들이는 것이기 때문에 느끼는 에너지 자체가 달라요. 그러니 언제나 내 마음을 수용해 준 다음에 행동하는 것이 좋겠죠?

사랑작업으로 나를 있는 그대로 수용하는 연습을 하고 있어요. 나 자신에게는 많이 너그러워진 것 같은데 새로운 일을 시도하지 않으려는 마음이 올라와서 제자리에 머물러 있고, 게을러지는 것 같아요. 이대로 있으면 더 발전하지 못하는 삶을 살게 되는 건 아닌지 두렵고 무기력한 마음이 듭니다.

우리가 사랑작업을 하면서 어떤 생각이 올라올 때, 그것이 마음이라는 것을 잘 알아차리지 못하는 경우가 많아요. 나를 좀더 위하기 시작했는데 시간이 지나면서 '이렇게 하다가 정

체되는 거 아니야? 하고 싶은 것 다 놓쳐버리는 거 아니야?'
하는 생각이 올라온 건데요. 그럴 땐 그 생각에 담긴 마음을
봐줘야 할 때가 온 거예요. 생각에 빠져 있기보다는 도태될 것
같은 내 삶에 대한 불안감을 받아주면서 느낌으로 들어가는
거예요. 그러면 내가 몰랐던 것들이 다시 올라와요. 거기서 지
금까지 내 삶을 불안하게 만들었던 신념들이 드러나게 돼 있
어요. '나는 도태될 거야', '이대로라면 사람들에게 버려질 거
야' 같은 것들이요.

지금은 '내가 계속 정체되어 있으면 미래에는 도태될 거야'
라고 생각하지만, 이미 그 도태된 상태를 느끼는 마음은 내 무
의식에 있어요. 미래에 올 마음이라는 것은 착각이에요. 그러
니 나는 지금 이미 내 무의식에 자리하고 있는 '도태된 나'의
마음을 만나야 해요.

무기력한 마음이 들고, 그런 생각이 반복된다는 건 그 생각
을 지닌 마음이 자기를 봐달라고 계속 올라오는 거거든요. 그
마음을 충분히 봐주면 그것과 짝인 마음도 함께 올라오게 돼
요. 무기력하다는 마음의 짝은 열정적인 마음이거든요. 그래
서 우리가 열정적으로 뭔가를 하고 난 뒤에 무기력한 마음이
드는 건 당연한 거예요. 마음의 모양은 늘 두 마음이 파도처럼
반복되며 흘러가거든요.

사랑작업을 통해 게으르고 싶은 마음을 충분히 수용해주면

하고 싶은 마음이 살아나게 돼 있어요. 게으름을 받아준다고 해서 한없이 게을러지는 게 아니에요. 하나의 마음을 받아줘야 자연스러운 흐름대로 흘러갈 수 있어요. 그러니 충분히 받아주세요.

몇 달 전에 남자친구랑 헤어졌어요. 서로를 위해서 헤어지는 것이 좋다고 생각해서 헤어졌는데 계속 생각이 나고 그 사람이 좋아서 몇 달 뒤에 다시 만났어요. 그런데 좋아하지 않는 마음과 좋아하는 마음이 다시 반복되는 거예요. 어떤 게 내 진짜 마음인지, 어떻게 받아줘야 할지 혼란스러워요. 이렇게 두 가지 마음이 동시에 올라올 때 어떤 마음이 진짜 내면아이인지 모르겠어요.

저는 '마음 안에는 인류가 살고 있다'고 얘기해요. 예를 들면 엄마를 사랑하고 기쁘게 해주고 싶은 마음 바로 옆에는 엄마를 너무 미워하고 절대로 엄마의 기대를 충족시켜주고 싶지 않은 마음이 있어요. 이 모순은 항상 있어요. 마음의 주인이 된다는 게 뭐냐면, 이 모든 아이를 다 인정해주는 거예요. 질문자의 마음 안에도 남자친구를 너무 사랑하는 마음과 그렇지 않은 마음이 다 있는데 지금은 '둘 중에 뭐가 맞지?' 하고 있는 거예요. 둘 다 맞는 거예요.

인생은 내면의 성장을 위해 주어진 기회라고 생각해요. 남자친구와 함께 있는 것이 서로의 성장을 위해 좋지 않다고 생각해서 헤어졌지만, 그렇다고 좋아하지 않는 건 아닌 거예요. 사랑하지만 헤어졌으니까(분리) 아픈 거예요. 보고 싶어하는 순간에는 보고 싶어하면 돼요. 그런데 우리는 보고 싶으면 만나고 싶어해요. 그런데 그 사람을 만나러 간다면 보고 싶어하는 마음을 수용하지 않고 없애버리려 하는 거예요. 보고 싶고, 만나고 싶은 마음이 드는데 만날 수 없으니 아픈 건 당연한 거예요. 이땐 그 사람을 사랑하는 마음이 동시에 올라와 있는 상태예요. 그럼 보고 싶으면 그 사람을 다시 만나야 하는가? 이건 아니에요. 이별은 내 결정이에요. 보지 못해서 아픈 마음을 그대로 수용하고, 내가 그 사람을 이렇게 사랑한다는 마음도 품고 살아가는 거예요.

그 사람을 다시 만나겠다고 결정했다면 어떤 태도로 살아야 할까요? 만나고 있는데 그 사람과 또 헤어지고 싶다면 이 사람이 나에게 주는 어떤 마음, 그 마음이랑 헤어지고 싶은 거거든요. 이땐 그 마음을 수용해주는 기회로 삼는 거예요. 에고는 어떤 마음을 수용하기 싫어서 그걸 버리려고 하게 돼 있어요. 그런데 그 감정을 수용하고 나면 다른 행동 방식이 떠올라요. 그러니 행동하기 전에 어떤 마음이 나에게 수용되지 않고 있는지를 확인하는 게 중요해요.

단지 좋아하는 마음과 좋아하지 않는 마음이 반복되는 것 때문에 헤어진 거라면, 다시 말해 항상 '좋아하는 마음'만 있어야 한다는 생각 때문에 헤어진 거라면, 이 두 마음은 누구를 만나도 한 쌍으로 반복될 수밖에 없는 짝이라는 걸 아는 것이 중요하겠네요. 1만큼 좋은 날이 있어서 10만큼 좋은 날이 기쁘고 -10만큼 싫은 날도 있어야 또 10만큼 좋은 날을 경험할 수 있다는 것, 양면을 다 받아들여야 다양한 색채로 삶이 그려진다는 걸 알아보는 거예요.

사랑작업을 제대로 하고 있는지 아닌지 헷갈릴 때가 많아요. 공감을 해주려고 해도 잘 느껴지지 않고요. 감정을 제대로 잘 수용하고 있는지는 어떻게 알 수 있을까요?

원칙적으로 말하면, 우리가 수용하는 게 아니에요. 우리는 조건 없는 사랑의 모습인 '절대 공감'을 흉내 내면서 판단하는 에고의 행위를 약하게 만드는 거예요. 에고의 저항이 약해진 틈을 타서 조건 없는 사랑, 즉 우리의 의식이 버림받은 아픔을 수용하는 것이죠.

마음을 수용하는 데는 여러 방편이 있겠지만 저는 공감해주는 방법을 좋아해요. 공감을 해줄 때 잘 안 되는 부분이 뭐냐면, 공감을 해줘도 무감각하다는 거예요. 그건 너무 공감해주기 싫은 마음, 저항이 있는 거예요. 이때는 내가 우습기도 하고, 비아냥대는 마음이 올라와요. 여기서 많은 사람이 공감하기를 그만둬요.

그런데 계속해야 해요. 참고 공감해주다가 나중에는 분노가 확 올라올 때가 있어요. '내가 너를 얼마나 많이 공감해줬는데, 왜 계속 올라와?' 하는 분노요. 이때가 무의식에 숨어 있던 진짜 마음, 내가 그 감정을 얼마나 미워하고 있는지에 대한 마음이 드디어 의식 위로 올라온 때예요. 그때까지 꾸준히 해주셔야 해요. 이때가 내가 버린 저항의 마음을 두 눈으로 확연히 확인할 수 있는 기회예요. 마음을 받아주고 싶다고 했지만 실은 없애고 싶어서 공감하는 척하고 있었다는 걸 알아차리는 순간이죠. 이 고비를 넘어가야 해요.

만약 수용받는 느낌이 뭔지 잘 모르겠다면 제가 조건 없는 사랑이라 부르는 신성에 대해서 명상이나 기도, 상상을 해보시길 권해드려요. 오직 사랑만 줄 수 있는 존재라면 지금 나를 어떻게 품어줄까를 떠올려보세요.

남편이 암 투병 중입니다. 질병, 죽음에 대한 공포로 가슴이 꽉 막힌 상태에서 벗어나고 싶은데 어떻게 해야 할까요?

인정하고 싶지 않겠지만 무의식 안에는 이미 '남편이 죽을 수도 있다'는 마음이 있는데 그 마음을 볼 수조차 없는 상황인 것 같아요. 너무 무서우니까요. 이건 저항이 아주 큰 상태예요. 그 무서운 마음을 보고 수용하면서 억압된 감정을 살려내야 해요. 그래야 남편이 살아 있는 지금 이 순간을 사랑하면서 행복하게 살 수 있어요. 머리로는 남편이 세상을 떠나면 행복할 수 없다고 생각하지만 그렇지 않아요. 실제로 어떤 일이 일어나서 불행해지는 게 아니라 현재에 저항하면서 지금 느낄 수 있는 것들을 못 느끼게 되는 무감각 속에서 불행해지는 거예요.

사랑작업을 한다는 건, 내가 현실을 다 통제할 수 있게 된다는 것이 아니에요. 지금은 남편이 어떻게 돼도 나는 그걸 막을 수 없다는 무능함을 통해 뭔가를 배우는 중인 거예요. 우리는 일어나는 대로 받는 수밖에 없어요. 그게 진실이에요. 삶에서 일어나는 일을 모두 겪어야 하는 것이 우리의 인생이라면 그 일을 겪을 때 내가 어떤 사람인가, 그 일을 겪는 순간에 나는 어떻게 그것을 받아들일까에 중심을 두는 자세가 중요해요. 지금 상황에서 우리가 할 일은 그 무력함, 통제할 수 없음을 받아들이는 작업을 하는 거예요. 이걸 한다고 남편이 잘못되는 건 아니거든요. 이 작업을 거쳐야 미래에 남편이 어떻게 되든 나는 사랑할 수 있는 상태로 살아갈 수 있어요.

앞서 남편을 보내고 혼자 남아 있는 상황이 이미 내 무의식에 있다고 말씀드렸죠? 그 마음을 바라보는 것이 너무 아프겠지만, 그 아픔을 느껴야 남편을 사랑하는 마음도 함께 느낄 수가 있어요. 두 가지 마음이 동시에 느껴지는 거예요. 그 아픔에 저항하지 말고 아픔을 만나서 품어주다 보면 그 아픔 속에서 내가 남편을 얼마나 사랑하는지, 남편과 함께 있는 것을 얼마나 고맙게 생각하는지를 느낄 수가 있어요. 그렇지 않으면 남편과 이별하는 것이 왜 아프게 느껴지겠어요? 그 대비에서 아픔이 느껴지는 것이기에 아픔 속에서 우리는 보지 못했던 반대 면을 알아차리게 되는 거예요. 그럼 남편이 현재 내 곁에 살아 있다는 것이 확연하게 보여요. 그럼 나는 남편이 살아 있는 오늘을 살아갈 수 있어요. 이것이 지금 이 순간에 감사하며 살아가는 거예요.

어릴 때부터 소외감을 많이 느끼면서 살았어요. 소외감은 늘 느꼈던 감정이다 보니 사랑작업을 할 때 이 감정을 어떻게 바라봐줘야 할지 모르겠더라고요. 그리고 과거의 아픔에 대한 경험이 있는데요. 사랑작업을 하려고 하니 아팠던 기억이 생생하게 떠올라서 힘들어요. 소외감, 과거의 아픔에서 벗어나서 자유롭고 싶은데 굳이 예전 기억을 떠올려서 사랑작업을 해야만 할까요?

과거에 아팠던 내가 있고, 그 옆에 지금 내가 있다고 해볼게요. 지금 나는 과거의 나에게 어떻게 하고 있는 것 같은지 생각해보세요. '넌 과거잖아. 나 자유롭고 싶어. 이제 좀 가주면 안 될까? 너랑 있는 게 너무 싫어' 이렇게 대하고 있진 않으세요? 이 말을 듣는 과거의 내 마음은 어떨까요? 쓸쓸하고, 과거의 아픔은 그대로 남아 있겠죠.

마음은 받아들여지지 않으면 그대로 있어요. 그런데 지금 나는 아픈 과거의 나를 남처럼 대하고 있어요. 내가 그 아픈 내가 되어 '내가 어떻게 해주면 네가 좋을까?' 이런 마음을 갖는 것 자체가 아픈 나에게 영향을 줘요. '어떻게 얘를 없앨까?' 한다면 아무리 위로를 해도 소용이 없고, 어떤 변화도 일어나지 않아요. 하지만 내 옆에서 나와 같은 마음으로 함께 아파하면 그 자체로 이 아픈 마음이 녹는 거예요. 이걸 저는 '첫 단추'라고 불러요. 첫 단추를 잘 끼워야 뭐든 되잖아요. 그런데 사랑작업을 할 때 99퍼센트의 사람들이 이 첫 단추를 잘못 끼워요. 아픈 마음을 없애고 싶은 목적으로 시작하니까요. 하지만 어느 순간에는 정신 차리고 다시 제대로 끼워야 해요. '아, 내가 얘를 없애고 싶어서 여전히 똑같이 아프구나. 너를 나라고 여기고 살아볼게. 그 마음을 이해해볼게. 네 아픔을 직접 겪어볼게.' 이렇게 그 아픔을 내 것으로 받아서 느껴볼 때, 변화가 일어나는 거예요.

소외감도 똑같아요. '아, 내가 보려고 하니까 계속 나타나네. 느끼고 싶지 않은데.' 하지만 소외감은 언제나 내 안에 있어요. 그 마음을 버리지 말고 내 것이라 여기고 함께 있는 거예요. 그러지 않으면 아무것도 되지 않아요. 내가 첫 단추를 잘 끼우고 있는지를 계속 점검해보세요.

주변에 이기적으로 행동하는 사람을 보면 마음에서 저항이 많이 일어나요. 이기심, 이타심 모두 나중에는 내가 다 알아서 쓸 수 있어야 한다는 건 알고 있는데, 이기적인 마음을 비판하는 판단이 잘 내려가지 않아요. 어떻게 하면 좋을까요?

사랑작업을 할 때 어떤 원칙을 세워두고 그걸 적용하려고 하면 머리로 하는 작업이 되어버려요. 그것보다 항상 올라오는 모든 것에 대해 내가 수용하고 인정해준다는 자세가 기본이 되어야 해요. 이기적인 사람을 볼 때 드는 내 솔직한 마음이 있어요. 비난하고 싶고, 비판하고 싶고, 그러면 안 된다고 하고 싶고, 너무 미워요. 이기적인 사람을 너무 미워하는 마음, 거기서부터 시작해야 해요. 이기적이라는 판단은 어떻게 보면 아주 주관적인 거예요. 내가 이기적이라고 생각하는 행동을 하는 사람을 볼 때 내 어떤 마음이 자극받아서 아픈지까지 가서 그 마음으로 살아보세요. 사랑작업은 안에 있는 마음을 겹겹이 감싸고 있는 저항부터 하나하나 봐주는 작업이기도 해요. 그러니 '너무 보기 싫다'는 저항의 감정부터 느껴주세요.

생각과 감정은 떼려야 뗄 수가 없어요. 모든 감정 안에는 생각이 담겨 있거든요. 우리는 감정을 느낄 때 그 감정 안에 담겨 있는 생각이 저절로 올라오는 것을 보게 돼요. 반면에 감정과 따로 노는 생각이 있는데, 우리가 느낌을 놓치면 머리로만 하는 생각에 빠지게 돼요. 이건 문제예요. 생각에 빠지는 것 자체가 어떤 느낌을 피하려는 저항이거든요.

그래서 감정을 가장 잘 자각하는 방법은 몸의 감각으로 느끼며 알아차리는 거예요. 생각에 빠져 있으면 몸의 느낌을 놓칠 때가 많아요. 그럼 어느 순간이든 멈추고 지금 하고 있는 이 생각이 나한테 어떻게 느껴지는지로 들어가야 해요.

예를 들면 '나는 왜 이렇게 성적이 안 좋을까?' 한다면 이건 생각이에요. 이런 생각이 들 때 그 생각에 담긴 감정을 몸으로 느끼는 사람이 있고 머리로 생각에 빠져버리는 사람이 있어요. 이 차이예요. 에고 마인드로 사는 사람은 분석을 하기 시작해요. 공부를 안 했으니까, 머리가 나쁘니까, 재미가 없으니까. 이건 느낌에서 벗어나 생각 속에 빠져 있는 거예요. 우리가 하려는 사랑작업은 이 생각이 올라왔을 때 내가 어떻게 느끼고 있는지를 가만히 몸과 마음으로 느껴보는 거예요. 뭘 느낄지는 사람마다 다 달라요. 어떤 사람은 불안하고, 어떤 사람은 화가 나고, 어떤 사람은 수치심을 느끼고, 어떤 사람은 죄의식을 느껴요. 그 느낌에 머무르면서 이 느낌이 무슨 말을 하는지 들어보는 거예요. 그럼 '이런 내가 창피해', '내가 하는 일이 다 그렇지. 나는 애초에 못난 애니까' 등 감정 속에서 자동으로 올라오는 어떤 생각을 만나게 돼요. 이렇게 타고 들어가다 보면 가장 솔직한 내 생각과 만나게 되는 거죠. 예를 들면 '이렇게 하다가 내 인생은 결국 망할 거야, 사람들에게 무시를 당할 거야, 무능해져서 버림받을 거야' 등 자기만의 신념이 나오게 돼 있어요.

머리로 생각에 빠져드는 건 결국 느낌을 느끼기 싫어서 도망가는 거예요. 몸으로 느끼는 연습을 많이 하다 보면 끝에는 솔직한 생각이 올라오고 그걸 놓아줄 수 있게 돼요.

일상에서 사랑작업하는 것 말고 꿈 내용으로도 사랑작업할 수 있나요?

꿈으로 사랑작업을 하기 전, 먼저 일상에서 사랑작업을 충분히 해보시고 익숙해진 다음에 꿈으로도 작업을 해보시길 먼저 권해드려요. 그러지 않으면 잘 안 되는 경우가 많거든요. 여기서는 충분히 일상의 사랑작업에 익숙해졌다고 가정하고 말씀드릴게요.

방법은 똑같아요. 보통 꿈은 일상과 다르다고 생각하는 경우가 많은데 현실과 꿈은 모두 무의식이 반영되는 거예요. 현실은 시간적, 공간적인 제약이 있지만 꿈은 그런 제약 없이 무의식을 반영해주죠. 같은 맥락으로 꿈은 현실에서 일어날 일을 더 빨리 정확하게 비춰주기 때문에 예지몽을 꾸는 일도 생기는 거죠.

꿈을 현실과 똑같이 생각하면서 작업해보세요. 진짜 일어난 일처럼 느끼면서 감정 속으로 들어가는 거죠. 마치 우리가 과거에 일어난 사건을 보듯이요. 그 감정을 가만히 느끼다 보면 그것의 의미가 떠오르게 돼 있어요. 반복되는 꿈이 있다면, 내가 못 알아차리는 것들을 무의식이 계속 알려주는 거예요. 모든 내용을 다 보려고 하지 않아도 괜찮아요. 인상적이었던 장면부터 먼저 시도해보세요.

저도 꿈으로 사랑작업을 하고 있는데, 현실에서 알려준 것보다 훨씬 명확하게 작업할 수 있는 경우가 많이 있었어요. 한번 해보세요. 재미있을 거예요.

사랑작업을 하다 보니 내 감정을 토로하는 시간과 공감하는 시간을 왔다 갔다 하게 되던데 이게 맞는 건가요? 부모 역할과 내면아이 입장은 어떻게 조율하나요?

감정을 토로하고 공감하는 것이 반복되는 건 자연스러운 거예요. 어느 정도 공감해주면 토로할 얘기가 많아지죠. 친한 사람들과 대화하는 것과 똑같은 거예요. 그런데 여기서 알아둘게, 한 번은 토로하고 한 번은 공감하는 식으로 역할이 바뀌는 건 아니에요. 나는 토로하는 동시에 공감해주고 있는 거예요. 부모 역할을 하는 나와 내면아이인 내가 항상 마음에 함께 있는 거죠. 그리고 이 수용의 태도(조건 없는 사랑)는 늘 우리 안에 있어요. 그런데 판단이 계속 이 사랑과 감정 사이에 끼어드는 거예요. 그럼 감정이 올라오다 탁 멈춰요. 그땐 공감을 더 해주는 거예요. 토로할 수 있다는 건 이 감정이 수용되고 있음을 내가 알고 있다는 뜻이에요. 막힐 때마다 계속해주세요.

제가 저 자신과 사람들을 관찰하면서 재미있다고 생각했던 지점이 있어요. 토로하는 내면아이의 태도를 주로 취하는 종교는 기독교예요. 아이가 된 느낌으로 사랑의 신을 믿고 의지하며 내 모든 솔직한 감정을 털어놓죠. 보통은 남성보다 여성들이 이런 태도를 좀더 편안해해요. 반면 부모 역할의 태도를 취하는 종교는 불교 쪽이죠. '내 안에 불성이 있다, 내가 부처다'라는 마음은 내가 부모 역할을 하게 만들어주고 부모의 눈으로 너그럽게 올라오는 내면아이의 감정들을 바라보는 것이죠. 그리고 이쪽은 남성들이 좀더 선호하고요.

그런데 우리는 이 두 태도 모두 배워야 해요. 한쪽으로 치우치면 균형이 깨지게 되어 있으니까요. 나에겐 어떤 자세가 아직 어색한지 살펴보고 균형을 잘 맞추는 연습을 하는 게 중요해요.

조건 없는 사랑이 진짜 있나요?

조건 없는 사랑은 우리가 그 실체를 진짜 만나야 알 수 있는 게 아니에요. 만약 지금 내가 느끼고 있는 감정에 대해서 토 달지 말고 그냥 받아주면 내가 지금 굉장히 사랑받고 있다는 것을 바로 알 수가 있어요. 나 자신이 누군가에게 조건 없이 수용되면 너무 좋잖아요. 왜 그게 좋을까요? 우린 이미 그 느낌이 뭔지 알고 있는 거예요. 그 사랑이 내 안에 있으니까요. 머리로 '조건 없는 사랑은 도대체 뭔가?' 아무리 생각해도 우린 아무것도 알 수 없어요. 그런데 이 사랑은 이미 내 몸과 마음에 새겨져 있어요. 이유 없이 좋은 것이죠. 그걸 '절대 공감'을 연습하면서 한번 해보는 거예요. '조건 없는 사랑이 세상에 없다고 하더라도 나는 조건 없는 사랑이 좋으니까, 내가 나에게 좋은 걸 해줘야지' 이렇게 아주 단순하게 접근해보면 어떨까요?

저는 분노가 없는 사람이라고 생각했는데 사랑작업을 하면서 분노가 엄청 많이 올라와요. 그래서 주변 사람들과 최근에 다투는 경우가 많아졌어요. 그런데 다툰 뒤에도 미안하다는 감정이 전혀 올라오지 않아요. '서로의 감정대로, 원하는 대로 한 거잖아' 하는 생각이 들고요. 끝까지 미안하다고 말하지 않아도 괜찮나요?

미안하다고 말하지 않는 상태에서 내가 어떻게 느끼는지를 보세요. 의식으로는 미안하다 하지 않아도 괜찮다고 하지만 이 질문을 했다는 것 자체가 마음에 뭔가 있다는 거예요. 불편함이 올라왔다면 이 불편함을 봐야 해요. 아무리 잔인한 진실이라도 내 안에 아무것도 남아 있지 않다면 그건 괜찮은 거예요.

분노에 대해 사랑작업을 할 때도 올라오는 분노를 내 안에서 느끼고 수용하며 흘러가도록 해줘야 하는데, 만약 누군가에게 이 분노를 표현해야 그 감정이 끝난다면 그건 아직 분노가 수용되지 못한 거예요. 내 감정을 남한테 던지는 거죠. 처음에는 이런 행동을 해도 어쩔 수 없어요. 그럴 때마다 다시 내면에서 이 분노를 인정하고, 받아들이는 작업을 해야 하는 거죠. 이 분노가 다 흘러가고 나면 그때야 비로소 진짜 자기 마음이 드러나요.

질문자는 평생 분노를 안 쓰다가 처음으로 그 감정을 허용해준 거잖아요. 당연히 처음에는 계속 분노만 일어날 거예요. 저도 처음에 사랑작업한다는 건 분노하는 것이었어요. 사람들에게 화를 내보기도 했고요. 다 필요한 과정이에요. 그때 알게 된 게 뭐냐면, 분노 아래에는 항상 여린 감정이 있다는 거였어요. 결론은 분노라는 감정을 혼자 수용하는 법을 계속 연습하는 시간이 필요하다는 것!

절대 공감을 연습하고 있는데요. 부정적인 감정을 느끼면 이걸 더 끌어당기는 게 아닌지 걱정이 돼요. 그리고 실제로 안 좋은 일이 일어나기도 하고요.

정말 많은 분들이 비슷한 경험을 이야기해주세요. 안 좋은 감정을 느끼니까 더 삶이 안 좋아졌다고요. 그건 어떤 거냐면, 내가 내 마음을 보기로 했어요. 보기 싫어서 넣어둔 마음을 돌봐주겠다는 의사표시를 나 스스로 한 거예요. 그러니 내 의사에 맞춰 내 안에 있던 마음들을 현실로 보여주기 시작한 거예요. 그런데 보여주자마자 난리가 난 거예요. '나는 사실 내 삶을 좋게 만들려고 시작했는데 왜 이래!' 하는 거부감이 드는 게 사랑작업 초기에는 당연하게 일어나는 일이에요. 예전에는 그냥 넘어갔던 일도 더 예민하게 받아들인다는 건 내가 그만큼 잘 알아차리고 있다는 뜻이에요. 안 보고 있던 것을 또렷하게 보기 시작하니 불편함이 커지는 거죠.

그런데 여기서 주목해야 할 부분이 있어요. "부정적인 감정을 **느끼면** 이걸 더 끌어당기는 게 아닌지"라고 말씀하신 부분이에요. 이 '느끼면'이라는 표현을 잘 봐야 하는데요. 보통 사람들은 부정적인 감정에 저항하고 있으면서 그걸 부정적인 감정을 느껴줬다고 착각하는 경우가 많아요.

사랑작업을 한다는 건 부정적인 감정을 나쁘다고 판단하지 않고 공감하며 수용하는 것을 말해요. 그렇게 판단 없이 수용한 결과로 감정이 흐르면서 '느껴지는' 것이죠. 즉, 느낀다는 것은 수용의 결과로 나타나는 현상이에요. 그런데 대부분의 사람이 부정적인 감정을 자기도 모르게 나쁘다고 판단하고 느껴서 없애려는 의도로 억지로 느끼면서 그걸 사랑작업을 했다고 착각해요. 그러고는 '나는 다 느꼈는데 왜 또 같은 느낌이 올라오지?'라고 생각하는 거죠. 이건 저항을 더 적극적으로 해본 것일 뿐 수용은 아닌 거예요.

그러니 올라온 부정적인 감정을 무의식적으로 나쁘다고 판단하고, 그것을 없앨 목적으로 느껴준 것은 그 부정적인 감정에 더 많은 에너지를 공급한 것이라고 할 수 있어요.

항상 솔직한 것이 중요해요. 공감하기 싫은데 억지로 공감하기보다는, '이 부정적인 감정이 너무 싫다', '이걸 느끼는 게 두렵다'와 같이 솔직한 내 저항의 마음부터 인정하면서 사랑작업을 해보세요. 가장 솔직한 마음에는 저항하지 않고 절대 공감하는 것이 오히려 자연스럽고 쉽습니다. 자기를 속이면서 뭔가를 억지로 하려고 하는 자체가 저항을 숨기는 것임을 기억하시면 좋을 거예요.

이 질문은 정말 많이 받아요. 사랑작업은 언제 끝나는지에 대한 질문. 그런데, 저는 사실 끝내고 싶지 않아요. 내 솔직한 마음을 들여다보고 내 깊은 진실을 발견하는 일이 너무 좋으니까요. 질문하시는 분들은 사랑작업을 언제까지 해야 하는지가 궁금하신 게 아니라, 언제쯤 내 무의식의 내면아이들을 다 치유할 수 있을까 궁금하신 걸 거예요.

언제 끝난다는 얘기는 할 수 없지만, 확실히 삶이 괜찮아지는 시점이 언젠지는 말씀드릴 수 있어요. 처음에는 이 저항 전체(버림받은 마음을 없애려 하는 마음)를 보지 못해요. 없애려는 마음은 무의식 깊이 숨어 있거든요. 어느 순간 '내가 이 마음을 없애려 했구나' 딱 인식이 되면 버리려고 했던 마음에게 너무 미안해져요. 이 마음이 얼마나 무섭고 아팠을까 싶은 거죠. 이게 우리가 넘어야 하는 첫 번째 산이에요. 이후에는 훨씬 이 작업을 하는 게 수월해져요. 시간이 오래 걸리기는 하지만요(저는 1년 반 정도 걸렸어요). 하지만 한 마음에 붙어 있는 모든 저항을 다 보고 녹이고 난 뒤 갓난아이 같은 진짜 마음을 만나서, 이 마음에 공감해주면 그 따뜻한 느낌이 마음을 녹여 버리고 의식은 확장돼요. 이 과정은 저절로 일어나요. 이 과정을 반복하다 보면 나중에는 이 과정이 재밌고, 다음을 기대하게 돼요. 힘든 일이 일어나면 '내가 이걸 보기로 했잖아'를 떠올리세요. 이 과정을 반복하다 보면 나중엔 불편한 마음을 발견했을 때, 이 안에서 내가 몰랐던 어떤 진실을 만나게 될까를 기대하고 있는 자신을 발견하실 수 있을 거예요.

사랑작업의 마지막엔 버림받은 아픔이 있다고 하셨는데요. 그렇게 아프고 고통스러운 거라면 안 느끼고 살면 되지 않나요?

버림받은 아픔을 느끼는 고통은 우리가 저항하면서 느끼는 고통과는 차원이 달라요. 저항은 끝없이 마음이랑 싸우는 거예요. 그래서 나도 모르게 에너지를 계속 소모하죠. 이 싸우는 한편에는 버림받은 아이(아픔)가 있어요. 이 아이는 상처투성이고, 아파요. 이 아픔을 느낀다는 건 아프기만 한 건 아니에요. 내가 아플 때 누군가가 나를 꽉 껴안아주고 있다면 이 느낌을 아프다고만 할 수 없어요. 아프지만 또 그 속에서 따뜻한 거예요. 예를 들어 이 세상의 기준에서 너무도 초라해서 아무도 날 사랑해주지 않을 것 같은 거지 같은 존재로 내가 나를 느끼고 있을 때, 내가 어떤 모습이든 상관없이 이런 나를 꼭 안아주는 존재가 있다면 어떨까요? 그때 내가 느끼는 사랑은, 내가 세상에서 인정받고 사랑받는 존재일 때 받는 사랑이랑은 차원이 다른 종류겠죠? 아픔을 느낀다는 건 그 상태까지 가는 걸 얘기하는 거예요. 처음엔 아프지만 계속 수용해갈 때 그 아픔에 변형이 일어나요. 그때 우리는 아픔을 느끼는 존재가 아니라 이 아픔을 품는 존재가 되는 거거든요. 버림받은 존재라는 거짓말에서 벗어나는 거예요. 이것이 연금술, 완전한 변형이죠. 그래서 내 의식이 확장된다고 얘기하는 거예요.

다른 사람을 너무 무시하고 싶고, 짓밟고 싶은 마음과 상처 주고 싶지 않은 마음이 계속 같이 느껴지니까 너무 벅차요. 어떻게 해야 할까요?

공격하고 싶고, 죽이고 싶은 마음이 올라올 때 이 마음을 얼른 공감해주고 넘어가고 싶은, 즉 이 마음을 나쁘다고 여기는 시선으로 보고 있는 것 같아요. 이런 공격적인 마음을 작업하는 과정을 간단하게 알려드릴게요.

누군가를 죽이고 싶은 마음을 봐줄 때, 처음에는 상상으로 내가 알고 있는 모든 잔인한 형벌을 다 동원해서 처벌해야 조금 시원한 느낌이 들 정도일 수도 있어요. 그러지 않아야 한다고 무의식에 눌러놓았던 마음을 허용해주는 거니까 강도가 엄청날 거예요. 이 과정을 지나면서 '이러고 있는 내가 너무 아프다'는 마음이 들어요. 큰 잘못을 하지 않았는데도 그 사람을 죽이고 싶은 마음이 드는 내가 너무 아픈 거예요. 사실 무의식 속에서 우리는 계속 잔인하게 상대를 해하고 있었어요. 이런 행동을 하면 안 된다고 눌러놓았으니 아픈 줄 몰랐을 뿐이에요. 이런 마음은 상대방을 기분 나쁜 눈빛으로 본다든지, 먼저 연락을 단절해버린다든지, 대놓고는 못 하지만 냉정하게 돌아서버린다든지 하는 은근한 공격의 방식으로 드러나요. 우리는 이미 상대를 공격하고 있는 거예요.

사랑작업을 하면서 내가 이 마음을 다 봐주겠다고 하면 눌려 있던 감정들이 다 올라와요. 처음 공격하는 마음을 받아들일 땐 시원해요. 그런데 나중에는 상대를 잔인하게 공격하는 내가 너무 아파서 그만두고 싶어한다는 걸 알게 돼요. 모든 아픔이 살아나서 그 아픔을 내가 다 느낄 수 있기 때문이에요. 공격하는 것도 나고, 맞는 것도 나임을 알게 되는 거예요. 그제야 멈출 수 있어요. 이렇게 될 때까지는 내 마음에서 일어나는 일은 모두 허용해주세요.

이런 과정이 버거울 때는 그래, 여기까지 오느라 애썼다 하면서 잠시 쉬어가도 괜찮아요. 그렇게 자신을 돌보면서, 지금 할 수 있는 만큼 해나가면 돼요.

사랑작업을 알게 된 이후 마음공부에 관심이 생겼는데요. 다른 책들을 보니까 신비체험 등 다른 차원을 경험한 이야기가 나오더라고요. 신, 영혼, 아스트랄계 같은 단어들이 무섭게 다가오기도 하는데요. 계속 마음공부를 하다 보면 다른 차원을 경험할까 봐 두려워요.

만약 지금 내 의식 상태보다 더 높은 의식 상태를 경험한 적이 있었다면, 질문은 "어떻게 하면 한 번 더 경험할 수 있을까요?"가 되었을 거예요(웃음). 우리는 미지의 것에 대한 두려움이 있죠. 사실 에고의 저항에 얽매여 살아가는 상태 자체는 우리의 본성에서 더 먼 상태라고 할 수 있어요. 본성의 상태는 조건 없는 사랑의 상태예요. 사랑을 주고받는 것조차 아닌, 모든 것을 허용할 수 있는 의식 상태. 그런데 지금은 거기서 벗어나서 외따로 분리된 자아를 만들어내고 그게 나인 것처럼 생각하면서 거기 갇혀서 살아가는 거죠. 한 번이라도 다른 의식 상태를 경험한다면 '아, 진정한 나는 이렇구나'를 알게 되고, 그게 오히려 나에게 더 잘 맞는 옷 같아요. 편안하고, 자연스럽고, 더 나답다는 느낌이 들거든요. 경험하기 전에는 신비롭고, 두렵기도 하지만 막상 알고 나면 '난 왜 이렇게 자연스러운 상태를 잊고 살았을까?' 싶은 거죠.

우리가 지금 하는 모든 일은 의식의 단계를 점점 높여나가는 거예요. 우리 안에는 상처들이 많이 있어요. 예를 들면 '나는 못나서 버림받았어'라는 느낌이 강한 상처가 있는데, 이걸 사실이라고 믿어버린 거예요. 그리고 이 버림받은 느낌을 안 느끼려고 잘난 나, 버림받지 않는 나 등 다른 자아들을 계속 만들어내서 저항하며 살려고 해요.

이렇게 분리된 자아들의 눈으로 세상을 보면 다 필터를 끼워서 보게 돼요. 여러 사람이 모여 있을 때 '나는 못난 것 같은데, 저 사람은 잘난 것 같다', '저 사람보다는 내가 나은 것 같다'고 판단하며 살아요. 이렇게 살아가는 건 그 인식의 감옥에서 사는 거예요. 의식이 확장된다는 것은 이런 자아의 인식 틀이 사라지는 거예요. 잘나고 못나고가 없이 훨씬 자유롭게 세상을 인식할 수 있게 되는 거죠. 본래 나에 더 가까운 쪽으로 의식이 확장하며 성장해가는 거죠.

이 질문이 나온 건 낯설다 두렵다 하는 감정, 저항감이 있는 거예요. 의식이 확장되는 건 좋은 것임을 머리로 인식은 하고 있되, 지금 있는 감정을 버리지 말고 이 두려움 자체를 충분히 수용해주세요.

사랑작업을 할 때 감정을 받아주면 그 감정이 사라져요. 이게 흘러간 건지, 아니면 다시 무의식으로 들어간 건지 모르겠어요. 감정이 흘러갔다는 건 어떻게 아나요?

먼저, 감정이 잘 흘러갔다면 이 질문을 하지 않아요(웃음). 스스로 알아요. '이제 살 것 같다. 시원해' 이렇게 되거든요. 그리고 항상 의식이 변해요. 묶여 있던 생각, 신념에서 풀려나면서 상황이 전혀 다르게 인식돼요. 그래서 자기가 알아요. 그런데 중간에 끊고 이걸 무의식에 넣으면 찝찝하고, '제대로 된 건가?' 하는 질문이 나오게 돼요.

우리가 흔히 '카타르시스를 느낀다'고 하죠? 감정이 흘러간 느낌은 이것과 비슷해요. 영화를 보면서 펑펑 울고 난 뒤 후련한 느낌. 기쁜 감정도 마찬가지예요. 잘 흘러갔으면 우리가 알아요. 사랑작업을 하다 보면 감정에는 굉장히 다양한 층들이 있다는 걸 알게 돼요. 저항의 층, 아픈 마음의 층, 그 아래에는 또 다른 감정이 있어요. 이것을 하루에, 한 큐에 쭉 다 할 수는 없어요. 저는 초반에 몇 개월 동안 분노만 느꼈어요. 생애 처음 분노를 느껴본 거예요. 그런데 시간이 지나면서 이 분노 밑에 다른 무언가가 있다는 게 느껴졌어요. 그럼 또 밑에 있는 걸 보고, 또 보고. 이것에 대해서 '내가 잘 느끼고 있는가?' 궁금해할 필요가 없는 이유가, 내가 뭔가를 무의식에 다시 넣었다면 이 감정은 다시 나오게 돼 있어요. 어떤 사건을 통해서든 다시 나에게 보여줘요. 놀리려고 하는 얘기가 아니에요(웃음).

사랑작업을 하면서 에고가 착각하는 게 뭐냐면, 얼른 빨리 다 해치우고 내일부터 새 인생을 살고 싶어한다는 거예요. 그런데 마음은 해치우는 게 아니에요. 매일 껴안고 함께 살아가는 거예요. 오늘 내가 분노를 느꼈다면 그게 오늘의 나, 지금의 내 마음이기 때문에 느껴준 거지 이 분노를 어떻게 하겠다고 하는 게 아니에요. 이게 지금의 나니까 그저 껴안고 하루하루 사는 것뿐이거든요. 그래서 오늘 내가 마음을 봤는데 찜찜하다고 하면, '아, 오늘은 제대로 못 봐줬구나. 뭔가 또 있나봐' 하고 일도 하면서 오늘을 사는 거예요.

물론 그 감정의 뿌리까지 다 보고 나면 더 이상 같은 이유로 그 감정이 올라오지 않아요. 감정은 내가 믿고 있는 어떤 생각이 내 안에 있다고 알려주는 신호이고, 우리가 이 신호를 따라가서 그 생각의 가시를 보고 그걸 빼내면 더 이상 신호를 보내지 않아요. 그래서 매번 이 생각의 가시를 빼고 의식이 확장하는 데까지 가면 좋겠지만 어떤 과정은 시간을 두고 천천히 일어날 수밖에 없다는 걸 받아들여야 해요.

사랑작업에도 완벽주의를 적용하면 굉장히 힘들어져요. 이건 에고가 하는 거예요. 그러니 매일 의식적으로 '나는 오늘의 나를 산다, 오늘의 나를 껴안아줄 거야'라고 생각하며 하시면 됩니다.

삶은 내가 어떤 선택을 하든 내가 꼭 봐야 할 마음을 내 앞에 놓아줄 거예요. 우리가 어떤 선택, 결정을 할 때 보통 에고는 특정한 아픔을 마주하지 않을 선택을 하죠. 예를 들어, 절대로 무능해서 버림받을 일이 없는 선택을 한다든지, 절대로 사람들에게 무시당할 만한 일이 없는 선택을 한다든지, 그런 두려움에서 선택을 하게 되어 있어요. 내가 솔직한 내 마음을 들여다보지 않고 선택을 하면 이런 에고의 두려움을 동기로 선택을 하게 되죠. 그러면 삶은 그 두려움이 피하고 싶어했던 마음을 내 삶에서 경험하게 할 만한 기회를 나에게 가져다줄 거예요. 그게 나를 위한 거니까 그런 일이 일어나는 거죠.

그러니 사건으로 그 두려운 일이 펼쳐질 때까지 기다리기보다는, 내가 어떤 마음으로, 어떤 동기로 선택하는지 먼저 사랑작업을 통해 보는 것이 좋겠죠. 에고의 두려움으로 선택하기보다는 그 두려움을 해소한 상태에서 내가 원하는 사랑의 선택을 하는 거예요.

그러니 항상 어떤 행동을 하겠다고 결정하는 건 두 번째예요. 우선 내 마음을 봐주는 게 중요해요. 나는 지금 있는 현실에서 올라오는 마음을 느껴주면 돼요. 이 세상은 내가 버린 마음을 먼저 느끼라고 보여주는 쪽으로 가게 돼 있어요.

쉽게 말해 저는 우선 내가 어떤 두려움으로 선택하지 않는지 마음을 보면서 그 두려움을 수용하고, 그런 다음에는 이유 없이 끌리는 것을 선택해요. 어차피 삶이 나를 위해 내게 필요한 걸 가져다줄 텐데 이왕이면 내가 좋고 끌리는 걸 선택하는 거죠. 저는 이걸 알았을 때 해방감을 느꼈어요. 어차피 삶이 보게 될 마음을 보게 해줄 거라면, 지금 내가 조금이라도 더 좋은 쪽을 선택하고 고민하지 않는 거예요. 선택한 이후에는 머리로 크게 생각하지 않고요. 그럼 모든 면에서 삶이 되게 단순해져요.

느낌 중심과 판단 금지는 할 수 있는데 절대 공감을 하려 하면 불편함이 올라와서 잘 안 돼요. 그래서 절대 공감은 안 하고 나머지만 하고 있는데 더 편안하거든요. 지금처럼 계속하면 나중에는 자연스럽게 내면아이들을 만날 수 있는 건지요?

처음에는 저도 느낌 중심과 판단 금지만 하면서 사랑작업을 했어요. 절대 공감 부분은 몰랐었어요. 그냥 어떤 느낌이 올라오면 조정하려 하거나 해결하려 하지 않고 그 느낌 그대로 가만히 있는 것부터 시작했어요. 그러다가 제가 무의식적으로 그 감정을 계속 바꾸려 하고 있다는 걸 발견한 거예요. 그래서 아무것도 하지 말고 가만히 있어보자, 내가 악마면 악마로 살자는 마음으로 그 느낌 그대로 봐주기 시작했어요. 그러니 조금씩 나아지는 느낌이 있었어요. 불안은 있지만 그 속에서도 편안함을 느끼며 있을 수 있었거든요. 변형이 일어나기는 한 거죠.

그런데 내가 판단 없이 받아들였다고 생각했지만 알게 모르게 거부하고 있는 면이 있다는 사실을 알게 됐어요. 이 단계에서는 내가 나를 품어볼 수 있겠다는 수용력이 조금 더 커진 거예요. 그래서 한 번씩은 확 공감을 해주기 시작했어요. 그렇게 하니까 남아 있던 판단들이 더 잘 발견되더라고요. 공감을 해주는 게 중요한 건 아니에요. 공감을 하면서 우리가 얼마나 저항하고 있었는지를 더 분명하게 보게 되는 거예요. 그러면 저항을 더 잘 내려놓을 수 있게 되는 거죠. 말씀하신 것처럼 공감을 하면서 크게 불편함이 올라오는 것이 바로 숨어 있던 저항감이 올라온 거예요.

느낌 중심으로 판단하지 않고 마음을 볼 때는 이미 신성의 빛이 들어올 자리가 다 마련이 돼 있어요. 그런데 나도 모르게 저항하는 습관이 있기 때문에 그 습관을 더 잘 발견하고 내려놓을 수 있도록 해주는 게 절대 공감이거든요. 실은 '공감해주기 싫다'는 게 더 솔직한 내 마음이었던 거예요. 이 저항의 마음을 만나면 그것부터 품어주면서 흘려보낼 수 있는 겁니다. 이렇게 '절대 공감'은 가장 솔직한 마음을 만나게 해주는 도구예요. 공감하면서 반발심이 들면 그 반발심이 내가 놓친 가장 솔직한 마음인 걸 알아차리고 그것부터 공감해보세요.

마음공부 하는데 가난한 사람이 있고, 그런 거 모르는데도 부자인 사람이 있잖아요. 이런 현실은 어떻게 바라보면 좋을까요?

우리는 저마다 최대한 성장할 수 있는 조건을 선택해서 태어나요. 즉 자신의 본성, 자신의 조건 없는 사랑인 신성에 얼마나 더 가까이 갈 수 있는가를 기준으로 이 사람에게 가장 적합한 조건을 갖추어 태어난다고 볼 수 있어요. 돈이든 건강이든 인간관계든 그 사람의 성장에 가장 도움을 주는 도구로 쓰이는 거예요. 단순하게 돈이 많은 사람은 풍요롭고, 돈이 적은 사람은 결핍이 있다고 볼 수 없어요. 각 사람의 삶마다 돈이 하는 역할은 다 다르거든요.

우리가 삶을 산다는 건, 그리고 사랑작업을 한다는 건 자신의 내면에 있는 온전함을 찾는 길로 가는 과정이에요. 그 온전함을 충분히 드러내고 사는 것이 충만한 삶이고 풍요로운 삶이거든요. 우리가 내면작업으로 버려진 마음들을 수용하고 나면 내 온전함에 대한 인식이 커지게 되어 있어요. 그러면 이 온전함을 더 잘 드러낼 수 있게 하는 재정적인 조건과 인간관계, 건강이 저절로 따라오게 되는 거예요.

가난한 결핍 상황이 지속되어 삶이 괴로운 상태라면 그 괴로움을 수용해서 내가 돈에 대해 어떤 관념을 붙들고 있는지 바라보고 놓아줄 필요가 있죠. '나는 풍요를 누릴 자격이 없는 사람이야'와 같은 아픈 마음을 발견하고 위로하면서 그 거짓말로부터 놓여나는 것, 그것이 성장이에요. 이런 성장 뒤에는 내 정체성에 대한 관념도 달라지기 때문에 재정 상태가 변하는 현실의 변화가 따라오게 되어 있어요.

그런데 에고는 이런 얘기를 들으면 "가난한 상황은 잘못된 관념을 붙들고 있는 **잘못된 상태**구나"라고 받아들이고 이 기준으로 타인의 삶을 판단하려고 해요. 우리가 간과하면 안 되는 것은 누구도 타인의 삶에 대해 다 알 수 없고 보이는 것만으로 판단할 수도 없다는 거예요.

어떤 사람은 돈이 없어서 힘든 상황을 겪지만, 한편으로는 궁핍함 속에서도 행복할 수 있다는 것을 스스로 깨닫고 돈의 유무를 뛰어넘어 자기를 사랑할 수 있는 길을 개척해나가는 삶을 살고 있는 걸 수도 있거든요. 우리는 결핍에 대한 저항 때문에 '저 사람은 가난해서 불행해'라고 쉽게 생각할 수 있죠. 하지만 그 사람은 오히려 가난이라는 높은 허들을 마련해놓고 그 안에서 새로운 삶, 자신만의 색깔을 담은 사랑을 체험하면서 스스로를 드러내고 있는 거예요.

또, 돈이 많은 사람이 결핍이 없는 것도 아니거든요. 그런데 사람들은 부자들은 돈이 많으니까 마음이 힘든 일은 없을 거라 생각하고 그 사람의 아픔에 잘 공감을 안 해주는 경향이 있어요. 그리고 돈이 많다고 무조건 풍요로운 게 아니라 그 돈을 지키거나 처리하는 과정에서 휘말리는 일들이 있어요. 그 과정에서 원치 않는 상황들을 겪게 되지요. 각자 봐야 하는 마음을 어떤 경로를 통해서건 만나게 되는 거죠. 유능하거나 권력이 있는 사람들도 마찬가지예요. 오히려 미움받거나 사람들에게 이해받지 못하는 체험을 각자의 삶에서 겪게 된답니다.

우리가 마음공부를 하면서 배우는 내용을 남에게 적용하기 시작하면 에고의 판단 수단이 되어버려요. 언제나 방향을 내쪽으로 돌려서, 나의 성장을 위해서만 사용해야 한다는 걸 기억하시면 좋을 거예요.

감정이 크게 느껴지는 날도 있지만 그렇지 않은 날도 있잖아요. 그럴 때 '일상에서의 사랑작업'을 한다는 건 무엇을 해야 하는 건지 잘 모르겠어요.

사랑작업은 우리의 본성대로 살아가는 방식을 의미해요. 단순하게 말하면, 내가 어떤 생각을 하고 어떤 느낌을 가지고 사는지 인식하며 사는 거예요. 케이크 한 조각을 먹을 때 생각에 빠져 어떤 맛인지도 모르고 퍼먹는 거랑 '이런 맛이구나' 하고 음미하며 먹는 거랑은 너무 다르잖아요. 사람들에게 두 가지 방식 중 어떤 식으로 살고 싶으냐고 물으면 대부분 두 번째 방식으로 살고 싶어해요. 사랑작업을 한다는 건 두 번째 방식으로 삶을 사는 거고, 이것이 일상에서의 사랑작업이에요.

아픈 마음을 본다는 건 내가 유독 나쁘다고 판단하면서 버렸던 마음을 본다는 거예요. 삶은 내가 버린 마음을 다시 맛보라고 가져다줘요. 결국 골고루 다 먹어야 하거든요. 아픈 마음을 많이 버렸을수록 삶에서는 그것만 나타나요.

질문 주신 분은 아마도 마음을 수용해서 느끼며 살아본 경험이 많이 없으신 것 같아요. 밥 먹고 일하고 잘 때도 어떤 느낌을 느끼면서 살 수 있거든요. 케이크를 퍼먹듯이 사는 것보다는 맛을 음미하며 살 수 있다면 훨씬 풍족한 삶을 살고 있다는 느낌이 드실 거예요.

일상에서 사랑작업을 한다는 것은 그래서 뭘 했다고 말하기가 참 어려워요. 아침에 눈 떴을 때부터 잠들 때까지 내가 어떤 느낌인지 알아차리면서 사는 것뿐이에요. 몸이 찌뿌둥하면 '오늘 찌뿌둥하네' 하면서 잠시 그 느낌을 느껴보는 거예요. 꼭 가부좌 틀고 앉지 않아도 돼요.

보통 우리는 내 마음이 어떤지 전혀 관심이 없어요. 에고는 항상 목표를 정해두고 그 목표를 해치우는 데 집중하고 있으니까요. 여행지에 도착하자마자 목적지에 도착할 마지막 날을 기다리는 것과 같아요. 이게 케이크를 그냥 삼켜버리며 사는 거죠. 하루하루를 느껴보는 건 따로 시간을 내지 않아도 충분히 할 수 있어요.

'어떤 기분이야?'라고 물으면 생각이 마구 몰아치듯 몰려와서 싫고 정신이 없어요. 왜 이런 건지 모르겠어요.

내 느낌을 제대로 봐준 적이 없어서 너무 어색한 것 같아요. 이제 내가 봐주겠다고 마음을 먹으니까 무의식에 눌려 있던 아이들이 마구 튀어나오는 거예요. 지금껏 절대 보지 않으려고 외면했던 감정들도 함께 올라올 텐데, 봐주겠다고 마음은 먹었지만 저항의 습관이 있어서 생각으로 도망가려는 시도도 같이 일어나겠죠.

지금은 정신이 없겠지만, 천천히 해나가세요. 차례차례 한 가지씩 바라봐주고 또 더 자주 내 마음에 관심을 기울여주세요. 굶주린 아이들이 많은데 빵이 하나 생기면 너나없이 달려들 수밖에 없겠죠. 좀더 많은 빵이 필요하고, 더 자주 줘야 하는 것처럼 나도 조금 더 자주, 조금 더 많은 관심을 나에게 줄 필요가 있어요.

나한테 내가 관심을 두겠다고 마음먹고 지금 나에게 어떤 기분인지 물어본다면, 그게 그렇게 기분 나쁜 일은 아닐 거예요. 단, 처음부터 부정적인 감정을 수용하려는 욕심을 버리고 조금 더 수용하기 쉬운 감정들, 일상의 소소한 감정들에 먼저 관심을 가지면서 그 감정에 귀 기울여보세요. 아픈 마음부터 수용하기는 더 어려우니 일상의 사랑작업부터 차근차근 시작하시는 게 좋아요. 지금은 마음을 느끼며 사는 것이 짐처럼 느껴지더라도 서서히 마음을 느끼며 사는 즐거움을 알게 되실 거예요.

남편과 산 지 20년 정도 되었는데요. 평소 남편이 제 얘기를 무시하고 안 들어줬어요. 많이 속상했는데 요즘엔 아들이 제 말을 안 들어주는 거예요. 이 무시당하는 마음을 사랑작업 하고 있는데 '무시당하는 나도 괜찮아' 하고 아픔을 느껴주면 될까요?

'무시당하는 나도 괜찮아'라는 건 솔직한 내 마음이 아닐 거예요. 무시당하는 나는 너무 속상하고 가슴이 아파요. 절대로 괜찮지 않아요. 그 괜찮지 않음 그대로를 알아봐주세요. 무시당하는 아픔을 바라보는 거예요.

그런데 솔직하게 보면, 이 무시당한 나를 내가 어떤 눈으로 보고 있는지가 보일 거예요. 무시당한 내가 어떻게 보이시나요? 아마 내가 이 무시당한 나를 무시하는 시선을 알아차리실 수 있을 거예요.

남편이 나를 무시하면서 이런저런 마음으로 나를 봤을 거라고 추측할 때, 또 내 아이가 내 말을 무시하면서 이런저런 마음으로 나를 봤을 거라고 추측할 때, 사실은 그건 내 안에 있는 마음을 남편이나 아이의 마음이라고 투사하는 거거든요. 즉, 무시당한 나를 바라보는 무시하는 마음을 남편과 아이에게 투사해서 보는 거예요.

이렇게 무시당한 아픔을 바라보는 내 시선이 어떤지를 의식해보시면 '무시당하는 내 아픔'을 무시하며 안 들어준 것이 바로 나라는 걸 아실 수 있어요. 남편과 아들은 나의 그 마음을 비춰주고 있어요. 그러니 내가 먼저 무시당하는 내 아픔을 알아봐주고, 또 그 아픔을 무시하며 안 들어주었던 마음도 알아봐주세요.

다른 사람들이랑 다 같이 있을 때 사람들의 세세한 감정까지 잘 느껴져서 에너지적으로 금방 지쳐요. 이럴 때는 어떻게 사랑작업을 해야 할까요?

감정을 예민하게 알아차리는 건 에고의 입장에서는 살아가는 데 단점이 될 수 있지만 사랑작업을 할 때는 장점이 될 수 있어요. 민감한 사람들의 맹점이 있다면, 타인의 에너지를 자신의 것과 잘 구분을 못 한다는 거예요. 남의 마음도 자기 마음인 줄 착각하는 경우가 많은 거죠. 마음의 원리에 따라 사람들은 자기가 절대 느끼지 않으려는 아픔을 타인에게 방사하게 되는데 민감한 사람은 상대방이 저항하며 버린 마음을 그대로 느끼게 돼 있어요. 질문하신 분은 아마 다른 사람이 버린 마음을 더 민감하게 느끼고 있을 거예요.

한 가지 살펴볼 것은, 보통 내 마음보다 타인의 에너지에 내 관심이 쏠려 있는 경우 타인으로부터 거부당하거나 버림받는 것이 너무 두려울 때 내가 타인의 마음을 읽어서 이 버림받은 느낌을 받지 않도록 빠르게 처신해야 한다는 마음 때문에 그럴 수가 있어요. 즉, 모든 마음에 대해 민감하다기보다는 상대방이 나를 버릴 것을 두려워해서 상대의 마음 하나하나에 민감해지는 경우를 말해요. 내 민감성이 '버림받음'에 저항하는 것에 집중되어 있을 때 내 마음보다 타인의 마음 하나하나에 집중하게 되는 거죠.

이 민감성을 나 자신의 마음을 알아차리는 데 이용할 수 있어요. 상대의 느낌보다는 내가 느끼는 것에 관심을 기울이는 거예요. 그리고 차차 버림받은 내 마음을 수용할 수 있다는 걸 알게 되면서 타인이 나를 대할 때 내보내는 에너지에 대해서 여유를 갖게 돼요.

핵심은 수용하는 법을 배우는 거예요. 상대의 마음이 민감하게 느껴지는 것이 문제가 되는 것이 아니라, 그 인식된 마음을 내가 수용하지 못할 때 고통스러운 거거든요. 우선 내 마음을 수용하는 법부터 연습하다 보면 상대가 무의식적으로 방사하는 버린 마음도 내가 수용할 힘이 생겨요.

더 나아가서는 사람들이 내보내는 에너지와 그 사람이 중심에 가지고 있는 고유한 에너지를 구분할 수 있게 돼요. 예를 들면, 이 순간 상대방이 너무 미운 느낌이 든다 해도 그 미움의 파동과 그 사람이 고유하게 가지고 있는 에너지는 다름을 알 수 있다는 거예요. 죄는 미워해도 사람은 미워하지 않는다는 말처럼, 그 사람이 현재 내보내는 감정적 에너지는 그것대로 미워도 그 사람 자체를 미워하지는 않을 수 있는, 그런 앎이 서서히 찾아오게 되는데, 그걸 알게 되면 훨씬 편안해지죠. 이런 경험이 쌓여가면 점점 더 감정의 파도에는 초연해지고, 사람의 온전한 존재와 그 순간의 감정을 혼동하지 않을 수 있어요.

자기혐오와 자신을 죽이고 싶은 마음이 깊어요. 어떻게 사랑작업을 시작하면 좋은지 알려주세요.

저도 처음에는 자기혐오가 공기처럼 빽빽한 상태에서 사랑작업을 시작했어요. 그럴 때는 오히려 내 버림받은 아픔에 가만히 머무는 것이 쉬워요. 내가 너무 미우니까 나한테 어떤 연민도 없잖아요(웃음). 자기혐오는 매 순간 나를 미워하는 상태예요. 사랑작업은 은근히 미워하지 말고, 대놓고 나를 미워해보라는 거예요. 나를 죽이고 싶은 마음은 나쁜 마음이 아니라 아픈 마음이에요. 그런데 계속 이 아픔을 느끼고 싶지 않아서 버렸기 때문에 무감각하게 쉬지 않고 자기를 혐오하고 있는 거예요. 이제 대놓고 이 마음을 느껴보면, 처음에는 시원해요. 하지만 나중에 가면 이러고 있는 내가 굉장히 수치스럽고 아프다는 것이 비로소 느껴져요. 내가 나를 찌르는 것이 너무 아프다는 걸 알게 되고, 아픈 줄 모르고 계속 찌르고 있었다는 걸 자각하게 되는 거예요. 그러면 거기서 자기혐오를 멈추게 돼요. 아픈 줄 몰라서 계속 자기를 괴롭혔던 거기 때문에 아픔이 느껴지면 비로소 멈추는 거죠.

불에 손가락을 대고 있을 때 그 손가락을 불 속에서 빼는 데는 노력이 들지 않죠? 너무 아프니까 얼른 빼는 거예요. 근데 이 아픔이 안 느껴지면 계속 손가락을 불 속에 넣고 있겠죠? 그것과 같아요. 자기혐오라는 자기에 대한 공격이 아픈 줄 모르니까 계속했던 거예요. 이 아픔의 감각이 살아나면 노력하지 않아도 자기혐오는 멈춰져요. 천천히 저항부터 수용하면서 그 상태까지 가보세요. 그렇게 무감각의 상태에서 아픔이 살아나는 상태로 이동해가는 거예요.

연애 관계에서 사랑받고 싶은 내 마음은 사랑받지 못한 감정을 토대로 있는 거예요. 이 두 개는 상대적인 거고 늘 함께 있는 거예요. 그런데 우리는 여기에 신성의 사랑, 즉 조건 없는 사랑을 투사해요. 그래서 상대방이 나를 사랑해주는 모습을 보이면 내 마음에서는 조건 없는 사랑에게 사랑받는 느낌이 들고, 상대방이 나를 조금 거부하는 듯한 모습을 보이면 신에게 버림받은 느낌을 받는 거예요. 꼭 신까지 가지 않더라도, 부모의 사랑을 투사한다고 보면 돼요. 우리는 특히 연애 관계에 이 조건 없는 사랑을 투사해서, 나 스스로 내면에서 해주어야 할 것을 상대방에게 요구하게 되는 경우가 많아요.

사실 그 사람이 뭘 하고 있는 게 아니라 나 혼자서 감정의 파도를 타고 있는 거예요. 지금 내가 만나고 있는 그 사람에게 내가 스스로 그 역할을 준 거예요. 솔직히 이 감정은 꼭 그 사람이 아니어도 느낄 수 있어요. 마음은 '꼭 너여야만 해'라고 하지만 사실 거짓말이잖아요(웃음).

예전에 버림받은 상처가 있다면, 사랑받는 순간에도 예전 상처에 대한 저항감이 올라올 거예요. 예를 들면 사랑받을 때도 가만히 느껴보면 "이러다 또 버림받으면 어떡하지?" 하는 불안이 있다든가 "내가 정말 어떤 사람인지 알면 나를 사랑하지 않을 텐데" 하는 수치심이 있을 수 있어요.

우리가 찾으려는 기쁨은 사랑받을 때나 버림받을 때나 차별 없이 사랑받는 기쁨이에요. 이때 우리가 배워야 할 것은 버림받는 순간의 느낌들을 수용하는 법이에요. 상대가 내 섭섭한 마음을 안 받아줄 때, 상대에게 버림받을 것 같을 때 느끼는 감정과 내가 함께 있어줄 때가 조건 없는 사랑과 내가 연결되는 거예요.

상대가 사랑을 주는 것이 아니라 내 안의 신성이 주는 것임을 명확히 알게 될 때는 관계를 맺는 목적 자체가 달라져요. 이 상대방이 어떤 사람인지, 나랑 어울리는 사람인지, 나랑 가는 방향이 같은 사람인지가 굉장히 중요해져요. 그렇게 더 나랑 잘 어울리는 사람을 만나게 되는 거죠. 그 이전까지는 부모처럼 내 결핍된 부분을 채워줄 수 있는 사람을 찾는 거예요. 그래서 그 사람이 나를 얼마나 사랑해줄 수 있는지, 나를 떠나지 않을 사람인지만 관심을 갖게 돼요. 하지만 결국엔 그 결핍을 더 크게 느끼는 결말로 가게 돼 있어요.

지금 연애를 하면서 올라오는 감정을 계속 수용해주는 것, 그게 중요해요. 먼저 연락하게 되는 것도 버림받은 아이가 일으키는 감정이에요. 행동 자체에는 아무 문제가 없어요. 그전에 불안을 먼저 안아주시면 나머지 상황도 정리가 될 거예요.

'현실은 내면의 반영'이라는 영성의 가르침이나 '나쁜 마음을 가지면 벌 받아' 같은 판단이 사랑작업 하는 걸 방해해요. 생각이 너무 많이 올라오는 것도 고민입니다.

생각이 많이 올라오는 건 억지로 멈출 수가 없어요. 생각이 계속 올라오는 것도 이유가 있는 거예요. 어떤 내면아이가 그 생각을 일으키는 거예요. 생각을 따라가지 말라는 말은, 생각이 시키는 대로 따라가서 그 아이로 살지 말라는 거예요. 우리는 그 아이를 '봐야' 해요.

생각이 많이 일어난다는 건 보통 어떤 감정을 대면하고 싶지 않아서 이것을 해결하려고 무수한 가지를 뻗어나가는 거예요. 그러니 어떤 생각이 들면, '이 생각을 하는 나는 지금 어떤 마음이지? 어떤 느낌이 들지?'라고 질문하며 느낌으로 돌아가 그 생각을 꺼낸 아이의 마음을 느껴보는 거예요. 생각을 없애는 게 아니라요. 생각을 올려준 아이의 목적은 수용받는 거랍니다.

죄의식, 죄책감은 에고에게 기본으로 깔려 있는 마음이에요. 에고는 어느 수준까지는 계속 잘잘못을 가려요. 그런데 이건 진실이 아니에요. 우리를 벌주려고 보고 있는 존재는 없어요. 이 죄책감이 그런 생각을 올려주는 거예요. '나 뭔가 벌 받을 것 같다'는 마음은 가짜예요. 그렇지만 무턱대고 '이건 가짜'라고 해버리면 아무런 도움이 되지 않아요. 죄를 지은 것 같은 두려움은 에너지로 있는 거예요. 우리는 이 아이를 위로해주고 함께 있어주면서 이 에너지를 수용해줘야 해요.

이렇게 나 자신이 스스로를 죄인이라고 느끼는 내면아이를 조건 없이 껴안고 있는 동안, 나는 죄인인 아이를 껴안고 있는 이 조건 없는 사랑이 바로 내 내면의 신인 것을 알게 되는 거예요. 생각으로가 아니라 내 체험으로 아는 거죠. 그 체험 속에서 '나를 벌주는 신'의 거짓 이미지는 사라져요. 이렇게 내가 아무리 죄인이어도 나를 받아주는 존재(신)가 내면의 실체로, 내면의 에너지로 경험되면 "나를 벌주는 신이 있다"는 관념에서 벗어나게 되는 거예요. 지금은 "현실은 내면의 반영"이라는 말조차, 내 내면의 어떤 두려운 것이 현실이 되어 나를 벌줄까 봐 두렵다는 느낌을 주고 있어요. 이 벌주는 신의 관념이 사라진 후에는 "현실은 내면의 반영이다"라는 말이 '현실이 항상 내 내면을 비춰주어 확인할 수 있게 도와주는구나' 하고 고맙게 받아들여지실 거예요. 죄인이라서 벌 받을 것 같은 마음의 아픔을 잘 돌봐주세요.

내면의 소리가 들릴 때 이것이 에고의 소리인지 영감의 소리인지 잘
모르겠어요. 분별하는 방법이 있나요?

처음에 내면의 소리는 섞여 있어요. 감정의 파도 안에 영감
의 소리도 작게 섞여 있는 건데 처음에는 이걸 분별할 능력이
없고, 분별할 필요도 없어요. 일단은 모든 감정을 하나하나 수
용하면서 그 감정이 어떤 말을 하고 싶어하는지 듣는 것이 가
장 중요해요.

이렇게 하다 보면 내면에서 끊임없이 가이드를 주고 있음을
알게 돼요. 이 내면의 가이드는 이성과는 상관이 없어요. 이성
은 계속 어떤 걸 하고 싶은데 이상하게 다른 걸 하고 싶은 마
음이 들면 그것이 내면의 가이드예요. 어떤 강요 없이 힌트를
주는 것 같은, 머리로는 이해할 수 없는 느낌의 소리예요.

사랑작업을 하다 보면 점점 자연스럽게 이 두 가지를 구분
하는 연습을 스스로 하게 될 거예요.

저는 글을 쓰면서 사랑작업을 하는 게 더 편해요. 계속 글쓰기로 사
랑작업을 해도 괜찮을까요?

예전에 저도 사랑작업을 글로 쓰면서 했어요. 그런데 그때
어떻게 했냐면, 발견한 마음과 이 마음이 왜 생겼는지 원인을

다 분석해요. 그렇게 글을 완결 짓고 나서, '이 마음은 다 봤다' 하고 잊어요. 그리고 1년 지나서 다시 그 글을 보면 나는 글을 썼던 그때도 모든 걸 다 알고 있었지만, 내 마음은 그대로라는 걸 알게 되는 경우가 많았어요. 변한 게 없는 거죠.

사랑작업의 핵심은 내가 지금 나를 찾아온 이 마음과 계속 함께 있어주겠다는 결심이에요. 이 결심을 일상적으로 계속 체험하는 거예요. 이떤 마음이 외도 이 마음의 에너지를 몸과 마음으로 수용해서 느끼는 작업이고, 그래서 말하자면 공부보다는 운동에 가까운 작업이에요. 그래서 저는 우선 몸과 마음으로 사랑작업을 하시고 그 내용을 글로 기록하시는 걸 추천드려요.

글을 쓸 때 마음이 더 잘 인식되는 분들은 글로 쓰시는 중간중간 내가 발견한 마음을 수용해서 느껴보는 시간을 길게 가지는 게 좋아요. 머리로 분석하는 것에 빠지지 않게 유의하면서, 또 글의 앞뒤 인과관계를 맞추려고 논리적으로 짜 맞추는 것을 경계하면서 글쓰기를 활용하시면 좋을 거예요.

불안에 대한 사랑작업을 할 때, 불안을 몸으로 작업하란 말이 무엇인지 잘 모르겠어요.

불안은 뭔가를 느끼기 싫어서 도망가는 감정이에요. 내 마음에서는 수용되고 싶은 아픈 감정들이 계속 올라와요. 그런데 불안은 이걸 느끼기 싫다고 저항하는 거예요.

불안을 몸으로 작업하는 건 이런 무감각함에서 벗어나는 연습이랑 비슷한데요. 책 169쪽에 나온 의식적 호흡과 오감 깨우기를 꼭 해보세요. 뭔가를 느꼈을 때 나빴고 싫었다는 정보가 몸에 있으면 뭘 할 수가 없어요. 가만히 느껴봐도 좋다는 체험들을 꾸준히 줘야만 해요.

이런 연습 없이 불안한 상태에서 사랑작업을 하면 잘 안 돼요. 불안해하는 아기를 대한다고 생각하시고, 이 아이가 안전함을 느끼면서 자기 마음을 만날 수 있게 도와주세요. 따뜻한 물에 반신욕을 하거나 촉감이 좋은 이불로 단단히 몸을 감싼 상태로 안전하고 보호받는 기분부터 천천히 수용해보도록 연습하거나 탁 트인 자연 속에서 햇살을 받으며, 풀냄새를 맡으며 마음을 느끼는 시간을 갖는 것도 좋아요. 조건 없는 사랑을 몸으로 느낄 수 있도록 도와주면서 서서히 불안하고 두려운 마음들에 다가가보는 거죠.

제 경험상 산에 오래 다니신 분들은 심각한 트라우마가 있어도 그걸 바라볼 수용의 힘을 지니고 계셨어요. 자연은 조건 없는 사랑에 가장 가까운 에너지를 우리에게 무한정 공급해줘요. 그러니 자연 속에서 에너지를 많이 충전하시는 걸 고려해보세요.

그렇게 시간을 두고 좋은 느낌부터 충분히 몸으로 느껴본 뒤에 사랑작업을 해보세요. 나중에는 불안 자체를 느끼면서 달리기를 해보는 경험도 할 수 있어요. 방법은 다양하지만 오늘의 나를 위해 최선의 것을 선택한다는 마음을 가지고 해보시면 좋겠습니다.

전체의식으로부터 내가 분리되었던 사실, 즉 원죄를 어떻게 다뤄야 할까요?

먼저, 이 체험의 세상에서 분리된 느낌과 연결된 느낌은 함께 있어요. 그런데 이 두 가지 느낌은 모두 환상이에요. 이 느낌들을 체험하는 우리의 내면은 신성과 분리된 적이 단 한 번도 없어요. 하지만 우리에게 이 분리된 느낌은 너무나 현실처럼 느껴지는 거예요.

만약 유독 분리감만 계속 느껴진다면, 그 분리감을 너무 싫어해서 그것과 싸우고 있는 상태인 거예요. 저항의 상태인 거죠. 우리는 이 분리감을 느끼지 않으려고 '뭔가 잘못됐고 그 잘못은 나에게 있어'라고 느끼는 죄책감을 형성해요. 그 뒤로 분노, 수치심, 불안이라는 저항을 줄줄이 형성하면서 분리된 자아감을 형성해나가는 거예요. 이렇게 우리는 이 분리감을 '버림받았다'고 해석하는 거예요. 이 버림받은 자아가 곧 에고예요.

"나라는 존재에 뭔가 잘못이 있기 때문에 나는 버림받았다"는 것이 최초의 버림받은 느낌에 대한 최초의 저항이 만들어 낸 죄책감이고, 우리는 이걸 원죄라고 볼 수 있어요. 이 죄의식을 보려고 하면 자꾸 '내가 뭘 잘못했을까? 내 문제가 뭘까?'라는 생각에 빠지게 돼요. 그래서 이 죄의식을 다루는 것이 처음에는 쉽지 않아요.

그래서 저는 처음 사랑작업을 하시는 분들께는 죄책감은 일단 건너뛰고 그 버림받은 아픔을 보시라고 해요. 왜냐하면 "내가 잘못된 존재라서 버림받았다"는 죄책감의 핵심 감정은 '잘못된 존재'에 있는 게 아니라 '버림받음'에 있거든요. 이후에 사랑작업을 하면서 마음에 휘둘리지 않고 수용하는 법이 쉬워지면 그때는 '나한테 문제가 있어서 버림받았다', '내가 죄인이라서 버림받았다'라는 잘못된 존재로 만들어진 느낌 자체를 받아들여서 수용하실 수 있을 거예요.

이때 나는 '나는 죄인'이라는 생각이 거짓인 것을 머리로는 알지만, 내 내면아이는 그것을 믿고 있는 동시에 내가 죄인이라는 아픔은 무의식에 억압되어 있는 상태예요. 그러면 그 거짓말에 동의하지는 않지만 내면아이가 믿고 있는 그대로 "나는 죄인입니다. 죄인으로 사는 내 존재가 너무 아픕니다"라고 솔직하게 마음 그대로를 드러내며 조건 없는 사랑을 만나면 돼요. 기독교에서 가르치는 것과 비슷하죠? "나는 죄인입니다. 하지만 신께서는 이런 나를 용서하셨습니다." 이렇게 고백할 때 이 사람은 자신을 완전히 용서하고 받아들여주는 신을 의식하면서 자신이 죄인이라는 아픔을 드러내고 있는 거잖아요? 이 죄인이라는 생각이 거짓이어도 에너지적으로는 죄인이라는 아픔이 무의식에 갇혀 있기 때문에 이런 방식으로 아픈 마음을 치유하면 거짓된 생각이 사라지고 아픔에서도 풀려나게 되는 것이죠.

우리가 이 죄책감을 수용하기 전까지는 이 죄책감과 하나되어 '자신의 잘못', '타인의 잘못', '세상의 잘못', '신의 잘못'이 무엇인지를 머리로 분석하고 그걸 고치려 하는 패턴에 계속 빠지게 돼요. 그럴 때마다 알아차리고 느낌으로 돌아가 수용하기를 연습하는 것이 죄책감을 수용하는 방법이에요.

평소 불평불만이 많은 직장 동료를 받아주기가 힘듭니다. 저에게도 그런 모습이 있음을 알고 있어서 그런 것 같아요. 나를 닮은 상대방의 싫은 모습을 어떻게 대해야 할까요?

여기서 내 몫은 '불평불만을 하는 상대를 싫어하는 내 모습'을 받아들이는 것부터 시작하는 거예요. 내가 그 상대를 대하는 게 괴롭고 부담스럽고 피하고 싶다면 그런 나를 나는 어떻게 보고 있는지 먼저 보는 거예요. 자신을 향해 '너도 그런 모습이 있잖아. 그런데 왜 그래. 너무 이기적이네'라고 한다면, 마음은 무의식 속으로 쏙 들어가버릴 거예요. 우리는 자신에게 되게 가혹하고 인색할 때가 많아요. 좀 피하고 싶을 수 있잖아요. 이 피하고 싶은 나를 받아주는 것부터가 중요한데, 감정을 따라 피하는 행동으로 표현하는 게 아니라 피하고 싶은 감정을 몸으로 느낄 수 있게 허용해주고, 왜 그렇게 피하고 싶은지 그 이유를 말할 수 있게 귀 기울여주는 거예요. 그 이유에는 많은 숨어 있는 마음이 있을 수 있어요. 책 143쪽에 있는 사랑작업 4단계부터 차근차근 적용해보세요.

계속 저항만 느끼는 것이 지겨워요. 버림받은 마음으로 바로 들어갈 수 있는 방법이 있나요?

제가 늘 저항을 수용하고 그 안에 있는 버림받은 마음을 만나는 거라고 얘기하다 보니 마치 버림받은 마음을 보는 것이 목적처럼 여겨질 수 있어요. 그런데 아니에요. 에고는 항상 어떤 목적을 만들어요. 사랑작업은 목적이 없어요. 오직 지금 이대로의 나를 받아들이는 거예요. 부족하다고 느끼는 그대로를 수용하고 느끼는 거예요.

마음공부를 하다가 제가 더 괴로워진 이유가 '이런 사람이 되어야 해'라는 상이 더 많이 생겨서였어요. 사랑이 많은 사람, 모두가 연결되어 있음을 아는 사람이 되어야 하는데 현재의 나는 그런 사람이 아닌 거예요. 그게 괴로움을 가져온다는 걸 알아서, 그걸 하지 않겠다고 결심한 게 사랑작업의 시작이에요. 나를 바꿔서 더 나은 사람이 되어야겠다는 그 일이 너무 지겨워서, 내 안에 악마 같은 모습이 있다면 그냥 악마 같은 나로 살아야겠다고 생각한 거예요. 그 과정에서 제가 겪은 것들, 봤던 마음들을 설명하다 보니 그게 어느새 제 이야기를 듣는 사람들에겐 목표가 되어버리더라고요. 그러면 다시 에고 패턴으로 들어가게 돼요.

우리는 어떤 마음이 너무 아프고 대면하기 무서워서 저항을 시작한 거예요. 나를 보호하기 위해 갑옷을 입은 건데 그 덕분에 그때의 나는 살 수 있었던 거거든요. 그런데 그 마음을 건너뛰면 그 마음을 이해해주지 않고 버리게 되는 거예요. 저항 먼저 수용한다는 건, 버림받은 마음으로 들어가기 위해 해야 하는 단계가 아니라 최선을 다해서 살아온 이 아이를 내가 인정하겠다는 거예요. 우리가 배워야 할 것은 버림받은 아픔을 받아들이는 방법이 아니라 버림받은 아픔을 받아들이는 게 너무 무서워서 느끼지 않으려고 애쓰는 내가 현재의 나일지라도, 나는 이런 나와 있겠다는 거예요. 이 두 가지는 천지 차이예요.

만약 계속 저항만 느껴서 지지부진하게 사는 내가 너무 싫으면, 그 싫은 나와 같이 있어 보세요. 싫어하고 있어도 된다고 허락하고 느껴주는 게 사랑작업이에요. 그 과정 자체만으로 사랑받는 느낌을 받을 수 있어요. 무엇을 해야 한다는 상, 이런 내가 되어야 한다는 상을 짓는 에고의 패턴에 빠지지 마세요. 자꾸 현재로 돌아와서 이 순간의 나를 받아들이는 게 나를 알아가고 사랑하는 가장 빠른 지름길입니다.

감정을 느낄 때 '느껴도 돼'라고 허용하는 게 연기하는 것처럼 어색해요.

감정을 느껴주는 게 연기하는 것처럼 어색하다면 아직 가장 솔직한 마음을 인정하지 않아서 그럴 거예요. 중요한 것은 감정을 느껴야지 하며 집중하는 게 아니라 이 감정을 내가 어떤 태도로 대하고 있는지 보는 게 중요해요. 다시 말해 그 감정에 대한 내 솔직한 느낌을 확인해서 그것부터 수용하는 게 중요하다는 거죠.

사람들은 보통 올라온 감정에 대한 태도를 무의식에 넣어놓고 있거든요. 의식적으로 '이 감정을 느껴야지!' 해도 속으로는 '아, 이 감정 느끼는 거 너무 싫다' 하고 있거든요. 그러니 가장 솔직한 감정인, 이 감정을 느끼기 싫어하는 나를 먼저 봐

쥐야 하는 거예요. 우리는 대부분 분노하는 나한테 분노하고, 짜증 내는 나한테 짜증 내고, 버림받은 나를 버리면서 살아요. 그런데 그걸 몰라요.

사랑작업을 하다 보면 누구나 다 겪는 고비가 있어요. 처음에는 모든 감정을 다 받아줘요. 그리고 잘 되는 것 같아요. 그러다가 내가 봐줬던 감정이 더 심하게 올라오면 슬슬 인내심에 한계가 와요. 결국 정말 솔직한 마음, '짜증 내는 내가 너무 싫다! 죽어버렸음 좋겠다!' 하는 마음이 올라와요. 그게 진짜 솔직해지는 거예요. 그 시기가 얼마나 걸리든 그건 허송세월한 게 아니에요. 그 순간이 진짜 감정을 느끼기 싫어하는 내가 의식 위로 올라와서, 내가 그 저항하는 자아와 분리될 수 있는 기회가 온 거예요. 그런데 그때 이 기회를 알아차리는 사람은 거의 없어요. 보통은 '다 소용없어' 하면서 감정을 미워하는 내면아이와 하나가 되어 '나는 감정을 해소하는 다른 방법을 찾을 거야' 해버려요. 그럼 그 순간 사랑작업은 끝난 거예요. 그땐 '나 사실은 정말 감정을 느껴주기 싫었구나. 이 감정을 미워하고 있었구나'를 알아차리고, 그 미워하는 나부터 받아주기 시작하면 거기서부터 다시 풀려나가기 시작해요. 이렇게 고비를 넘어가는 거예요.

지금은 잘 몰라도 하다 보면 알게 돼요. 가장 솔직한 나에게 공감해줄 때, 그때 현재에 있는 기쁨을 느낄 수 있거든요. 그건 그렇게 어색하지도 않고 어렵지도 않아요. 그럼 지금이 좋아지고, 현재의 나를 좋아하면서 그렇게 살아가는 거예요.

결혼을 하고 싶은데 내가 원하는 상대가 나타나지 않아요. 그래서 '내가 어딘가 잘못된 사람인가?'라고 생각하게 돼요. 어떤 책에서는 "그것을 원하지 않을 때 이루어진다"고 하는데, 그래서 원하는 게 생기면 불안함이 올라와요. 이 불안을 오롯이 받아들이는 게 뭔지 잘 모르겠어요.

결혼을 하고 싶은데 내가 원하는 상대가 나타나지 않을 때, 어떤 마음이 드는지 보는 거예요. '내가 잘못된 존재라서 결혼을 못 하는 거야'라고 생각하면 어떤 느낌이 드시나요? 불안하고 답답한 마음이 들면 그 마음부터 공감하면서 위로해보는 거죠. 결혼할 상대가 나타나지 않는 이 상황이 나에게 일으키는 느낌, 그 마음의 아픔이 이미 내 무의식에 있어요.

'나는 사랑하는 사람을 만날 자격이 없는 사람이야', '나는 어딘가 잘못됐기 때문에 혼자 버려졌어'와 같이 나를 아프게 하는 거짓 생각을 만나서 그 생각에 담긴 아픔을 느낌으로 전환해나가면 돼요. 그러면 그 생각으로부터 놓여날 수가 있어요.

"원하지 않을 때 이루어진다"는 책 내용을 읽고도 원하는 마음이 끝없이 올라올 때, 어떤 느낌이 드세요? 그때 올라오는 불안의 말을 잘 들어보면, "원하면 이뤄지지 않는데 또 원하고 있잖아! 내가 원했다는 이유로 원하는 상대가 끝까지 나타나지 않으면 어쩌지? 그래서 결혼하지 못하고 계속 혼자 살게 되면 어쩌지?"라고 말하고 있을 거예요. 그렇다면 이 마음도 앞에 얘기한 것처럼 나는 어딘가 잘못됐기 때문에 혼자 버려졌다는 동일한 아픔에서 올라오고 있다는 걸 알 수 있어요.

먼저 일상에서 좋은 느낌부터 수용하는 연습을 하시고 의식적 호흡도 하시면서 불안이라는 저항을 수용해보세요. 몸으로 서서히 좋은 느낌부터 수용할 수 있게 이끌어주어야 아픈 마음도 볼 수 있는 상태가 된됩니다.

개인의 삶과 사회문화적 알고리즘은 다른가요? 인종차별에 대항한 흑인 인권운동은 수용이 아닌 저항으로 일궈내지 않았나요?

사람은 똑같은 마음 세트를 공유하고 있어요. 그러니 저항의 형태도 비슷하겠죠. 같은 시대를 사는 사람들은 의식의 흐름도 비슷하고, 무의식도 공유하죠. 우리는 그걸 대중 의식, 집단 무의식이라고 불러요. 나만 성장한다고 대중 의식이 갑자기 성장하지 않고, 내가 무의식을 정화했다 해서 집단 무의식이 바로 바뀌지는 않아요. 여러 사람이 공유하는 현실이 바로 변할 수도 없어요. 하지만 미미하게나마 내 주변부터 새로운 의식이 영향을 미치기 시작하죠.

한 가족으로만 봐도 같은 마음, 같은 저항의 패턴을 공유하고 있어요. 그리고 아주 친밀한 사이에서도 이걸 공유하게 돼요. 다람쥐 쳇바퀴 돌듯이 같이 돌다가 어느 사람이 이 패턴에서 벗어나는 순간, 다른 길이 있다는 것을 알게 되면서 다른 의식의 가능성이 열리고 전달되는 거예요.

시대와 문화에 따라 공유하는 아픔의 종류가 다르고, 저항의 방식도 다를 거예요. 하지만 우리가 마음에 대해 이야기하다 보면, 이 시대에 공유하고 있는 저항의 공통된 패턴이 있어요. 이건 그 문화, 역사적인 사건에서 온 거죠. 그러니까 다 같이 같은 아픔을 수용하려고 애쓰는 거라고 볼 수 있어요.

아픔은 존중받아야 하는 것이고, 그래서 우리는 아픔을 수용해서 아픔을 표현하려고 하는 거예요. 자꾸 표현해서 아픔을 수용하는 사람들이 많아지게 하는 거죠.

그런데 같은 운동을 해도, 저항의 에너지에 집중하는 사람이 있고, 수용의 에너지에 집중하는 사람들이 있어요. '이건 아픈 거야. 이렇게 아픈 거짓말을 계속 믿고 살면 안 되는 거야'라는 의식이 생겨나는 거죠. '아픔은 나쁜 거야. 이건 분노해야 해'라고 하면 싸움이 되는 거예요. 늘 역사적 운동과 과정은 이 저항과 수용의 에너지가 뒤섞여 있었고, 그만큼의 결과를 냈어요. 인종을 나누어 차별을 하는 마음도, 그 차별을 당하는 마음도 아픈 마음이에요. "존중받을 만한 인종이 있고 천대받아야 할 인종이 있다"는 생각 속에는 '가치 없는 인간이 존재한다'는 거짓을 믿고 있는 아픔이 존재하죠. 이 아픔을 살려내어 느낄 수 있는 사람은 가치 없는 인간이 존재한다는 것이 우리를 아프게 하는 거짓인 걸 알고 그걸 넘어설 수 있어요. 누구보다 그걸 믿는 내가 아프기 때문에 그런 거짓을 믿지 않는 거고 사람을 차별하지 않는 거예요. 또, 그 거짓을 믿지 않기에 누가 나를 차별해도 그것에 동의해서 내 존재를 아프게 느끼지 않는 거죠. 이렇게 아픔이 살아나야 하고, 존중받아야 해요. 아픔을 존중하면 그걸 표현할 수 있어요. 차별받은 사람은 그 아픔을 세상에 표현하는 동시에 가치 없는 인간이 존재한다는 거짓말을 믿지 않고 온전한 자기 모습을 드러내는 것으로 집단의식에 변화를 가져올 수 있어요.

저항운동을 하는 과정에서 비록 그 안의 아픔을 나쁜 것으로 보는 저항의 에너지가 있었다 하더라도 수많은 사람이 차별받는 흑인의 아픔을 일깨우게 하고 그 아픔이 받아들여지는 인식 변화가 있었기에 인종차별을 금지하는 방향으로 인류의 의식이 진화했다고 볼 수 있습니다.

하지만 아직 흑인 인종차별은 사라지지 않았죠. 법이 바뀌어도 인간의 의식이 그걸 따라오지 못하는 거예요. 차별받은 흑인들의 무의식에도 "흑인인 나는 가치 없는 존재"라는 신념이 남아 있고, 그 아픔을 받아들이고 위로할 수 있어야만 그 신념을 놓아줄 수 있는 거예요. 그것과 싸우려고 하면 반대로 그 신념을 더 강하게 고착시켜요. 그러면 자신들이 차별받은 것에 분노하는 동시에 다른 인종을 차별하는 모순된 행동을 하게 돼요. 백인들의 의식 안에서도 "흑인은 가치 없는 존재"라고 믿고 있으면 그것이 자기의 아픔인 걸 알아야 해요. 가치 없는 존재가 있다고 믿는 것 자체가 자신을 아프게 합니다. 조건 없는 사랑의 진실에서 멀어진 거짓을 믿을 때 우리는 아플 수밖에 없어요.

내가 사랑작업을 해야 할 카르마가 사주에 나와 있을까요?

사주나 점성학, MBTI 등 사람의 운명이나 사람의 성격 등을 알려주는 도구들은 다 나름대로 일리가 있다고 생각해요. 하지만 저는 이런 것들에 매달리려고 하는 이유가 더 중요하다고 생각해요. 저는 모든 사람은 굵직굵직하게 이번 생에서 경험하고 싶은 것, 더 자세히 말하면 이번 생 전까지 사랑하지 못했던 부분들을 한번 받아들여보고 싶다는 계획을 세우고 태어난다고 생각하거든요. 그리고 그 계획에 충실하게, 나의 그 부분을 가장 잘 볼 수 있는 사람들과 조건들을 세팅해서 태어나는 거죠.

이 세팅된 인생을 살면서 우리에게는 늘 선택의 기회가 주어져요. 저항할 것인가, 수용할 것인가. 만약 내가 이번 생에 보려고 계획한 어떤 것을 인생 초반에 수용하면 그것을 볼 사건은 다시 일어나지 않겠죠. 하지만 대물림된 가족 트라우마처럼 대대로 저항을 거듭해서 나에게 내려온 부분이 있다면, 수용하기가 쉽지는 않을 거예요.

사주는 한 사람이 가지고 있는 전반적인 기운을 읽어줄 수 있다고 생각해요. 신기할 정도로 잘 맞는 부분도 있고요. 다만 내가 사주를 보는 데 집착한다면 왜 사주에 집착하게 되는지 그 마음을 들여다보세요. 아마 그건 안 좋은 일이 내 인생에 일어날 수 있다는 전제가 내 안에 있기 때문일 거예요. 다가오는 대로 받아들인다, 항상 나에게 좋은 것이 온다, 나에게 항상 수용할 수 있는 기회가 온다고 여기면 그런 방법들에 집착하지 않고 가볍게 재미로 즐길 수 있어요. 다양한 방법들에 집착하는 나의 의도를 살피고, 마음을 살피는 것이 더 중요하다는 걸 기억하시면 좋겠어요.

‘느낀다’와 ‘인정한다’의 차이점에 대해 설명해주세요.

버림받은 아픔을 겨자 맛이라고 할게요. 사람들은 보통 겨자 맛을 수용하려면 겨자 맛을 계속 느껴주면 되겠지 생각해요. 그래서 겨자를 계속 퍼먹는 거예요. 이걸 계속할 수 있는 사람이 있을까요? 계속 먹으면 아파서 죽어요. 겨자 맛은 아픈 맛이에요. 그런데 겨자 덕분에 음식이 더 맛있어지잖아요. 그러니 겨자는 없으면 안 되는 하나의 식재료인 거예요.

겨자 맛을 인정한다는 건 그 맛을 음미하면서 겨자 맛이 이런 거구나, 이런 가치가 있구나 아는 거예요. 겨자를 퍼먹으면서 무슨 맛인지 느껴주면 다신 이걸 안 먹을 수 있겠지 하는 건 겨자를 먹어 없애버리려 하는 거지 인정하는 게 아니에요. 그럼 이 사람은 겨자가 들어간 어떤 음식도 못 먹어요. 겨자 맛만 날 테니까요.

인정한다는 건 좋다 나쁘다 분별없이 그 존재를 받아들이는 거예요. 이건 있어야 하는 맛이고, 수많은 맛 중 하나의 맛이구나 하고요. "많이 느껴줬는데 왜 안 없어지는 거예요?"라고 질문하는 건 그 저항을 알아차리지 못한 거예요. 다시 정리하자면, 겨자 맛을 음미하는 건 느끼는 것, 그렇게 음미하며 고유한 겨자 맛을 알고, 삶에서 없어서는 안 되는 맛이구나 받아들이면서 나중에는 이 맛을 좋아하게 되는 것. 이게 인정이에요.

어릴 때 부모님의 불화를 회피하고 싶어 공부, 독립 등 외부로 눈을 돌리는 선택을 했지만 결국 부모님에게 돌아오게 되는 패턴이 계속 반복돼요. 이 패턴을 어떻게 사랑작업 해야 할까요?

회피하려고 해도 결국 부모님에게 돌아오게 되는 것은 부모님이 불화한 모습을 통해 내가 보고 싶은 것이 무의식에 남아 있기 때문입니다. 거기에 남아 있는 아픔을 수용해서 내가 믿고 있는 어떤 거짓말을 넘어서는 것이 내가 진정한 나로 살기 위해 반드시 필요한 일이라서 자꾸 삶이 이 자리에 나를 보내는 것이죠.

사랑작업을 하다 보면 대부분 부모님과의 관계, 어린 시절 부모님의 불화를 목격했던 때로 돌아가게 돼 있어요. 무의식이 자리 잡는 시기니까요. 부모님이 나로 인해 기뻐하고 행복해한 걸 본 게 아니라 불행해하며 나 때문에 힘들어한다고 생각하는, 여기서 버림받은 아픔이 시작돼요.

그런데 왜 부모님의 그런 모습을 보면서 그 아픔을 느낄까요? 우리에겐 이상한 패턴이 있어요. 부모님이 기뻐하면 사랑받는다고 느껴요. 반대로 부모님이 불행해하면 나는 내가 사랑받지 못한다고 느끼고, 더 나아가서 내가 버림받았다고 느껴요. 부모님이 사이가 안 좋으면 그냥 부모님 사이가 안 좋은 것뿐인데 우리는 '나는 사랑받지 못하는 존재고, 내 존재 자체가 잘못이구나' 이렇게 느껴요. 이 버림받음은 불행한 부모님을 보는 게 너무 아파서 그 아픔을 보는 것에 저항하면서 생긴 죄책감, 수치심, 그걸 보는 불안과 분노, 이런 게 붙어서 생겨나는 거예요.

이런 부모님의 불행을 목격한 에고는 바깥에서 나를 보고 기뻐할 사람을 찾아다니게 되고, 내가 뭔가를 성취해서 부모님을 기쁘게 하려고 하고, 훌륭한 사람이 되어서 남들이 기뻐하고 만족해하는 모습을 보면서 사랑받는 느낌을 받고 싶어해요.

그럼 우리가 가려는 사랑작업의 방향은 뭘까요? 부모님의 불화는 내 존재와는 관계가 없어요. 그런데 나는 그 불행한 모습을 너무 아파서 바라보지 못했어요. 그냥 아파할 수 있었다면 죄책감 같은 신념들에 빠지지 않았을 거예요. 불화했을 때 내 마음이 어땠는지, 아픈 그 모습을 저항까지도 다 수용하면서 바라보는 것. 불행한 부모님을 그냥 인정하고 그 모습을 보는 내가 너무 아팠구나 인정하면 결국 불행한 부모님을 내가 아파서 버린 거라는 걸 알게 돼요. 사실은 내가 버림받은 게 아니고 내가 버린 거예요. 이제 나는 그것을 버리지 않는다고 하면 거기서 풀려나요.

이 과정은 길어요. 어릴 적 만들어진 신념들은 우리 삶 전체에 뿌리를 내리고 있어요. 부모님의 불행을 보고만 있어야 했던 내 무능함에 저항하려고 에고는 남들을 기쁘게 해주려 하거나 인정받으려고 끊임없이 애쓸 거예요. 그러니 조급해하지 말고 몇 년에 걸쳐 조금씩 조금씩 수용하면서 해나가면 됩니다.

미워하는 마음에는 다 이유가 있는 거예요. 내가 어디가 아파서 이렇게 미워하는지 귀 기울여주세요. 아픔을 만나서 위로해주세요. 사실 이 작업은 머리로는 한 번 이해하고, 실제로 계속해봐야 해요. 너무 도망가고 싶을 땐 도망가서 잠시 시간을 내어 마음을 느껴줘도 돼요. 하지만 결국엔 이 아픔을 보는 방향으로 가야 해요.

제 모습을 보여주는 자식들을 볼 때 미움이 올라와요. 그들의 잘못이 아니지만요. 자식을 미워하는 마음을 인정하는 게 힘드니까, 빨리 해소하고 싶은 마음이 큽니다.

사랑과 미움은 같이 있는 거예요. 미워하는 만큼 사랑하는 거죠. 그런데 우리는 자식이 미울 때 '자식을 미워하는 건 나쁜 거야'라고 생각해요. 그래서 왜 이렇게 미운지 가만히 들여다보지 못해요. 이건 자식과 나의 문제가 아니라 나와 미움의 관계에 대한 문제예요. 그래서 여기서는 자식과 친해질 생각을 하지 말고 자식들을 볼 때 올라오는 미움의 감정과 친해질 생각을 해야 해요. 그래서 우선 '자식을 미워하면 안 돼'라는 생각이 올라오면 '내가 미움에 많이 저항하고 있네. 미움은 신호고, 얼마든지 느껴도 되는 거야' 하고 적어도 머리로 알고 있어야 해요.

그 다음엔 이 미움을 몸으로 계속 만나면서 미움과 화해하는 거예요. 자식을 보고 미움이 감지되었을 때 '어, 미움이라는 감정이 올라왔네' 하는 게 아니라 '나는 자식을 미워하는 나쁜 엄마야' 한다면 이 미움과 내가 동일시되어 있는 거예요. 감정을 안 느끼고 나쁜 엄마라는 신념을 꽉 붙드는 거예요. 그걸 알아차리고, 미움이 올라올 때는 미움의 감정을 내 마음의 아기로 보세요. '내가 아기 때 다 수용하지 못했던 감정이 올라왔구나. 넌 지금 어떤 마음이니? 미움은 느낄 수 있고, 이런 감정을 느끼는 건 다 이유가 있는 거야' 하면서 그 아이한테 다가가보는 거예요. 이건 꾸준한 연습이 필요해요.

당연히 내 자식이라도 미울 수 있죠. 내 자식이라 더 밉기도 한 거거든요. 그런데 어린 시절부터 미움은 나쁜 거라고 배워서 어색한 거예요. 사랑하는 사이에도 미움이 있다는 걸 저도 배우지 못했어요. 그런데 이 사실을 알고 나서 저는 제 아이가 미울 때 지금 너 밉다고 해요. 그럼 아이도 "나도 엄마 너무 미워!" 하죠. "1부터 10 중에 얼마나 미워?" 물으면 "8만큼 미워!"라고 해요. "나는 너 8.5만큼 미워. 지금 우리는 서로 미워하는 사이야. 지금은 따로 놀아" 하고 한동안 따로 놀아요. 시간이 좀 지나고 나서 다시 물어봐요. "지금 1부터 10 중에 어느 만큼 미워?" "6만큼 미워." 그럼 또 따로 놀아요. 그러다 미움 지수가 다 떨어지면 다시 같이 노는 거예요. 그렇게 미울 때도 분명히 있고 그 미움이 지나가면 또 좋아지는 순간이 온다는 걸 가르쳐줘요. "아까는 진짜 미웠는데 지금은 너무 좋네? 웃긴다. 그치?" 하면서 사랑하는 사이라도 미움이 있는 것이 자연스럽다는 걸 알려주는 거죠.

자식이 아닌 미움과의 관계를 다시 맺어보세요. "사랑하는 사이엔 미움도 반드시 있다." 이 진실을 계속 떠올리면서 자신의 미움을 만나는 연습을 계속해보시면 좋겠어요.

사랑작업으로 신체 통증은 어떻게 다룰 수 있을까요?

몸의 아픔을 다루는 건 우리가 마음의 아픔을 다루는 것보다 더 고난도예요. 우리는 "내 몸의 통증을 느껴야지" 하는데 이건 대체로 엄청난 저항이에요. "느껴서 없애야지. 그럼 없어지겠지." 이게 우리가 말하는 저항이에요. 이렇게 아플 땐 나는 나를 정말 사랑해주는 존재가 있으면 이렇게 몸이 아픈 나를 어떤 마음으로 바라봐줬으면 좋겠는지를 물어보는 게 더 좋아요. 만약 그 사랑해주는 존재가 "이 몸의 통증은 어떤 마음에서 오는 걸까?"라고 물으면 기분이 어떨 것 같으세요? 짜증나겠죠? 그저 "아파서 어떡하니. 우리 아기 아파서 어떡해." 이것밖에 없어요. 이 시선을 느끼다 보면 몸은 아프지만 마음은 괜찮아져요. 우리가 '몸의 통증이 어떤 마음에서 오는지 봐야지' 하는 마음에는 몸이 아픈 나를 버리려는 마음이 있어요.

나도 모르게요. 그럴 때 '몸이 아파도 너는 내가 사랑하는 존재야'라고 하면 통증은 똑같아도 마음의 평화가 찾아와요. 그러면서 병원도 가고, 맛있는 것도 먹으면서 지내다 보면 그 통증의 힌트들이 저절로 찾아와요. 내가 나를 보는 시선이 심판자, 분석가가 아니라 언제나 나에게 조건 없는 사랑을 무한정 쏟아주는 존재로 보고 있으면 그게 항상 정답이에요. 이렇게 조금 쉬운 방향으로 키를 틀어서 연습해보세요.

어릴 때 부모님이 늘 싸우셨어요. 그래서 저한테는 내쳐질 것 같은 공포, 가족이 와해될 것 같은 공포가 있어요. 사랑작업을 하면서 이 공포와 친해질 수 있을까요? 그리고 이 공포를 받아들이면 가족들이 변할까요?

그 공포에 떠는 아기가 위로받아야 하는 아이죠. 얼마나 무서웠는지를요. 하지만 이 아이가 하고 있는 괴로운 생각들은 다 가짜일 거예요. 우리가 하는 건 다 받아들여주는 사랑의 빛 안에서 이 아이의 느낌을 다 털어내는 거예요. 공포랑 친해진다는 표현은 현재의 나에게 짐을 지워줄 것 같네요. 지금은 그 공포를 위로받아야 할 대상으로 보시는 게 좋겠어요. 공포와 친해진다는 건 사실 공포를 느끼는 아이가 하는 말을 잘 듣게 된다는 걸 말하는데, 표현상 공포와 친해진다는 건 오해가 있을 것 같아요.

사랑작업을 하면서 점점 더 분명하게 알게 되는 건데요. 사람은 누구나 내가 결코 소화할 수 없는 싫은 감정을 남한테 느끼게 해요. 그게 자동이에요. 예를 들어 내가 버림받고 싶지 않은 마음을 느끼기 싫어하면 주변에 버리는 에너지를 계속 보내게 되고, 그럼 주변 사람들은 버림받는 느낌이 들어요. 이건 내가 구조신호를 보내는 거예요. 내가 이 에너지가 너무 소화가 안 되니까, 세상 사람들도 다 이 마음을 느꼈으면 좋겠는 거예요. 내가 너무 아팠다는 걸 알아줬으면 하는 거예요. 그런데 상대방도 그 마음을 받았을 때 느끼고 싶지 않거든요. 그럼 다시 또 던져요. 던지고 던지면서 저항은 점점 더 커져요. 서로 안 느끼려고 하니까. 그러면서 내 무의식이 대물림되기도 하고, 가족과 주변 사람에게 퍼지기도 해요. 이걸 저는 '저항의 바이러스'라고 부르는데요. 사람들이 자기 마음을 자기가 소화하지 않고 거기 저항하는 에너지로 살았기 때문에 그 저항 에너지가 전해지는 거예요.

예전에 저는 '엄마와 나 사이에 무슨 일이 있었나' 같이 사건을 중심으로 많이 봤어요. 사건은 소화되지 않은 에너지가 축적되다 물질화되어 터진 것이기 때문에 어떤 에너지가 뒤섞여 있는지를 역추적하면서 찾아갈 수 있거든요. 그런데 사실은 어떤 일이 일어나지 않았어도 에너지 속에는 이미 다 있었던 거예요. 예를 들면 부모님 사이에서 상대방의 마음을 이해하지 않는 에너지가 어느 순간 싸움으로 확 터져 나왔다면 나는 아기 때부터 그 저항의 에너지를 자연스럽게 마음으로 흡수하게 되는 거죠. 부모님이 싸우지 않았다 하더라도요. 지금 내가 할 일은 그 마음을 알아봐주고 모든 것을 수용하는 거예요. 그 단계가 무엇이든 조건 없는 수용은 모든 걸 녹여요.

가족이 와해되어 내가 죽을 것 같은 공포감이 있다면 그 공포에 떠는 아이는 단 한 번도 수용된 경험이 없다는 거잖아요. '그렇게 생각하고 있었다니 얼마나 아팠어' 하면서 그 아이가 느끼고 있는 가짜 생각들을 느낌으로 느낄 수 있게 풀어내는 거예요. 그럼 나는 수용의 에너지를 갖게 돼요. 내가 이 에너지를 쓰기 시작해도, 가족들의 모든 에너지를 풀어줄 수는 없어요. 각자의 몫이 있는 거예요. 각자의 자유의지로, 스스로의 선택에 의해 성장해야 하는 것이죠. 아무리 좋은 것도 타인의 의지를 거슬러 강요할 수는 없어요. 다만 내가 이런 수용의 에너지를 갖고 있으면 가족들이 그걸 느낄 수 있고, 나를 보면서 본보기로 삼을 수 있어요. 보고 배울 수 있는 거예요. 그것만으로도 나는 큰 선물을 주는 것이죠.

사람들과 대화하는 데 어려움을 느껴요. 고등학생 때는 사람들과 한마디도 못 하겠어서 자퇴까지 할 정도였거든요. 점점 편해지고는 있

사람들하고 대화하기 어려워하는 내 모습을 어떻게 보고 있나요? '이렇게 하면 안 되는데…' 하면서 내가 생각하는 어떤 괜찮은 모습, 사람들과 친하게 지내고 얘기도 잘 하는 모습과 지금의 나를 계속 비교하고 있진 않나요?

진짜 날 괴롭게 하는 건 말을 잘 못 하는 내가 아니라 '이렇게 되어야 해' 하는 그 생각이에요. 말을 잘 못 하는 나를 사랑해줄 수 있는 사람도 있거든요. 말을 잘 하지 못해 괴로워하는 나를 보면서 '너랑 같이 있을게. 곁에서 함께 살게' 이렇게 살아줄 수도 있거든요. 그럼 말을 잘하게 되는 미래에 행복해지는 게 아니고, 오늘 당장 행복해질 수 있어요. 말을 잘 못 하는 게 괜찮다는 게 아니에요. 지금 이것 때문에 괴롭고 힘들잖아요. 이 힘든 아이의 마음을 돌봐주면서 오늘을 살 수 있다는 거예요. 우리가 하려는 건 이거예요. 그 괜찮지 않음을 알아주는 것.

제가 말하는 '사랑은 바꾸려고 하지 않지만 모든 것을 변화시킵니다'라는 말을 많은 분들이 '사랑작업을 해도 아무것도 바뀌지 않는구나' 하고 오해하세요. 또 '아무것도 바꾸려고 하

330

지 않아야 하니까 아무것도 하지 말아야겠다' 하면서 계속 꼬여가는 거예요. 내 목적이 오직 나일 때, 즉 '오늘 하루라도 나를 이 모습 그대로도 편안하게 있을 수 있도록 해주겠다, 어떤 모습이든지 나는 이 아이랑 있겠다' 할 때 저절로 모든 것이 변화하는 거예요.

아마 친구들과 잘 지내지 못하는 나를 듬뿍 사랑해본 적은 없을 거예요. '그런 너를 내가 조건 없는 사랑의 눈으로 보고 있다' 하면서 얘를 받아들여본 적은 없는 거죠. 그런데 이 받아들임을 통해서 모든 게 변하는 거예요. 내가 느끼는 아픔이 해소되면 그냥 저절로 말이 나올 수도 있는 거예요. 그러니까 바꾸는 데 초점을 두지 말고 있는 그대로의 내 마음을 알아봐 주고 얘랑 사는 데 초점을 두면 자연스럽게 인생이 좋아진다 는 거예요.

두 명의 남자친구가 있다고 해요. 첫 번째 남자친구는 "너는 사람들이랑 있을 때 말을 잘 못 하는 것 같아. 네가 말을 좀 잘 했으면 좋겠어"라고 하고, 두 번째 남자친구는 "네가 사람들하고 말을 잘 못 할 때, 나는 그 모습도 귀엽더라. 넌 좀 창피해 하는 것 같지만 난 그런 네 모습이 다 좋아"라고 해요. 어떤 남자친구가 더 좋으세요? 두 번째가 더 좋으시다고요? 그럼 이 것도 생각해보세요. 두 번째 남자친구가 내 옆에 딱 붙어 있으 면 사람들하고 있을 때 말을 더 편하게 할 수 있겠죠? 그래요.

그런 식으로 내가 변해가는 거예요. 그렇게 단순한 거랍니다.

무의식 정화에 대한 집착을 못 놓겠어요. 이제 이걸 알았기 때문에 빨리 제대로 공부해서 다르게 살아야 한다는 생각뿐이에요. 무슨 일을 하고 있어도 무의식 정화를 해야 한다는 생각 때문에 일에 집중이 안 돼요. 이 집착이 너무 힘들어요.

무의식 정화에 집착하게 되는 마음의 두려움을 들여다보세요. 이걸 안 하면 큰일난다는 어떤 불안감이 있어요. 지금 내 모습 그대로는 살 수가 없다는 불안감이, 빨리 여기서 벗어나야 한다는 불안감이 있죠. 무의식을 전부 정화하고 나를 바꿔서 내일부터는 다른 사람으로 살고 싶다는 마음, 새 삶을 살고 싶다는 마음. 그런 마음이 있을 수 있죠.

예전에 제가 아빠랑 같이 종합병원에 간 적 있어요. 아빠가 고혈압약을 타러 주기적으로 가시는 곳인데 저도 병원 갈 일이 있어서 같이 간 거예요. 아빠가 "너는 어디가 아파서 병원에 가려고 해?" 물으셨어요. 저는 그때 한랭 두드러기도 있고 건선도 있고 결막염도 있고 비염도 있다고, 이참에 싹 다 고칠 거라고 했어요. 그랬더니 아빠가 "야, 그런 건 병원 가는 거 아니야. 그렇게 다 고치고 살 수 있는 게 아니야. 그냥 달고 사는 거지" 하시는데 화가 나는 거예요. "아빠는 그렇게 사셔라, 나는 다 고쳐서 새 몸으로 새 삶을 살 거다" 하고 병원에 갔죠. 딸이 여기저기 아프다는데 그걸 그냥 달고 살라니, 너무 안일한 대답이라고 생각했어요. 근데 제가 앓고 있던 것들이 그렇게 병원 좀 다닌다고 낫는 것들이 아니더라고요.

어느 날 저녁에 아빠가 방에서 한참 혼자 뭘 하고 계시길래 살짝 엿봤어요. 귀에서 솜 같은 걸 조심스럽게 빼서 새 솜으로 갈아 넣어주고, 양말을 벗고 발가락 하나하나를 싸고 있던 거즈를 풀고 새 걸로 다시 하나씩 싸주고 양말을 신는 거예요. 어릴 때 못 고친 중이염을 할아버지가 되도록 그렇게 매일 진물 나는 곳에 솜을 넣어주면서 살고 있었던 거예요. 무좀도 못 고치니까 매일 새 거즈로 발가락 하나씩 감싸서 다시 양말에 넣어주고 하면서요….

이게 좋은 방법이다 아니다를 떠나서, 그 순간 제가 느낀 건 "그냥 달고 사는 거야" 하는 말이 체념처럼 느껴지는 게 아니라 같이 데리고 사는 걸로 느껴졌어요. 싹 고쳐서 새것 만들어 사는 것도 좋지만, 이렇게 매일 부서진 곳을 매만지면서 사는 것도 아름답네, 하는 느낌을 받았어요.

사랑작업을 하면서 우리는 점차 온전한 나를 회복해서 날마다 더 충만함을 느끼며 살게 될 거예요. 하지만 그렇게 되기까지의 과정은 이렇게 "달고 사는 마음", "부서진 나를 매만지면서 데리고 사는 마음"으로 가는 것이 아닐까 생각해요. 여기저기 진물 나는 곳이 있으면 싹 고치면 좋겠지만 지금은 우선 깨끗한 천으로 닦아주고 하얀 거즈로 동여매면서 아픈 나를 데리고 살아가는 거예요. 오늘의 나를 데리고 나대로 충만하게 사는 법을 배우면 그다지 변한 것도 없는데도 조금씩 살만해져요. 지금의 나에게서 1밀리미터도 벗어나지 말고, 지금은 지금대로의 나를 끌어안고 살아보는 것, 어쩌면 이게 자기를 사랑하는 비밀의 전부가 아닐까요?

사랑하는 사람을 만나서 내 모습 그대로 사랑받고 있다고 느꼈을 때, 비로소 온전한 나를 회복했다고 느꼈습니다. 갑자기 세상에 아무 문제도 없는 것처럼 느껴졌죠. 그 경험이 너무 신기했어요. '왜 난 이걸 혼자서는 느낄 수 없을까? 왜 이 사람이 있어야만 내가 온전하다고 느낄 수 있을까?' 저는 이 이상한 이 비밀을 풀고 싶었어요.

이 비밀을 알려주려고 삶이 그렇게 황당한 방향으로 흘러갔나 봐요. 비상등을 켠 채 고속도로 갓길에 차를 세우고 있던 밤, 핸들을 껴안고 숨이 쉬어지지 않았던 그날의 나는 거기가 내 마음으로 들어가는 입구라는 걸 알고 있었을까요.

어차피 이 세상에 나를 사랑해줄 사람은 없으니까, 오직 나를 위해서, 나 혼자 알고 나 혼자 행복해지려고 시도했던 수많은 시행착오를 담아 이 책을 내놓습니다.

"사랑하는 사람이 곁에 없어도 사랑받을 때처럼 온전한 존재로 살 수 있을까?"

이 책은 이 질문에 대한 제 나름대로의 답입니다.

책이 나오도록 힘써주신 정신세계사와 편집자 현율 님께 감사합니다. 사랑작업을 세상에 알리자고 손 내밀어주셔서 감사해요.

블로그에 쓴 글을 읽고 함께 사랑작업을 해오신 독자분들과 사랑작업 수업에 오셨던 모든 분들께 감사합니다. 여러분들과 함께 사랑작업하며 혼자서는 결코 배울 수 없었던 많은 것을 배웠습니다. 책을 쓰는 2년 동안 같이 고생해준 남편과 아들에게도 아주 많이 고맙다고 말하고 싶어요.

"평생 이렇게 쓸모없고 초라한 존재로 살다 죽는다고 해도 나는 너를 버리지 않을게. 모두가 네 인생을 한심하게 본다고 해도 네가 죽는 날에 나는 네 인생이 충분히 가치 있었다는 걸 알아보고 있을게."

이렇게 말하며 무릎을 손으로 열심히 쓰다듬던 나에게도 고맙다고 전합니다. 비밀을 풀어줘서 고맙다고, 네가 해준 말 속에 내가 찾던 모든 게 있었다고 말해주고 싶습니다.

이 책을 읽고 계신 여러분, 힘껏 행복해지시기를 바랍니다. 자기를 사랑하고 있는 사람의 눈에서 어떤 빛이 나는지 꼭 보게 되시기를 바랍니다. 아직 우리는 자신이 누구인지 반의 반의 반도 보지 못했다고 확신합니다.

날마다 지금 이대로의 나를 껴안으며 우리가 받은 온전한 자기를 세상에 드러낼 수 있기를. 우리는 오늘보다 내일 더 아름다워질 것입니다.